시대의 어둠을 밝힌다

김현철 지음

시대의 어둠을 밝힌다

ⓒ 김현철, 2015

초판 1쇄 발행 2015년 9월 30일
3쇄 발행 2019년 11월 15일

지은이   김현철
펴낸이   백은종
펴낸곳   서울의 소리
출판등록 제2015-000115호
주소   서울특별시 영등포구 국회대로 54길 39, 4층

ISBN   979-11-956134-0-3 (03000)

김현철 기자의
미국 통신

시대의
어둠을
밝힌다

김현철 지음

언론인의 첫째 사명은 사실 기록!
어떤 비판이나 죽음을 각오하고서라도 진실을 보도하는 기자 정신!

박정희의 노리개로 희생된 여배우
자식의 비리라도 보도하지 못하면 기자가 아니다

서울의
소리

현대사의 질곡을 조명하는 거울

"과찬과 혹평은 그 사람의 실체, 참모습을 상실하게 한다"는 옛말이 있다. 그런 우를 범하지 않으려고 필자가 아는 만큼의 저자와 그에 대해 소박하게 서술하려 한다.

저자는 40여 년의 기자 생활 중 그 일부를 이민의 삶으로 살았다. 조국과 북미의 여러 상황 속에서 필자는 저자와 30여 년의 세월을 지인으로, 인생의 선배로 함께 길을 걸어왔다.

우선 사람들이 저자와 같이 세상의 빛 속에 내세울 만한 조상을 선택해 태어날 수는 없는 일이다. 그런 점에서 그는 처음부터 소중한 유산을 하늘로부터 부여받은 분이다.

「모란이 피기까지는」이란 시로 널리 알려진 그의 부친(김영랑)의 생가는 땅끝 마을을 지나는 나그네들이 기꺼이 들르는 문학적 순례지가 된 지 오래다. 필자 역시 돌담으로 곱게 둘러싸인 '영랑생가'에 한두 번 들러

여름 햇살에 녹아나는 영랑의 시혼을 마주해본 적이 있었다.

영랑은 유명한 서정시인일 뿐 아니라 휘문의숙(현 휘문중고교) 재학 중 어린 나이(16세)에 3·1운동에 가담, 6개월 옥고를 치르고 35년 일제강점 기에 광복의 그날까지 친일 냄새 나는 글 한 줄도 쓴 적이 없이 오히려 「독을 차고」, 「춘향」 등의 항일 저항시로 버텼다.

그런 대찬 선친의 항일 민족정신을 이어받아 팔순의 언덕 위에 서게 된 이날까지 저자는 민족양심에 붙들려 광야의 쓴 소리, 빈들의 외로운 외 침을 쉬지 않으며 반민족적, 반역사적인 위정자들 및 불의·부정을 저지 르는 지배자들과 불화의 걸음을 이어가고 있다. 지난 반세기 역사의 굴곡 속에서 바람 언덕에 선 의로운 나무처럼 그 자리를 지켜 온 것이다. 불의 를 삼키지 못해 분노의 소리를 토해내는 선지자는 언제나 세상과 지배자 와 불화하게 마련이다. 그 선지자란 신이 그의 입에 담아준 말을 토해내 는 야인이다.

저자의 글을 눈여겨보면 한 가지 맥이 잡히는데 불의와 억압에 대한 끈 질긴 저항의 고발장이다. 적어도 그는 비겁한 침묵을 자신에게는 결코 용 납하지 않았다는 것이다. 김재준(한신대, 기독교장로회 창립자) 목사님의 묘비에 인용된 성서의 구절, "'예' 할 것은 '예'라 하고 '아니오' 할 것은 '아 니오'라고만 하여라. 그 이상의 것은 악에서 나오는 것이다"(마태5-37, 공 동번역)라는 예수의 말이 생각난다. 이 간단한 선택마저 혼란스러워진 이 현실 속에서, 저자는 자기 인간성의 한계에 의한 실수마저 없었다고 말할 수는 없겠지만, 그는 결코 '예'와 '아니오'를 펜 끝에서 거래하거나 흥정해

본 적이 없었다고 본다.

더더욱 미국이 건국 초기부터 저지른 인간성에 대한 근원적 죄악, 즉 원주민 대학살, 흑인 노예장사, 자본식민주의와 제3세계 수탈 같은 거대한 조직적 악행에 대해서도 여과 없이 파헤치는 용기와 예지로 독자들을 일깨우기에 부족함이 없어 보인다.

만일 '미국과 이스라엘이 해체된다면 세계 인류는 한결 평화롭게 살게 될 것'이라는 말을 상기시키는 부분이 책갈피 여기저기에서 눈에 띈다. 민주주의의 추모제를 올리고 싶어지는 이 야만의 시대에 이르러 그의 예리한 펜 끝은 더욱 빛을 발할 듯하다.

이제 우리는 가지지 못한 가난을 탓할 것이 아니라 버리지 못한, 비우지 못한 빈곤을 탓해야 할 것 같다. 진정 우리 세대에 언론의 권력에 대한 아부근성, 사이비성, 상업주의, 이권속물근성을 비워내지 않는 한 독자들의 상실감은 계속될 것이다.

이 책에 실린 칼럼들은 낭만적이거나 추상적일 수 없는 우리의 역사와 현실의 엄격한 고발장임을 독자들이 감지했으면 한다. 한마디로 이 한 권의 책은 현대사의 질곡을 조명해주는 빛의 거울이라고 해도 될 듯하다. 그래서 세상을 열린 눈으로 읽는 창문이요 텍스트라고 볼 수 있지 않을까? 즉 함석헌 선생의 말씀, "역사를 넘어 역사를 보고, 나를 넘어 나를 보고, 바다를 넘어 바다를 보고, 종교를 넘어 종교를 보라"는 깊은 뜻이 이 저서에도 담겨 있다고 본다. 저자는 사건의 저편으로 우리 시선을 이끌어 그 뒤에 숨은 음모의 정체, 악마적 실체를 간파하게 한다. 참 역사를 향한 의식적 눈뜨기에로 우리를 안내하는 것이다.

이 한 권의 책이, 저자의 이 비장한 고발이 세상의 굽은 길을 바르게 하지는 못하겠지만 하나의 모래알이 모여 아득한 해변을 이루듯이 우리 안에 분노의 물결, 풀뿌리들의 함성을 집결하는 촉매 역을 할 수 있을 것으로 본다.

신학에서 논하는 '죄의 종류'가 많을 테지만 '생략하는 죄$^{Sin\ of\ Omission}$', 즉 '그렇다'고 해야 할 것에 '침묵'하는 죄라는 것이 있다.

적어도 저자는 이 시대를 살아가는 언론인으로서 그런 침묵과 방조의 직무유기는 하지 않는 기자라는 점에서 독자의 존경과 호감을 살 듯하다.

혹시 혹평의 명인이 그를 가학성 고발자$^{Sadistic\ accuser}$라고 명명할지는 모르지만 저자의 불꽃같은 신념은 흔들어댈 수 없는 본인의 정체성이며 고백적 색깔(지문)이었다고 보아야 할 것이다. 민주주의의 총체적 가치가 마구잡이로 훼손되고 세계 언론자유 순위에서 한국이 68위('국경 없는 기자회' 2014 평가 자료)로 내려앉았을 뿐 아니라, 실용을 앞세웠던 이명박 정권 5년간 국제경쟁력은 13에서 19위로, 거기에 더해 박근혜 정권 2년을 지나면서 28위로, 이렇게 사회적 만성피로감 증대와 박탈감, 삶의 질과 만족도가 거침없이 추락하는 준독재, 역진화 현장 속에 이 책이 출간됨을 두 손 들어 환호할 일이다.

이 책의 갈피를 여는 독자들은 이렇게 묻게 될 것이다. "누가 우리의 인간 존엄을 차압해가고 있는가? 누가 자유의 혼과 정의의 잣대를 양도하라 하는가? 누가 온갖 비리와 불의에 우리를 굴종시키려 하는가? 온 국민의 인간다움의 지수는 공권력에 의해 얼마나 벼랑 끝으로 더 추락해야 하는가?"

　이 책이 세상을 만나고, 독자 한 분 한 분을 만나는 자리에서 정의와 희망의 강물이 시작되기를 바라며 우리 다 함께 그 강물의 처음 줄기에서 해방의 축제를 앞당겨 시작해보아야 하지 않을까?
　가슴속이 시린 한겨울, 바람 부는 언덕에 서면 왜 우리 눈에서는 눈물이 나는가를 다시 한 번 물어보자.

　　　　　　　　　　　- 홍순관(미국 애틀랜타 거주, 전 순천평화(대안)학교 교장)

차례

제II부.
미국 동포 언론에 비친 미국 속의 한국인

제III부.
언론은 시대의 어둠을 밝힌다

제IV부.
조국을 향한 구원의 기도

제I부.
미국, 그 허상 속의 음모

:

미국의 전 세계 패권, 과연 얼마나 갈까?

한국은 탄저균 실험하기 좋은 우방?

최신예 핵무기 개발을 끝낸 북한군

'사드 한국 배치' 주장 인사들, 과연 제정신인가?

한·일 상호군수지원협정 서명하면 제2의 이완용 돼

미국이 사전에 준비하고 유도한 6·25전쟁

5·16은 미국의 작품이었다

지금도 계속되고 있는 미국의 인류 학살

KAL 007기 승무원, 승객 모두 살아 있었다

누가 미국을 인권국가라 했는가?

양심이 올바른 미국의 진짜 암 의료인들의 수난사

01.
미국의 전 세계 패권,
과연 얼마나 갈까?

1)   미국이라는 나라를 이해하려면 우선 미국 독립 당시의 역사부터 알아야 한다. 그러자면 초대 대통령 조지 워싱턴이 어떤 사람인지부터 알아야 할 것이다. 조지 워싱턴이 '프리메이슨'이라는 비밀 조직의 간부로서 모종의 사명을 지니고 미국에 은밀히 파견되어 미국 건설의 기초를 닦았음은 미국 독립 이후 근 2세기가 지나서야 세상에 밝혀진 사실이다.

그렇다면 '프리메이슨'이란 도대체 무엇인가? 프리메이슨이 세상에 알려진 것은 콜먼 박사가 1992년에 발행한 『음모의 지배계급 300인 위원회』가 독자들에게 읽히면서부터니 불과 20여 년밖에 안 된다. 그 짧은 시간임에도 그 내용이 너무 충격적이라 예상 외로 빠른 시간 안에 전 세계에 프리메이슨의 실체가 드러난 것이다.

지금부터 약 300년 전 유럽 지역 건축 기사들이 런던에서 전 세계가 깜짝 놀랄 내용을 협의하기 위한 회합을 가졌다. 이들 대부분은 기하학 전문가들로서 유럽 각국 왕궁 건축으로 치부한 재력이 든든한 유대인들이었다.

반기독교 세력인 이 건축 기사들은 평소에 각 나라 왕들을 접해보고는 이들이 부모를 잘 만나 왕이 된 것이지 두뇌는 거의 바보 수준임을 깨달 았다. 드디어 저런 바보들이 세상을 지배하는데 우리가 못할 것이 무엇이 냐는 생각에 이르렀고, 언젠가는 자기네 두뇌 집단이 전 세계를 지배할 수 있도록 '세계단일정부'를 세우는 데 공감대를 형성했다.

이들은 루시퍼Lucifer를 숭배한다고 한다. 루시퍼란 사탄, 악마 또는 '샛 별'이라는 뜻으로 6천 년 전 이집트의 오시리스Osiris 신과 그의 부인 이시 스Isis 여신, 그리고 이 두 신의 아들 호루스Horus 신(태양신)을 삼위일체로 하는 태양신 숭배자들로 알려져 있다.

이러한 사실은 여러 차례 살해 협박을 당하면서도 끝내 뜻을 이루고 만 영국 첩보 장교 출신 콜먼John Coleman 박사(1935~)의 저서 『음모의 지 배계급 300인 위원회The Committee of 300』를 통해 밝혀진 것이다. 그러나 아 직 그 책을 접하지 못한 분들을 위해 그 핵심 내용만 여기에 소개한다. 이 내용은 미국 정부가 홍보해 온 내용만 알고 있을 뿐 실제로 미국의 건 국이 어떻게 이루어졌는지를 상세히 모르는 분들이 참고한다면, 미국이 주도하고 있는 군사, 정치, 경제, 언론, 은행 등을 통한 '세계화(신세계질 서)'를 이해하는 데 도움이 될 것이다.

우선 존 콜먼 박사(사회학자)는 어떤 사람인가? 독실한 기독교인으로 서 대영박물관 도서관에서 5년간 연구·조사에 몰두했던 콜먼은 영국 정 보 장교 시절에 첩보 업무를 수행하던 중 '300인 위원회'를 핵심으로 하 는 암흑세계 권력이 영국 왕실, 영국 정보기관, 전 세계 인류와 민족, 모 든 나라 및 국민들을 지배하는 '인류의 적'임을 깨닫고는 현직에서 물러나 1969년에 미국으로 이민한 이래 이 암흑세계의 정체를 폭로하는 일에 전력을 다해 온 정의파다.

콜먼은 여러 차례의 살해 위협 속에서도 1922년 독일 정부의 요인이요, 독일에 거주하는 유대인 중 가장 존경을 받던 발터 라테나우가 "300인이 이 세상을 지배하고 있다"는 말 한 마디를 내뱉자 곧 300인 위원회의 명령으로 암살당했던 사실도 알아냈다.

이미 16세기에서 17세기에 이르는 동안 유대인들은 경제력으로 영국의 정치·경제계를 완전히 장악했다. 또한 이 유대 국제금융재벌들은 이를 기반으로 17세기 초 '동인도 회사'를 앞세워 마약을 무기로 중국 대륙 침략을 감행하여 결국 성공했다. 이렇듯 프리메이슨^{Freemason}이라 불리는 이들은 중부와 동부 유럽, 중국 대륙, 콜럼버스를 통한 남북미주 대륙 등 전 세계를 차례로 장악하여 오늘에 이른 것이다.

이제 프리메이슨의 초창기로 거슬러 올라가보자. 이들 프리메이슨^{Freemason=Free Stonemason}(자유로운 석공 조합=일루미나티^{Illuminati}의 하부 조직)은 몇 차례의 모임을 통해 미래의 세계정세를 어떠한 방향으로 요리해야 목적을 빨리 달성할 수 있을 것인가를 면밀히 협의한다. 그리고 겉으로는 자유·평등·박애를 기치로 내걸어 외부 인사들에게 호감을 주면서 몇 백 년에 걸친 전 세계 정복 계획서가 될 헌장(시온 의정서)을 제정했다.

그 헌장의 주 내용 중에는 현재의 광활한 미국 대륙을 침공, 2천만 원주민^{Native American}을 청소(현재 전 미국 각 도시 교외에 상징적으로 1~2백 명씩 모두 250만 명가량만 남겨 놓고 있음)하고, 새 나라를 만들어 전 세계를 지배해나간다는 계획도 포함되어 있었다. 그 후 백여 년이 흐르면서 그들은 헌장에 따라 오늘날 초강대국이 된 미국을 세웠고, 이어서 1, 2차

세계대전을 승리로 이끈 후 유엔 및 산하 기구(WTO·IMF·FTA 등) 발족 등 오늘날 지구상의 거의 대부분의 나라를 좌지우지하는 지금의 '세계그림자정부' 체제를 이룩한 것이다.

소련 공산화, 베트남 전쟁, 한국전쟁, 아프간 전쟁, 이라크 전쟁 등… 이들이 전 세계를 도마 위에 올려놓고 마음대로 요리하며 그들의 또 다른 실체인 미 군산복합체(다국적기업) 및 미국과 유럽을 비롯한 전 세계 대기업들의 한없는 욕구 충족을 위해 수단과 방법을 가리지 않고 노력하고 있다는 사실은 믿기가 어려울 정도다.

미국의 퍼민덱스^{Permindex}(Permanent Industrial Exposition의 약자=상설산업전시사)라는 이름의 직속 회사는 '300인 위원회'의 직계 암살 기관으로서, 1963년 11월 자기네 뜻대로 안 되는 케네디$^{John F. Kennedy}$ 대통령의 암살에 관여했다고 전해진다. 또한 이탈리아 수상 '모로'도 300인 위원회의 이탈리아 산업 경제 붕괴 노선을 거부했기에 암살당했다. 한마디로 이들은 무소불위다.

'암흑세계 권력의 정점으로서의 300인 위원회'로 알려진 이 모임의 정회원은 바티칸 그리고 바티칸과 함께 세계 3대 부호로 알려진 엘리자베스 2세 영국 여왕, 영국 정보기관, 처칠 전 영국 수상, 한국의 IMF 때 막대한 돈을 벌어 간 유대계 부호 로스차일드 가문, 미국의 거부 록펠러, 카네기, 멜론 가문, 미 군산복합체 및 대기업체 사주들, 작곡가 모차르트, 맥아더 장군, 영향력이 막강한 천주교와 개신교의 고위 성직자, 미 CIA와 FBI, 모든 미 유력 언론사, 미국 정부의 간섭 없이 미화를 마음대로 찍어내는 권한을 가진 연방준비은행 등을 포함한 전 세계 3백대 부호들이지만 최고위원회 격인 '13인 평의회'는 거의가 유대인들로 구성되어 있는 거부 집단이다.

산하 회원 수는 전 세계에 약 570만 명인데, 그중 대부분을 차지하는 약 5백만 명이 미국에 있고, 전 세계에 약 70만이 흩어져 있다. 한국에는 대기업체장들을 비롯해 약 6만 명이 프리메이슨 한국 로지^{Lodge}(지부, 국내에 3개 지부가 있다) 회원인 것으로 알려져 있다.

미국 독립선언서가 낭독된 현장의 조지 워싱턴^{George Washington} 초대 대통령의 2백여 년 전 사진(조지 워싱턴 프리메이슨 기념관 보관)을 보면 프리메이슨이 미국을 세웠음을 입증이라도 하듯 그 상징인 컴퍼스(남성 오시리스 신을 상징)가 아래로 향하고, 이를 아래에서 위로 받치고 있는 직각 잣대(이시스 여신의 상징)가 맞물려 있는 다이아몬드 형 그림이 새겨진 앞치마를 입고 있으며, 바른손에는 역시 건축 기사(석공^{Mason})용 흙손(앞치마와 함께 세계를 요리하는 기구를 상징)을 들고 있다. 또 다른 사진을 보면 이날 건국 축제에 참석한 전원이 기하학을 상징하는 삼각형(모자)과 사각형(상의) 등이 디자인된 프리메이슨의 유니폼을 입고 있다.

2)　　　　　　　미국 국새^{The Great Seal of the United States, 國璽}에 그려져 있는 불사조^{Phoenix}(고대 이집트의 매)와 육각형(유대인의 상징 다윗의 별), 1달러짜리 지폐 뒷면에 새겨진 이집트의 피라미드(오벨리스크=태양신의 상징), '모든 것을 보는 신의 눈^{All-Seeing Eye}(호루스 신의 상징)' 등은 모두 프리메이슨 및 미국을 상징하는 그림들이다.

이 밖에도 프리메이슨과 미국의 상징으로 오각형(국방성 건물^{Pentagon}은 오각형임)과 숫자 13(미 독립 직후 성조기의 별 수와 주의 수) 등이 있다. 현 이스라엘 군의 전차에 직각 잣대가 표시되어 있는데 이 또한 프리메이슨의 상징이다.

대한민국 경찰의 정복 모표도 광복 직후 미군정의 영향으로 무궁화 위에 미국(프리메이슨)을 상징하는 불사조(매)가 앉아 있는데 광복 후 70년이 되는 오늘날(2015)에도 아직 그대로다. 미국을 상징하는 불사조가 깔고 앉은 무궁화, 도대체 대한민국은 언제까지 미국의 지배 아래 있어야 한다는 말인가?

전 세계에서 가장 많이 통용되고 있는 1달러 지폐를 유심히 살펴보면 앞면은 초대 대통령인 조지 워싱턴, 뒷면에는 이집트의 오벨리스크^{Obelisk}(첨탑)가 그려져 있다. 이집트의 19개 오벨리스크(피라미드) 중 유럽인들이 이집트에서 15개나 뜯어다 런던의 템스 강변, 바티칸의 베드로 대성당 광장, 프랑스의 콩코드 광장, 로마의 라테란 궁 앞 등 여러 곳에 옮겨 신성시하고 있다. 그러니 기독교 구교인 천주교 바티칸 교황 등 대부분의 추기경 및 개신교(유대교는 전원) 고위직 성직자들을 비롯한 프리메이슨 회원들은 겉으로는 예수의 기독교를 믿는 척하면서, 실제로는 이집트의 태양신을 받들고 있는 게 분명하다. 아니라면 이들은 '내 앞에 다른 신을 받들지 말라'는 기독교 십계명 중 가장 중요한 계명을 어기고 1년에 한 번씩 루시퍼에게 제사를 드리며 갓난아이를 불 속에 던지는(번제) 태양신교 집회에 왜 참여하고 있겠는가?

세계에서 가장 높은 오벨리스크─워싱턴 기념탑^{Washington Monument}(1884년에 완성된 높이 약 169미터의 첨탑)은 높이 555피트, 땅속으로 111피트, 이를 합하면 악마의 숫자인 666피트가 된다. 왜 미국이나 유럽인들은 이 단순한 건조물을 자기네 나라로 옮기거나 세우는 데 그토록 집착할까? 그리고 이 전형적이고도 노골적인 이교도(태양신교)의 상징이 전 세계 천주교 본산인 바티칸의 성 베드로 대성당 광장 정중앙에 모셔져 있는 이유를 어떻게 설명할 수 있으며, 천주교 및 개신교 강대상 앞에 새긴 IHS(Isis·Horus·Sebt, 태양신)를 어떻게 해석해야 할까? 아마도 프리메이슨 회원들은 옛날부터 태양신(호루스) 종교가 오늘날 예수라는 이름으로 나타난 기독교 구교(천주교)와 신교인 개신교로 이름만 바꿔놓았음을 알고 있는 것은 아닐까?

1달러 지폐의 뒤쪽 그림, 피라미드 위아래의 라틴어들을 살펴보자. 영어가 전 세계 공통어로 쓰인 지 오래인데 지난 1930년대에 만들었다는 미국의 돈에 영어가 아닌 라틴어라니? 종교개혁의 아버지인 마틴 루터의 주된 업적 중 하나가 바로 라틴어로 된 성경을 독일어로 번역한 것이다. 이후 대부분의 국가에서 성경을 자국어로 번역·출판함으로써 모든 사람들이 성직자의 해석을 통하지 않고 직접 예수님의 말씀을 접할 수 있게 되었으며, 이는 종교개혁 내지 개신교의 발흥에 결정적인 영향을 미치지 않았던가? 이런 개신교 신자들이 모여 만든 나라인 미국의 상징에 왜 다시 라틴어가 등장해야 하느냐는 말이다.

그 라틴어 내용을 보자. ANNUIT COEPTIS는 영어로는 God has favored our undertaking인데 직역하면 '신은 우리의 사업을 지지하신다'이다. 그리고 아래쪽의 NOVUS ORDO SECLORUM은 영어로 A New Order for the World가 되므로 '신세계질서'라는 뜻이다. 이는 프리메이슨이 헌장에서 밝힌 '세계단일정부'다시 말해서 요즈음 그들이 외치는 '새로운 세계질서'라는 말을 미화 1달러 지폐에 삽입한 것이다.

지난 2000년, 프리메이슨 멤버인 클린턴$^{Bill\ Clinton}$ 미 대통령은 이제 전세계를 거의 다 장악했음을 축하하듯 워싱턴 기념탑 앞에서 열린 카리스마 넘치는 초호화판 밀레니엄^{Millennium}(천 년마다 열리는) 축제에서 턱시도 왼쪽 가슴 위에 작은 배지^{Badge}를 달고 있었다.

대통령이 중요한 행사에 달고 나온 배지라면 그만큼의 중요성과 의미를 갖고 있어야 할 텐데 이 단순한 디자인의 배지는 대통령으로서의 클린턴과 관련된 정부 부처 등 기타 어떤 상징도 담고 있지 않은, 바로 태양신 호루스의 상징이자 미국 1달러 지폐에도 그려져 있는 이집트의 '모든 것을 보는 신의 눈$^{All-Seeing\ Eye}$'이었다. 오히려 배지나 브로치^{Brooch}를 달고 있어야할 부인 힐러리^{Hillary}나 딸 첼시^{Chelsea} 등 여자 가족들은 아무런 배지도 브로치도 달고 있지 않았다. 이것은 워싱턴 기념탑의 경우와 같은 맥락에서 프리메이슨의 의식^{Ritual}과 관련지어 생각할 수밖에 없는 게 아니겠는가.

그러므로 미국은 외관상 청교도들이 세운 나라인 것처럼 전 세계에 알려져 왔지만 사실 그들은 하수인들이었을 뿐 실제로는 그들 뒤에 숨은 이집트 태양신을 믿는 프리메이슨이 세운 나라라고 해야 옳다. 그러니 초대 조지 워싱턴, 2대(존 애덤스$^{John\ Adams}$), 3대(토머스 제퍼슨$^{Thomas\ Jefferson}$), 최근의 클린턴, 부시, 오바마에 이르기까지 대부분의 미국 대통령이 프리메이슨 멤버들임은 너무도 당연한 일이다.

3대 미 대통령 토머스 제퍼슨이 선배인 2대 대통령 존 애덤스에게 보낸 편지 중 "예수가 처녀 자궁에서 그의 아버지인 여호와에 의해 신비하게 잉태되었다는 이야기는 지혜의 여신 미네르바^{Minerva}가 주피터(제우스

21

신)의 뇌에서 태어났다는 우화 같은 범주로 분류될 날이 올 것입니다"라고 예언했던 것을 봐도 대부분의 미국 역대 대통령이 겉으로만 기독교인일 뿐 실제로는 태양신교 교인들이었음을 알 수 있는 것이다.

3) 프리메이슨은 자기네 회원이 아닌 사람이 미국 대통령 후보로 나올 때도, 공화·민주 양당 후보에게 카터^{Jimmy Carter}처럼 막대한 선거비용을 대준다. 그리고 당선되면 그 보답으로 프리메이슨의 요구(카터 대통령 안보 보좌관에 브레진스키를 임명하고 그의 사전 허가 없이는 중요 서류에 카터 대통령이 싸인을 못 한다는 등)를 무엇이든 수용한다는 사전 약속을 받아낸다. 그 후 약속을 어기거나, 프리메이슨 멤버라도 명령에 안 따르면 그 자리를 유지할 수 없다(예: 링컨, 케네디 등)는 것이 프리메이슨의 존재를 알고 있는 일부 지식층 미국인들의 상식이다.

뉴욕의 명물 자유의 여신상^{Statue of Liberty}도 대부분 미국 국민들은 프랑스 정부가 미국 독립을 축하하기 위해 보낸 선물로 알고 있지만, 사실은 1885년에 프랑스 파리 지역 프리메이슨 로지(지부)가 동료인 미국 프리메이슨에 의해 새 나라가 건국되었음을 경축하는 선물로서 프리메이슨 회원인 조각가 바르톨디를 시켜 제작한 것이다. 그리고 '자유의 여신'은 이집트 6천 년 전의 이시스 여신을 상징한다.

이러한 고대 이집트 신에 대한 프리메이슨의 절대적인 숭배 사상은,

"기독교의 원 뿌리가 고대 이집트의 오시리스-이시스-호루스 신"이라고, 서기 전 9세기까지의 고문서를 샅샅이 뒤져 연구한 저서 『예수는 신화다, The Jesus Mysteries; Was the original Jesus a Pagan God?』(1999)를 통해 밝힌 두 교수(옥스퍼드대 종교학 Timothy Freke, Peter Gandy)의 주장과 너무도 흡사하다는 사실이 놀랍지 않은가.

빌리 그레이엄, 로버트 슐러, 펫 로벗슨 등 세계적으로 명망이 높은 수많은 개신교 교역자들과 천주교 교황, 추기경 등 고위 성직자들, 그리고 전체 유대교 성직자들까지 회원으로 거느리면서 프리메이슨이 미국을 기독교 국가인 것처럼 위장하고 있는 이유는 무엇일까를 생각해보자.

프리메이슨의 입장에서 볼 때 세계단일정부를 수립하기 위한 목적 달성을 촉진하는 데 기독교처럼 유용한 종교가 있었을까? 당시 대부분의 유럽 지역이 기독교권이었기에 사람들의 환심을 사려면 스스로가 기독교인을 자처할 수밖에 없었을 것이다. 또한 미국이 겉으로는 학교에서도 성서를 가르쳐 올 만큼 경건하고 독실한 기독교 국가 행세를 하고, 속으로는 6천 년 전의 이집트 태양신의 법맥을 이어보자는 깊은 뜻이 숨어 있다. 그래서 프리메이슨의 회원이 되는 자격은 어느 종교를 믿는지를 따지지 않고 '온 세상을 주관하는 절대자만 인정한다'고 하면 되는 것이다. 이것이 기독교란 말인가?

이제야 미국 정부가 전 세계의 욕을 얻어먹어가며 팔레스타인 사람들을 괴롭히는 이스라엘의 앞잡이 노릇을 하고 있는 이유, 또 기독교 국가라는 미국의 일부 학교 휴일 중에 유대인(3억 1천만 미국 인구 중 6백만)들의 종교인 유대교[Judaism]의 휴일, 패스 오버[Passover](신이 이집트에서 유대인들을 해방했다는 축일), 욤 키퍼[Yom Kippur](대속죄일), 로시 하샤나[Rosh

^{Hashanah}(유대인들의 설날) 등 여러 휴일이 모두 포함돼 있는 수수께끼가 풀리지 않는가.

이렇듯 '나라의 아버지 프리메이슨'의 영향으로 2%밖에 안 되는 유대인들의 뜻대로 98%가 끌려 다닐 수밖에 없는 것이 오늘날 지구상의 유일한 초강대국이라는 미국의 참모습인 것이다. 즉, 미국은 프리메이슨의 나라라는 뜻이다. 앞으로 미국의 수도 '워싱턴디씨(1800~)'를 방문할 기회가 있는 분은, 일반인들은 잘 모르니 프리메이슨에 조예가 있는 분을 만나, 그냥 관광만 하지 말고 도시계획이 프리메이슨의 상징인 컴퍼스, 불사조(고대 이집트의 매)의 머리 등 프리메이슨의 상징들로 짜여 있음을 확인하시기 바란다.

프리메이슨이야말로 "종교란 평민들에게는 진실로 믿어지고 현자들에게는 사기로 취급되며 통치자들에게는 유용한 것으로 이용되는 것"이라고 말한 네로 황제의 스승 세네카^{Lucius Annaeus Seneca}(BC3~ AD65)의 가르침을 제대로 이해하고 있다고 보아야 할 것이다.

지난 백여 년간 미국은 동서가 대양인 지정학적 조건 등에 힘입어 전세계 패권을 유지해 오는 데 별 문제가 없었다.

미국의 이라크 침공 직후, 독일, 프랑스, 영국 등 강대국들이 엄청난 수입을 올릴 수 있는 각종 이라크 재건 사업을 따내려고 얼마나 미국에 굽실거렸던가를 생각해봐도 이들이 말만 독립 국가들일 뿐 실제로는 미국의 영향권 안에서 벗어날 수 없다는 사실을 보여주지 않았던가. 더욱이 대한민국은 전 세계에서도 유일하게 미국에 군사 주권까지 갖다 바쳐 훨씬 더 미국의 속국 냄새를 피우고 있는 실정이다.

그런데 요즈음 들어 미국의 신경을 건드리는 사태가 빈발하면서 세계 정세에 예민한 인사들의 눈을 둥그렇게 만들고 있다. 그 몇 가지 예를 들어보자.

중국이 지난 6월 29일, 미국이 주도하는 세계금융질서에 도전하는 성격을 띠고 있는 자본금 1천억 달러의 '아시아인프라투자은행(The AIIB; Asian Infrastructure Investment Bank)'을 발족시키자 브라질, 러시아, 인도, 남아프리카의 BRICS 나라들을 비롯해 한국, 영국, 프랑스, 독일, 체코 등 57개 나라가 미국을 의식하지 않고 가입했다.

역시 중국이 주도한, 카자흐스탄, 키르기스스탄, 타지키스탄, 우즈베키스탄, 아프가니스탄 등이 참여한 새로운 결제 시스템 '상하이협력기구(SCO; The Shanghai Cooperation Organization, 미국이 주도하는 북대서양조약기구 'NATO'에 대항하는 아시아국가의 대항체)'에는 이미 전 세계 120개국의 회원국을 가진 비동맹기구[Non-Aligned Movement]가 형성되면서 성장하고 있다.

그뿐 아니라 중국 주도로 미국의 국제통화기금[IMF]과 세계은행[World Bank]의 횡포를 막아야겠다며 내년부터 본격적으로

발족하게 되는 브릭스개발은행(브라질, 러시아, 인도, 중국, 남아프리카[BRICS Development Bank] 등 5개국 주도) 등, 이렇게 중국의 무시할 수 없는 영향력을 보면, 현재까지만 봐도 그 규모가 세계 GDP(총생산)의 약60%, 세계 인구의 3분의 2 이상, 전 지구 면적의 4분의 3을 차지해, 그 오랜 세월 세계 패권을 유지해 온 미국의 시대는 날로 저물어가고 있음을 보여준다.

더구나 미국이 전 세계 여러 나라에, 지난 5월 9일 모스크바 광장에서 열린 러시아의 2차 세계대전 승전 제70주년 기념행사에는 참석하지 말아 달라고 요청했는데도 독일의 수상, 체코의 대통령, 프랑스의 외무장관 등은 이를 무시하고 러시아의 초대에 응했음은 과거에는 생각할 수 없었던 사태가 아닌가.

보다 놀라운 것은, 이 제70주년 승전 기념식의 열병식에 러시아군은 물론, 102명이 동원된 중국 해방군 육해공 3군 의장대, 거기에 인도, 팔레스타인까지 공동으로 참가했을 뿐 아니라, 흑해에서도 중국과 러시아의 해군 열병식을 공동으로 치름으로써 이번 기회에 러-중-인-팔 등 4개국이 군사적으로 동맹 관계임을 전 세계에 공개한 것이다.

특히 러시아는 미사일 방어체제^{MD}인 고도 185㎞, 수평 3,499㎞의 범위 내 목표물을 적중시킨다는 전 세계 최강 S500(사거리 600㎞, 최대 10개의 목표 동시 타격, 초음속 탄도 발사체 요격 능력 보유)을 중국에 나누어 주기로 합의한 데 이어 2017년에는 두 나라가 S500 여러 대를 배치, 미국 ICBM의 위협에 적극 대처키로 합의하였다니 이는 미-일 군사 협력에 위협을 느낀 결과로서, 이제 중국과 러시아는 정치, 경제, 군사적으로 완전히 밀착된 나라가 된 것이다. 거기에 인도, 파카스탄, 북한 등 핵국가들까지 러-중과 친밀 관계를 유지하고 있어서 날이 갈수록 미국의 입지는 좁아지고 있는 실정이다.

거기에, 우주공학과 핵무기 개발에 있어서 미국을 처음부터 앞서가고 있다는 러시아의 푸틴 대통령이 최근 "가까운 장래에 S500 등 가장 현대적인 최신예 미사일 시스템을 개발, 40개의 새로운 대륙간탄도미사일로 방어체제를 강화할 것"이라고 발언, 미국의 심기를 불편하게 하고 있다.

어쨌건 절대 다수인 99%의 순진한 전 세계의 서민층 대중들은, 아직은 1%의 이 머리 좋고 교활하기 짝이 없는 집단이기주의자들(자본주의자들=오늘날의 다국적 기업)이 계획한 대로 현대판 노예가 되는 것을 거부할 수 없는 세상에 살고 있다.

프리메이슨이 지구상에서 가장 무서워하는 단 하나의 조직은 고삐를 잡을 수 없는 국제 비정부기구$^{Non-Governmental\ Organization=NGO}$(시민연대 같은 민간단체)뿐이다. 즉 자발적으로 봉기하는 대중들 외에는 두려워할 대상이 없는 것이다.

미국의 세기적인 지성이요 양심이라 불리는 촘스키$^{Noam\ Chomsky}$(1928~, MIT 교수)는 몇 해 전 브라질의 포르투알레그레에서 열린 세계사회포럼에서 "전 세계적으로 걷잡을 수 없이 확장되는 '자본주의(주로 경제 침략을 하는 제국주의)'로 세계의 부가 갈수록 소수에게 집중되고 있으며 미국이 언젠가는 세계화의 결과로 증가되고 있는 무산대중들을 상대로 즉석에서 대량 살상 무기들을 사용할 때가 온다"고 주장, 그 자리에 참석한 각국 대표들로부터 기립박수를 받았다.

프리메이슨이 이 세상에 하나 더 두려운 존재가 있다면 바로 촘스키처럼 전 세계에서 몇 안 되는, 의식이 올바른 양심파 지성인들뿐이다. 혹시 이 글을 하나의 '설'로 받아들이는 분들 중 자신이 99%에 속하는 존재라 믿는다면 1%가 주장하는 거짓말에 속지 말고 당장 촘스키 교수의 저서 『촘스키, 누가 무엇으로 세상을 지배하는가』(시대의 창) 또는 『507년, 정복은 계속된다』(이후) 등을 읽어보시기 바란다. 눈이 번쩍 뜨일 것이다. 미국에서도 정부의 눈치를 보느라 촘스키 교수의 책이 큰 출판사에서 발행되질 못할 뿐 아니라 큰 방송이나 신문도 그를 경계하고 있는 실정이다. 그래서 양심파 기자들은 그에게 뒤로 정보를 제공하고 있다. NGO와 양심파 지성인들이 부르짖는 '부의 균등 분배' 및 '인권'이라는 절체절명의 명제가 과연 이 세상에서 앞으로 얼마나 더 버틸 수 있을까?

그러나, 요즈음 가시화되고 있는 러-중-인-브-남아공 등 BRICS 공동체의 비약적인 움직임을 감안할 때, 앞으로 전개될 이 세상을 내다보면, 미국이 주축이 될 북미주, 러시아의 유럽, 브라질의 중남미, 중국의 아시아, 남아프리카가 주축이 될 아프리카 등 5~6개 권역으로 분산되는 다극화 시대로 진입할 것이다. 이 세상이 미국의 1극 세계 패권 유지를 위해 불가피해 보이던 세계 제3차 대전을 건너뛰는 평화스런 가능성도 있을 수 있다는 것이다.

어느 영능력자가 말했던, 인간의 문명보다 1천 년 내지 2만 년 앞서 가고 있다는 지구 밖의 거대한 힘(우주인)이 지구촌의 '99%의 인류를 말살하려는 1%의 악한 음모를 막아야겠다'며 20세기가 끝날 무렵부터 손을 쓰기 시작했기에 '악랄한 1%의 계획은 결코 성공하지 못한다'는 예언에, 99%에 속하는 인간들이라면 귀가 솔깃해지지 않을 자가 있겠는가. 혹시, 선의의 우주인들의 압력에 못 이겨 오랫동안 미국을 이용해 세계단일정부를 꿈꾸어 온 악랄한 프리메이슨이 전쟁-살육 대신 이제 다극화된 평화촌 건설에 눈을 돌린 게 아닐까?

"인간의 눈에는 얼른 뜨이지 않지만 우주만상은 조금씩 아주 느린 걸음으로 차차 좋은 방향으로 진화, 개선되어가고 있다(터커[Jim B. Tucker], 정신의학 박사)"는 진리를 우리 함께 믿어, 제발 전쟁 없는 평화스런 세상이 오기를 염원하자.

02.

한국은 탄저균 실험하기 좋은 우방?

– 차라리 '미국의 식민지' 라 해라 –

최근 미 국방부 생화학무기 실험실이 미군의 생화학전 대응 능력 향상 프로젝트로 알려진 '주피터 프로젝트Jupiter Project'수행을 위해 '죽음의 수소 폭탄'이라 불리는 살아 있는 탄저균을 민간 택배 회사를 통해 불법으로 한국 오산 주둔 미 공군기지에 배달했다는 사실이 밝혀져 국민들은 큰 충격에 빠졌다.

거기에 한술 더 떠서 '주피터 프로젝트' 총괄 담당, 미 육군 에지우드 생화학 연구센터ECBC의 피터Immanuel Peter 박사는 지난해 12월 16일, 미국 안보 관련 전문 자문 회사(IB Consultancy)가 운영하는 포털 (Cbrneportal)과의 인터뷰에서, 한국에서 이 프로젝트가 실시되고 있는 배경에 대해, "원하면 한국 어디서든 실험이 가능한 호의적인 나라이기 때문"이라고 했다.

이 사람이 그 무서운 탄저균을 두고 했다는 말이 이렇다. 차라리 '한국이 호의적인 나라'라기 보다는 '한국은 미국의 식민지 같기 때문'이라고 표현하는 게 오히려 솔직하지 않을까? 탄저균은 자기네 마음대로 남의 독립국가에서는 연구·실험할 수 없는 치명적인 세균이기 때문이다.

문제가 커지자 미군 측은 '이번이 처음'이라고 발뺌을 했지만 지금까지 밝혀진 것을 보면 그 역사는 오래다.

세균 연구가들이 다루기를 가장 싫어하는 게 탄저균이란다. 그 이유는 탄저균의 샘플 하나에 약 1마이크론 크기의 탄저균 포자 100억 개가 존재하는데, 방사능 등을 통해 99.999%를 다 살균 처리한다고 해도 약 10만 개가 살아남을 수 있는, 절대로 완전히 죽일 수 없는 세균이기 때문이란다.

오죽하면 미 상원의원까지 나서서 "어떻게 이러한 치명적인 살상력을 가진 물질(탄저균)이 민간 택배 회사를 통해서 전달될 수 있느냐?"고 따졌겠는가.

그러자 갑자기 결혼 기념 가족 친지 사진에서조차 흰 마스크를 쓰고 있는 하객들로 볼썽사나운 세상을 만든 '메르스' 사태가 발생했다. 허나 메르스는 '죽음의 수소폭탄'이라는 탄저균과는 비교가 안 되는, 치사율이 아주 약한 세균일 뿐이다.

메르스는 치유할 수도 있고, 또 확산 시기가 지나면 재발 방지 대책이라도 세워질 수 있지 않은가.

그런데 탄저균을 오산기지로 발송한 곳이 바로 미 국방부 생화학무기 실험실인데, 최근 세계적으로 유명한 일본계 미국인 탐사 전문 기자 시마츠 요이치는 "한국의 메르스 확산이 미 펜타곤 생화학무기 실험실에서 비롯됐다. 펜타곤은 오랫동안 수십 개의 생화학 연구 기술 회사들을 비롯하여 국내외 대학들과 민간 연구소를 외주하여 세균전 관련 연구를 기획해 왔다. 메르스의 세계적 감시 기구인 세계보건기구^{WHO}가 서울 주둔 국제백신기구[IVI]를 비밀리에 지원하고 있다. 또 WHO-IVI 과학자가 미국의 세균전 연구와 관련되어 있다"고 보도했다. 또다시 미 국방부가 한국 국민의 탄저균으로 인한 분노를 물 타기하기 위해 메르스 사태를 새로 일으켜 장난을 치고 있다는 건가? 충분히 가능한 얘기다.

메르스 '1차 진원지'인 평택성모병원의 이기병 원장이 메르스 발생 시 정부에 먼저 집단(코호트) 격리를 제안했지만 '규정에 없다'는 이유로 거부당한 사실을 폭로했음도 그냥 스쳐 지나갈 내용이 아닐 것이다. 국민을 계속 속여 온 정부가 아니던가?

이제 탄저균이 얼마나 무서운 것인지 한 예를 들어보자. 지난 1979년 소련이 망하기 전, 탄저균 실험실에서 측정할 수도 없을 만큼 적은 양의 살아 있는 탄저균 포자가 공기 중에 유출, 바람을 타고 날아가는 바람에 인근 스베르들롭스크(현 예카테린부르크) 지역에서 불과 두 달간 약 2천 명의 주민들이 갑자기 고열과 기침을 하다가 사망한 엄청난 사건이 발생했다.

그런데 중동호흡기증후군이라는 '메르스'가 급속히 국내에 확산되면서, 이토록 치명적인 탄저균이 불법으로 국내에 반입되었다는 충격적인 사실이 밝혀졌는데도 대부분의 언론에서는 하루 이틀 떠들다 말았을 뿐, 심층 취재 없이 메르스 폭풍에 그대로 묻히고 말았다.

특히 한국 정부는 이러한 엄청난 사실을 알면서도 일부 언론이 탄저균 연구 사례가 국내에서 처음이 아니라 여러 번 있었음을 꼭 집어 지적해주었는데도 미국 정부를 향해서 말 한마디 제대로 못 하는 꿀 먹은 벙어리로 일관하고 있으니 진정으로 내 동포 내 나라를 걱정하는 누군가가 "미군은 탄저균과 사드 문제를 가지고 한국을 떠나라"고 시위한다 해도 현시점에서 이보다 더한 애국자는 없을 것이다.

하긴 '메르스 폭풍' 덕을 본 것은 미국뿐 아니라 "총리가 되면 곧 메르스를 퇴치하겠다"고 국민에게 공언하더니 총리가 되자 메르스는 나 몰라라 하며 공안 통치를 위해 칼을 빼 든 억세게 운 좋은 황교안(총리 인준)이 있다. 메르스가 아니었다면 과연 그토록 말썽 많던 황교안의 신상 털기가 그 정도로 그쳐 인준이 가능했겠는가?

미국은 세균전을 목적으로 해외 미군기지 중 유일하게 한국 오산기지에만 지난 17년간 탄저균을 불법으로 비밀리에 들여와 연구 중이란다. 그런데 자기네 군대만 탄저균 예방접종으로 세균전에서 피해를 면하게 하고 있다는 사실을 알게 된 한국 정부가, 한국군에도 예방접종을 할 수 있도록 예방약 수입을 요청했지만 끝내 거부당했다. 과연 '이래도 미국이 우리 우방이냐?'

거기에다 메르스까지 장난을 쳐 수많은 사망자를 내는 등, 한국인들을 괴롭히고 있는 미국을 우리는 언제까지 '우방'이라 믿고 짝사랑만 할 것인가? '국민 10명 중 8명이 주한미군 탄저균 무단 반입에 책임을 물어야 한다고 하고 83.8%는 실험을 중단해야 한다고 이야기하며 이에 대한 우리 정부의 저자세를 나무라는 국민이 79.1%'라는 사실을 정부는 언제까지 계속 모르쇠로 일관해야 하겠는가?

세계인들이, 피터 박사가 생각하고 있듯, 대한민국을 미국의 식민지로 본다 한들 할 말이 없을 것이다.

03.

최신예 핵무기 개발을 끝낸 북한군
– 한·미, 이제 북한과 대화해야…

2015년 6월 28일 한국의 한민구 국방 장관은 취재기자들을 만난 자리에서 오는 10월 10일, 북한 노동당 창건 70주년을 맞아 북한이 "전략적인 의도를 가진 도발을 할 가능성이 있다"고 말했다. 이는 일본 『교도통신』(2015년 5월 19일) 의 "자기네 군사력을 과시하기 위해 북한이 10월 10일 '위성발사'를 계획하고 있으리라"는 추측 보도와 일치하는 것이다.

한 국방의 '전략적'이라는 말은 '전술적'이라는 말과는 다른 뜻이다. 전술적 위성발사란, 위성이 '저지구궤도'에 진입하는 것을 말하는 것이고, 전략적 위성발사란 위성이 '정지궤도'에 진입하는 것을 말한다.

또 저지구궤도는 지표면에서 160~2,000km 고도에 있고, 정지궤도는 지표면에서 20,000~36,000km 고도에 있다.

한 국방이 예견한 북한의 전략적 위성발사는 북한이 이번에 위성을 20,000~36,000km 고도의 정지궤도로 쏘아 올릴 것이라는 뜻이다.

북한이 지난 2012년 12월 12일 광명성-3호 2호기를 저지구궤도에 올려놓았던 위성운반로켓 은하-3호는 그렇게 먼 우주공간까지 날아갈 수 없다. 그렇다면 북한은 그 후 정지궤도에까지 올려놓을 수 있는 기술을 습득했다는 풀이가 가능하다.

결국, 오는 10월 초 북한은 은하−3호보다 훨씬 더 큰 신형 위성운반로 켓에 첫 통신위성을 실어 정지궤도로 쏘아 올린다는 것인가?

그렇다면, 2015년 5월 28일, 북한 국가우주개발국 과학연구개발부 백 창호 부국장과 윤창혁 부국장이 평양에 주재하는 미국의 AP통신 TV 방 송과의 대담에서 북한 국가우주개발국이 통신위성을 개발하고 있다는 사실을 밝혔음은 북한이 계획하고 있는 것이 정지궤도 안착용 통신위성 을 말하고 있는 것으로 풀이되지 않은가.

통신위성은 정지궤도에 떠 있는 고고도위성으로 인터넷, 휴대전화, 방 송 등에 활용될 뿐 아니라 군사통신에도 사용된다.

만일, 정지궤도에 떠 있는 미국의 군사통신위성과 미사일경보위성이 북한의 타격으로 피해를 입는다면 미 군사력의 총지휘탑이나 다름없는 전략통신체계는 마비되고 전술통신체계만 작동하게 될 것이라는 점에 미 국인이라면 덜컥 겁이 날 수밖에 없는 것이다.

미국이 전술통신체계와 전술미사일방어망만 가지고 북한과 전쟁을 치 른다면 절대적으로 불리하다는 것은 비대칭군사력을 조금만 공부한 사 람이면 다 아는 사실이다.

미 공군 우주사령부 셸튼[William Shelton] 사령관은 이러한 시나리오를 예견 하는 듯, 지난 2014년 1월 7일 미국의 군사위성들이 무방비 상태에 있다고 지적하고, 적국이 미국의 군사위성을 요격하면 "미국의 첨단전쟁능력에 거대한 구멍이 뚫리게 될 것"이라고 크게 걱정했다. 미 공군 우주사령관이 심히 우려한 '거대한 구멍'은 전략적 군사통신체계와 전략적 미사일 경보체계가 파괴된 절망적 상황을 말하는 것인가? 만일 그렇다면 미·일·한 등의 국가들로서는 큰 고민거리가 될 것이다.

만의 하나, 이러한 시나리오가 현실화된다면, 아시아태평양지역에 전진 배치돼 있는 미군 26만 6천 명, 각종 작전기 1,741대, 각종 전투함선 152척의 안전은 어찌되겠는가?

셸튼 장군의 지적에 따라 군사위성의 위험을 피하기 위해 미 국방부가 뒤늦게나마 긴급 조치를 취했음은 그나마 다행스런 일이다.

러시아의 『스푸트니크^{Sputnik}』 2015년 6월 29일 보도를 보면, 미 국방부는 합동우주작전센터를 지원하는 새로운 우주작전센터를 앞으로 6개월 안에 증설하고, 2016년도 미국 국방 및 정보예산 가운데 50억 달러를 우주안보강화에 배정하는 긴급 조치를 취한 것이다.

그에 앞서 북한은 지난 2015년 5월 9일, 주요 선전 매체들을 통해 "잠수함 발사 탄도탄(SLBM, 북극성-1=잠대지탄도미사일)의 수중 시험 발사에 성공했다"고 보도했다. 물론 한·미 등 서방 언론은 정부의 발표를 그대로 인용해서 마치 북한이 거짓으로 장난한 듯 과소평가하는 보도로 일관했지만, 최근(2015년 7월 20일) 한국을 방문한 스위프트$^{Scott\ H.\ Swift}$ 미군 태평양함대 사령관(해군 대장)이 "북한의 지난 5월 잠수함발사탄도미사일^{SLBM} 사출 시험은 지역 정세를 불안정하게 만드는 실질적 위협으로 간주해야 한다"고 말함으로써 북의 잠수함탄도미사일 발사 성공을 사실상 인정했음은 흘려들을 수 없는 내용임이 분명하다.

이번 북한 잠대지탄도미사일 성공의 뜻은 이제 아군도 핵잠수함을 보유하지 않는 한, 북한이 동·서·남 3해의 한반도 어느 바다 속에서나, 나아가서는 미 본토 근해에까지도 접근, 감행할 수 있는 핵공격에 관해 고민하지 않을 수 없다는 것이다. 군사 전문가들은 이번에 발사된 북극성-1호의 경우 위쪽 끝 부분이 연필 끝 부분처럼 생기지 않고 우유병 꼭지처럼 생겨 단발이 아닌 다발식 재진입체 또는 다발각개조준식 재진입체가 장착된 것으로 보고 있다.

미국 신안보센터 연구원 잭슨^Van Jackson(전 미 국방 장관 자문위원)은 2015년 2월 26일, 연방 하원 외교위원회 동아시아태평양 소위원회에 제출한 문서에서 "이제 미국은 북한의 요구에 굴복할 수도 없고, 그들의 핵 능력을 불능화하기 위해 예방 전쟁을 할 수도 없는 상황"이라고 한탄했으며, 미 태평양사령관 해리스^Harry B. Harris 해군 대장은 북한 잠수함 탄도탄 발사 2주 후인 5월 25일, 『타임』지와의 인터뷰에서 "우리가 직면한 가장 큰 위협은 북한으로, 북한 때문에 밤잠을 설친다"고 고충을 털어놓았다.

도대체, 이토록 미군 수뇌부의 골치를 앓게 하고 있는 북한의 핵 능력은 그동안 어떻게 발전해 왔다는 말인가. 북한은 한국전쟁이 끝난 직후인 1955년 소련으로부터 무기급 플루토늄 200kg과 핵무기 설계도를 받아 초기 형태의 핵탄을 만든 것을 계기로 줄곧 핵무기 완성에 전력을 다

한 결과, 30년이 지난 1980년대 말(노태우 정부 시절)에는 대륙간탄도탄을 포함한 핵무기를 완성했다고 한다.

그러면 주한미군 기지들이 북한의 전술핵탄 공격을 받더라도 미국이 핵 보복 공격을 하지 못하리라고 보는 이유는 무엇일까? 군사 전문가들은 미국이 북한에 핵 보복 공격을 가하는 순간 북한 전역에 배치돼 있는 20개 이상의 이동식 대륙간탄도미사일^{ICBM}(+전자기파핵탄^{EMP}) 중 하나라도 살아남아서 미국 본토를 강타할 위험성이 클 뿐 아니라, 이제는 전 세계의 바다를 주름잡고 있는 최신예 미 항공모함은 물론 미 본토마저도 안심할 수 없는 형국으로 몰아넣은 북한의 잠대지탄도탄^{SLBM}의 위협 때문으로 분석하고 있다. 미국은 미사일 방어망 사드^{THAAD}(Theater of High Altitude Area Defense Missile)에 기대를 걸고 있지만, 그것은 시험 발사에서 실패를 거듭했을 뿐만 아니라, 실전에서 한 번도 능력을 입증하지 못했으며 고비용 문제 등 이제는 '무용지물로 폐기해야 한다'는 말까지 자주 흘러나오는 실정(미 육군, 공군참모총장 국방성에 건의)이다.

전 미 해군 장관과 중앙정보국^{CIA}장을 지낸 울시^{R. James Woolsey}와 전 연방의회 산하 전자기파위원회 전문위원 프라이^{Peter Vincent Pry}는 2013년 11월 2일 미국의 온라인 매체 『가족 안전 문제^{Family Security Matters}』에 발표한 공동 집필문에서 '부분궤도폭격체계(FOBS; Fractional Orbital Bombardment System)'라는 비밀 무기는 대륙간탄도마시일에 탑재되어 고도 500km의 극궤도^{Polar Orbit}에 진입한 뒤에 궤도비행을 하는 전자기파핵탄^{EMP}이 미국 본토 상공에 이르러 지정된 시각에 폭발하도록 설계

된 것이라고 했다.

이 글은 이어, 부분궤도폭격체계로 극궤도에 쏘아올린 핵탄 한 발이 미국 본토 중앙에 있는 캔자스 주 400~500km 상공에서 지정된 시각에 폭발할 경우 반지름이 약 2,200km나 되는 방대한 지역이 가공할 전자기파^{EMP}로 뒤덮이게 되며, 바로 그 순간 미국 본토의 각종 전자·전기장치들 중 95%가 모조리 파괴되고 전력 공급이 끊겨 사회기반시설이 전반적으로 붕괴되는 엄청난 참극이 벌어질 것이라고 주장했다.

거기에다, 뉴욕타임스가 최근 '제2기 핵무기 시대'라는 제목의 글에서 "핵무기의 정치적 파워는 냉전시대처럼 보유 핵탄두의 수에 의해 좌우되는 게 아니라 단 6개의 핵탄두만 갖고 있어도 미국이 실전 운용하고 있는 핵탄두 5천 200개와 맞먹는 효력을 발휘할 수 있다"고 지적했음은 우리가 그냥 스쳐 지나갈 수 있는 내용이 아니라는 것이다.

그렇다면 미국이 아직도 핵탄으로 무장한 항공모함을 한반도 근해에, 또 핵탄을 가득 실은 대형폭격기를 북한의 코앞에까지 날아가게 하는 각종 한미군사훈련 등 위험천만한 대북 전쟁 연습을 계속해서 강행하는 게 과연 현명한 것인가?

이제 잠수함(시속 60km의 신포급 핵추진 잠함. 추가 식량 보급 없이 해수면에 떠오르지 않고 15,700km를 잠항, 60일간 작전 가능) 대지미사일(북극성-1호, 사거리 1천 킬로), 또는 함대함(금성 3호, 사거리 250킬로) 미사일들로 무장한 북을 극도로 자극하기보다는 대화에 나서야 할 것이다.

비록 늦었지만 지금이라도 미국은 보다 대범한 자세로 북한을 끌어안아 그들이 핵보유국임을 사실대로 인정하고, 클린턴 정부가 추진했던 북한과의 국교 정상화의 길로 나아가야 옳다.

이미 21년 전, 북한의 핵능력을 뒤늦게 간파한 클린턴 정부는 1994년 10월 21일, 최초의 미·북 간 핵 합의로 기록된 북한의 NPT 잔류 및 IAEA 사찰 수용, 핵시설 동결을 조건으로 미국이 2003년까지 흑연 감속로를 경수로로 대체, 중유 제공, 정치·경제적 미·북 관계 정상화를 골자로 하는 '제네바 합의'를 성공시켰다. 그러나 안타깝게도 이 합의는 아들 부시 대통령 때인 2003년 전격 파기돼 오늘날 한반도 정세가 전쟁 일보 직전까지 악화되고 말았다.

노무현 정부가 2015년에 환수하기로 미국과 합의했던 전시작전권을 이명박·박근혜 정부가 다시 안 받겠다는 것은 미국의 미사일 방어체제[MD]에 편입·의존하는 수순을 밟겠다는 뜻이다. 따라서 미국의 요구대로 한국에 사드가 배치된다면 한국의 최대 교역국인 중국과 러시아는 한국이 미국과 함께 자기 나라 봉쇄에 나서는 것으로 보고 한국을 적대시할 것이며 한국은 이들 나라로부터 경제적 압박을 자초함으로써 엄청난 불이익을 당할 게 뻔하지 않은가.

이제 한국 정부는 미국과의 형평성을 유지하면서 독립국가로서의 체통을 살려 북-중-러시아와의 철저한 균형 외교 및 교역 확대로 남북한 모두가 윈윈(상생)하는 방향으로 나아가야만 한다. 한·중 간 2012년도 교역량은 2,151억 달러로 한·미, 한·일 동기 교역량을 합친 액수보다 1.5배나 된다는 사실을 결코 가볍게 여겨서는 안 된다.

그리고 우리는 이제 미국이 우방이라는 꿈에서 깨어나 미국이 한국을 대하는 자세가 일본과는 다르다는 사실을 인정하자. 미국이 겉으로만 '우방'이라고 부르는 대한민국은 '미국의 패권 확보를 유지하기 위한 아시아의 한낱 대북·중·러시아 전초기지'에 불과하다는 사실을 우리는 꼭 기억해야 할 것이다.

04.
'사드 한국 배치' 주장 인사들,
과연 제정신인가?

미국 정부와 한국 군부는 최근(2015년 3월) 미국의 고고도 미사일 요격 시스템인 사드^{THAAD}(Theater of High Altitude Area Defense Missile) 한반도 배치를 기정사실화하는 발언들로 시끌벅적하다. 거기에 유승민, 나경원, 원유철 등 일부 새누리당 간부급 의원들은 국내 사드 배치를 환영하는 발언들을 쏟아내고 있어 국민들은 어리둥절할 것이다

'과연 사드 배치가 국가와 국민을 위해 지금 당장 필요한 것인가?'부터 따져봐야 할 일이다. 이에 대한 대답이 YES라면 진짜 '종북좌빨'이 아닌 한, 사드 배치를 반대할 국민은 많지 않을 것이다.

위의 질문에 대한 대답을 내가 한다면 'NO!'다. 그러면 도대체 나와 같은 반대론자들의 주장은 무엇인가? 그 내용을 들여다보자.

지난 2015년 4월 6일자 『LA 타임스』는, 미국 미사일 방어체제^{MD}의 핵심 무기인 '해상 기반 엑스밴드 레이더^{SBX}'가 22억 달러(약 2조 4041억 원)짜리 거대 실패작이라고 보도했으며, 또 2014년 6월 사드 실험 후, 미사일방어청의 자료 심의를 공동 총괄했던 데이비드 몬터규 전 미 록히드 마틴 미사일 시스템 담당 회장은 "이 해상 레이더는 처음부터 만들어져

서는 안 되는 것이었다"고 말했다.

그럼에도 사드 제조 회사인 록히드 마틴은 사드의 적 미사일 요격 성공률이 높다는 거짓 주장으로 일관하고 있다. 사드는 아직까지 실제로 사용된 적이 없을 뿐 아니라 기술적으로도 아직 검증이 안 되어 있는 실정이다. 오죽하면 미 육군참모총장과 해군참모총장이 최근 고가격, 비효율 등의 문제로 사드 배치를 재고해 달라고 국방성에 요구했을까.

그 밖의 미국의 사드 전문가들의 의견은 어떤가? 미국 미사일방어청 MDA은 지금까지 아홉 차례 사드의 요격 시험에서 모두 성공했다고 밝혔지만 최근 시어도어 포스톨 매사추세츠공과대학MIT 교수와 조지 루이스 코넬대 선임연구원 등 전문가들은, 요격 시험과 실제 성능은 차이가 크며, 적의 미사일이 높은 고도의 동력 비행 마지막 단계에서 잠깐 로켓 모터가 멈추면서 안정을 잃어 발생하는 공중회전(Tumbling: 빙글빙글 돌면서 낙하하는 현상)과 낮은 고도에서 공기 압력 여파로 불규칙하게 나선형으로 낙하하는 현상(Spiralling), 또 공기압력이 측면에 가해지면서 미사일이 예측하기 힘든 나선형 움직임을 보이는 현상 등으로 인해 명중이 어렵다는 점, 또 사드가 진짜와 가짜 미사일 분별력이 없다는 점, 적의 미사일의 앞부분에 장착된 탄두를 정확히 명중시켜야 하는데 이것이 쉽지 않을 뿐 아니라 몸체를 명중시켰다 해도 항공기와는 달리 탄두는 파손되지 않고 목표 지점 가까이 떨어진다는 점을 들어 사드는 아직 검증된바 없다고 주장했다.

더욱이 2013년 6월 24일, 미 의회 조사국CRS 보고서에 따르면, '북한과 남한의 거리가 너무 가까워서 남한 영토 전역을 공격할 수 있는 북의 단거리 미사일이 저고도(20km 이내)로 날아와 1~2분 이내에 미사일이 목적지에 도달하기 때문에 사드로는 별 효과를 기대할 수 없다'고 지적했다. 즉, 사드는 멀리서 날아오는 중·장거리 미사일을 높은 고도(40km 이상)에서 요격하기 때문에 남한을 향한 북한의 미사일 위협에는 쓸모가 없다는 뜻이다. 특히 1~2분 사이에 우리 군의 레이더가 그것을 감지하고 또 사실 관계를 파악한 이후 그에 대처하는 데에 드는 시간적 여유가 있겠는가. 더구나 그것이 동일한 시각에 다탄두로 날아든다면 그에 대한 요격 확률이 과연 얼마나 될까? 또 가능성은 극히 의심되지만 우리 영토를 향해 날아드는 미사일을 상공에서 모두 격추시킨다고 해도 방사능 낙진 피해는 피할 방도가 없을 것이다.

그보다는 북한이 남한에 미사일 공격을 감행한다면 고도 20km 이하로 날아가는, 사거리 300~500km의 단거리 미사일이나 저비용의 장사정포를 사용해도 목적을 충분히 달성할 수 있는데 구태여 값비싼 중·장거리 미사일을 사용할 이유가 없다는 전문가들의 견해를 귀담아 들어야 한다.

또 북한의 신형 300mm 방사포 KN-09호 1문이 유도 미사일이나 다름없는 발사체를 1분에 10여 발이나 발사할 수 있는데 이것을 사드로 막을 수 있다는 말인가? 더구나 방사포는 1문이 홀로 공격하는 것도 아니고 떼로 모여 강철 폭탄의 비를 쏟아 붓는다는 사실을 한미 군 당국이 더 잘 알 것 아닌가?

KN-09보다는 못하지만 가공할 방사포가 북한에는 5~7천 문이 있다니 북한군이 결심만 한다면 수도권은 말할 것도 없고 남한 전체가 불바다가 될 수 있다는 뜻임을 한시도 잊지 말아야 한다.

그리고 사드의 비용을 생각해 보자. 사드 1개 포대는 발사대 6기로 구성되어 있는데 각각의 발사대에 미사일 8발이 장착된 구조란다. 사드 1개 포대 구축비용으로 약 2조 원, 미사일 1발에 124억 원가량이 든단다. 만일 6개 포대를 가정한다면 그에 따른 비용만 무려 12조 원에 이른다. 더구나 운영비용은 아직 얼마가 될지도 밝혀진 바가 없을 뿐 아니라 미사일 1발에 124억 원씩 드는 것까지 따진다면 그 액수는 어지럼증을 일으킬 것이다. 그럴 돈으로 차라리 한국 자체 개발KMD을 통한 기술 축적이 더욱 값진 일이 될 수 있다. 더구나 우리 군에서 탐지 거리가 900km에 이르는 그린파인 레이더도 이미 운용하고 있지 않은가.

결국, 미국이 사드의 한반도 배치를 노리는 이유는 북한 미사일을 핑계로 사드의 성능을 잘 모르는 대부분의 한국 국민들에게 겁을 주어서 한국 정부의 돈으로 사드를 한국에 배치, 중국과 러시아를 견제하겠다는 '내 손 안 대고 코풀기 식'의 교활한 속내임이 분명해진다.

대한민국은 석유가 펑펑 쏟아져서 돈 걱정이 없는 산유국이 아니다. 아직까지 사드는 전 세계에 겨우 4대가 배치됐고 현재 3대를 생산 중에 있다. 모두 산유국과 유럽 쪽에서 주문한 것이란다. 그 말은 지금 주문해도 가져오는 데는 몇 년이 걸린다는 뜻이다. 너무 비싸고 효과도 불확실한 사드라면, 미리 주문한 나라들이 추후 설치해서 실제 효과를 확인할 때까지 기다려 보는 인내심과 지혜가 필요하지 않을까?

물론 사드의 한국 배치는 미국의 아시아 패권 유지를 위한 것으로 미국이 진행 중인 전 세계적 MD(미사일 방어체제) 구축의 동아시아 편 완결판이다. 그런데도 자기네가 한국에 비용 부담을 주지 않고 한국에 사드를 배치하겠다는 것도 아니고 그 엄청난 비용을 한국에 떠넘기려고 하는 데에 심각성이 있다. 특히 사드 발사 후 생기는 엄청난 방사능 낙진으로 국민들이 입을 상상도 못할 피해를 고려하지 않을 수 없는 것이다. 최근 로클리어[Samuel Jones Locklear III] 미 태평양 사령관이 2015년 4월 16일, 괌에 이어 한반도에도 고고도 미사일 방어체제[THAAD]를 배치하는 문제를 논의하고 있다고 말하는 등 미국 정부의 돌아가는 행태를 보면 어떻게든지 '숭미파 정부'가 있을 때 한국에 팔아넘겨보겠다는 인상을 주니 한국 정부가 정신을 바짝 차려야겠다는 생각이 안 들겠는가.

사드를 한국 내에 배치하는 것에 적극 반대하고 있는 중국과 러시아도 큰 걸림돌이다. 한반도에 사드가 배치될 경우, 사드의 레이더에 중국과 러시아의 주요 군사시설이 거의 모두 노출되기에 그들은 필사적으로 이를 반대할 것이다.

그런데 한국이 중국을 상대로 한 교역(2014년)으로 벌어들인 돈이 318조 원인데 올해는 350조 원 정도를 추산하고 있다. 그런데 우리나라 1년 예산이 350조 원이라니 사드 배치로 중국의 비위를 거스를 경우 당장 교역에 미치는 여파는 심각한 수준이 될 것이 분명하다.

한반도 냉전을 부추겨 오래전부터 무기 장사로 돈벌이에 혈안이 되어 있는 미국이야 그렇다 치더라도, 한국인으로서 사드 배치를 주장하고 있는 일부 여당 인사들은 과연 '사드'가 무엇인지 제대로 공부나 하고 국가 이익에 반하는 주장을 하는 것인가? 아니면 미국 측 로비[Lobby]라도 받은 것인가? 자칫 한반도 전체가 미국과 중국에 의한 핵전쟁의 놀이터가 될 수 있음을 생각이나 해보았는가? 그 결과는 수천만 동포의 목숨이 희생될 뿐임을 명심해야 한다.

미국과 중국의 패권 다툼에 낀 한반도에서, 한국 국민의 무지무지한 액수의 혈세까지 들여가면서, 핵전쟁 발발이 현실화될 수 있다는 것은 상상하기도 싫은 일이다.

사드의 한국 배치가 진정으로 한국을 향한 북한의 핵 때문이라는 미국 측의 말은 결코 사실이 아니다. 사드 한반도 배치는 한미동맹의 이름으로 한국을 대중·러 방패로 이용하고, 천문학적인 액수의 무기까지 팔아 이득을 취하면서, 나아가서는 한·중 관계까지 삐거덕거리게 하려는 1석 3조의 미국 국익 챙기기일 뿐이라는 말이다.

한국 국민은 지금 어느 때보다 위험한 시국에 처해 있다. 박근혜 정부의 현명한 판단으로 미국의 사드 강요 요구를 강단 있는 자세로 원만히 물리치면서 미·중·러 3국과 등거리외교로 지혜롭게 이 난관을 넘어서야 할 것이다.

05.
한·일 상호군수지원협정 서명하면
제2의 이완용 돼
– 일본에 한반도 재침략 기회를 줄 한·미·일 군사동맹

한·미·일 3국은 2014년 12월 29일, 북한 핵미사일에 대비한다는 이유로 '정보공유약정'을 체결, 3각 군사동맹으로 가는 발판을 마련함으로써 백 년 전 일본의 한국 침략 이래 쓰라린 35년간의 잔인무도한 한반도 통치 역사를 기억하고 있는 많은 애국 동포들의 우려 섞인 관심을 자극한 바 있다.

예상했던 대로 그 후 4개월 만인 지난 4월 27일, 미국·일본 두 나라는 일본의 집단적 자위권 행사를 전제로 한 새 방위협력지침에 공식 합의, 또다시 일본의 한반도 개입 내지 재침략을 염려하는 한민족의 목소리가 높아가고 있다.

더구나 일본은 미군의 요청으로 6.25 때 한국 정부 몰래 해군 소해정(적의 기뢰 등 위험물 제거 목적)을 46척(대원 1,200)이나 파견, 원산, 흥남, 해주, 군산, 인천, 남포 지역에서 소해 작업에 참여했다. 이 밖에도 2만여 명이 한국전에 참전해 세균전, 간호, 정보, 첩보 등 임무에 참여, 전사자 수도 상당수에 달했음은 미국 정부 문서 비밀 해제로 확인된바 있다. 또 1965년 일본 의회에서는 한반도 유사시 자위대가 유엔군의 일원으로 참전한다는 계획이 들어 있는 방위청의 '미쓰야 연구'가 폭로됐으며, 또 2010년 12월에는 간 나오토 당시 총리가 "유사시 일본인 구출을 위해 자위대의 한반도 파병을 논의하겠다"고 말해 논란이 일기도 했음은 일본의 한반도 재침략 야욕이 계속되고 있음을 보여주고 있는 것이 아닌가.

특히 이번 미·일 두 나라가 합의한 지침서를 보면, 일본 자위대가 집단적 자위권을 행사하면서 한반도에 진입 또는 영향을 미쳐 군사 활동을 할 경우 한국의 '사전 동의'를 받아야 한다는, '한국에 반드시 필요한' 문구는 전혀 삽입하지 않은 채 '제3국 주권을 전적으로 존중하고 국제법을 준수한다'는 내용으로 슬쩍 얼버무린 점을 보더라도 미·일 정부가 한국을 얼마나 우습게 보는지 엿볼 수 있다. 전시작전통제권조차도 갖고 있지 않은 꼭두각시(미군 조종에 움직이는) 한국 정부라 한반도 유사시 미군이 일본군의 개입을 요청할 경우 막을 방법이 없다는 사실은 지난 김영삼, 김대중, 노무현 정부의 전시작전권 회수를 위한 끈질긴 노력이 얼마나 중요한 것이었나를 재확인하는 계기이기도 하다. 바로 금년에 환수받기로 한 전시작전권을 헌신짝 버리듯 한 이명박, 박근혜 두 정부가 이런 때일수록 원망스러운 것이다.

이게 모두 민족정기가 흐릿하기 짝이 없는 이명박, 박근혜 두 정부가 그간 미·일 두 나라에 얼마나 우습게 비쳐졌는지를 보여주는 결과물이다.

이제 머지않아 미국의 적극적인 지원에 힘입어 일본은 한국 정부에 연료, 탄약 등 각종 군수품을 서로 융통할 수 있는 '상호군수지원협정^{ACSA}' 의 체결을 요구해 올 것이 불 보듯 뻔하다. 바로 이것이야말로 작년 말에 체결한 '한·미·일 3국 정보공유약정'의 최종 목표이기 때문이다.

일본 국내에서는 아베 일본 정부의 군사력 강화 정책의 하나로 이번 미·일 두 나라가 합의한 협력 지침이 일부 보수 일본인들에게는 환영받을 내용일지 모르지만, 그동안 동아시아와 태평양에 머물던 일본 자위대의 후방 지원 범위가 전 세계로 확장되고 미사일 방어체제^{MD} 구축과 기뢰 제거, 미군 함선의 방어 등 일본이 직접 공격을 받지 않아도 무력행사를 할 수 있게 된 점 등은, 한반도가 일본 군사 대국화의 직간접적인 영향권에 들어간다는 사실을 나타내고 있음을 부인할 수 없을 것이다.

이번 일로 1905년 7월에 체결된 가쓰라·태프트 밀약이 머리에 떠오르는 게 과연 한민족 중 나뿐일까? 너무 오래된 내용이라 자세한 내용을 잊은 분들을 위해 다시 한 번 그 내용 중 주요 부분을 확인하고 싶다.

첫째, 일본은 미국의 필리핀 지배를 인정한다. 둘째, 미·영·일 3국은 실질적인 동맹 관계를 확보한다. 셋째, 한국은 일본이 지배할 것을 승인한다.

즉, 그때부터 이미 미국은 극동 정책에 있어 한국에는 관심이 없고 철저히 일본 위주였다는 것이다.

일본은 이제 2차 대전 후 70년 만에 '패전국'의 지위에서 미군과 함께 전쟁에 참여하는 '동반자'로 그 위상이 바뀌었다. 경제 악화에 따라 미국이 중국을 견제하기 위해 일본의 군사력을 활용하려는 의도와 중국과 영토 분쟁 속에서 미국의 군사개입을 확실히 보장받고 군사 대국화의 길을 열려는 일본의 의도가 맞아떨어진 것임을 누가 모르겠는가. 다만 한국인의 입장에서는 두 강대국의 합의가 독약 이외에 아무것도 아니라는 사실이다.

다행히 현재까지는 한·일 사이에 상호군수지원협정이 아직 체결되지 않아 일본군의 한국군에 대한 후방 지원이 불가능하고, 따라서 친일파를 제외한 대부분의 한국인들이 그토록 염려하는 대로 일본군의 군화발이 다시 한반도에 올라서는 일은 아직 일어나지 않고 있다.

이토록 심각한 국민 정서를 알면서도 박근혜 정부는 두 강대국의 강요나 다름없는 한·일 상호군수지원협정 체결에 응해 제2의 이완용이라는 오명을 남겨야 하겠는가.

06.
미국이 사전에 준비하고 유도한
6·25전쟁
– 6.25에 대비, 1년 전부터 전쟁 준비한 미, 일군

해마다 6월이 되면 우리 한민족이 꼭 기억해야 할 것이 있다. 김일성의 북한군 남침으로 일어난 6·25전쟁은 우리 남북한 민족을 자그마치 5백만 명이나 희생시켰다. 실종과 부상자까지 합하면 무려 6백만 명에 이른다.

한반도 전체에서 봉기했던 1919년의 3·1운동 때는 잔악무도한 일본 군경에 의해 30만 명의 애국자들이 목숨을 잃었다. 그러나 6·25전쟁에서는 그 20배가 되는 희생을 치렀으니 한민족이라면 어찌 이 민족사적 동족상잔의 대 비극을 잊을 수 있으랴!

그런데 이토록 끔찍한 전쟁이 왜 일어났는지 그 배경을 제대로 알고 있는 국민은 과연 얼마나 될까? 안타깝게도 우리 국민은 6·25전쟁이 '북한 김일성이 적화통일을 위해서 남침했기 때문에 일어난 전쟁'이라는 사실만 알 뿐 그렇게 남침을 강행할 만한 여건을 누가 조성했는지에 대해서는 거의 모르고 있는 실정이다.

1950년 6·25전쟁이 발발하기 1년 전인 1949년, 주일 미 극동군 사령부(사령관 맥아더)는 이미 남침 준비를 끝낸 북한군에 대비, 미군 병력의 희생을 최소화하기 위해 2차 대전에서 살아남은 일본인 군인들을 모아 여러 차례에 걸쳐 한반도 상륙작전 훈련을 실시했다(일본 군사 전문가 하야시시게오 저, 『주한미군』).

이를 토대로 막상 6.25전쟁이 일어나자 불과 1주일 후, 미 극동군 사령부는 극비리에 채병덕, 이형근, 백선엽, 정일권, 이종찬 등 일본군 장교 출신들이 거의 모두였던 한국군 지휘부의 군사 고문 자격으로 2백여 명이라는 많은 수의 전 일본군 고급 장교들을 파견했을 뿐 아니라 그간 군사훈련을 마친 일본군을 한국군복으로 갈아입혀 지상 전투 요원 약 2개 사단, 기타 소해정 46척, 수송함 등 해군 병력 2천 5백~3천, 항공 조종사, 첩보, 의무, 통역, 보급 등 총 2만여 명의 일본군을 극비리에 미군과 함께 참전시키는 기민성을 발휘할 수 있었던 것은 바로 사전 미·일군의 군사훈련이 아니었다면 불가능한 일이었다.

당시 일 군사고문단에는 한국군 장성들의 옛(5년 전) 일본군 상관들이 대부분이었다고 하니 6.25전쟁은 처음부터 한국군부의 전 상관들인 일본군 고참 장교들의 지휘 하에 치러졌다고 봐도 지나친 말이 아닐 것이다.

더구나 독립군 등을 상대로 한 생체 실험으로 악명이 높았던 731(마루타) 부대장 이시이 시로 전 일본군 중장이 마루타 부대의 연구 결과를 넘겨주는 조건으로 전범 재판에서 무죄, 계속 미군 측의 우대를 받다가 한국전에 참전, 만주와 압록강 언저리에서 세균전을 벌였음은 놀라운 사실이다(니덤보고서).

일본군 6.25 참전 사실은, 갑자기 자취를 감춘 남편들의 전사 통지서가 수많은 유가족들 앞으로 배달돼 일본에서는 일찌감치 밝혀진 것이다.

1950년 6월 25일 당시 대한민국 국군의 북한군 남침 대비 군사력은 거의 전무한 상태였음은 다 알려진 사실이다. 그러나 미국은 미군 철수를 결사반대한다는 이승만 대통령의 여러 차례의 호소를 끝내 외면하고 5백 명의 비무장 군사고문단만 남겨둔 채 주한미군 무장 병력 전원을 일본으로 철수시켰다. 게다가 곧이어 애치슨 국무장관과 맥아더 극동군 사령관은 기자회견을 자청, "미국의 극동방어선은 일본"임을 전 세계에 공포하기까지 했다.

미국은 북한이 전쟁 준비를 마치고 남침 기회를 호시탐탐 노리고 있다는 군사정보를 입수한 지 많은 시간이 흘렀음에도 불구하고 이토록 한국군의 군사력 증강을 철저히 외면한 데 이어 미군을 전원 철수시켰으며, 또 미국은 한반도가 미국 극동방어선에서 제외된다는 사실을 전 세계에 서둘러 공포, 호시탐탐 남침을 노리던 김일성에게 일부러 겁을 준 것이다.

국군 군비 증강 이후 철수를 하든지 아니면 철수 후라도 이를 공개하지 않고 그냥 모르는 척 지나갔다면 한반도를 전쟁이라는 사태까지 몰고 가지는 않았을 것이요, 당시 북한이 남침 준비를 완료했다는 정보를 갖고 있던 미국이 진심으로 북의 남침을 염려했다면 국군의 군비 증강 기회를 얼마든지 마련해줄 수 있었다는 것이다.

허나 미군 측의 속셈을 알고 나서야 이러한 의문은 어리석기 짝이 없는 어린이의 잠꼬대 같은 것이었음을 알게 된다.

당시 우리 국군에는 한 대도 없는 탱크와 전투기를 북한은 각각 240여 대와 210여 대를 보유하고 있었고, 우리 국군의 수가 10만 명밖에 안 되는 데 비해 북한 인민군의 수는 3배나 되는 30만 명이었다. 이렇듯 남침 준비를 완료하고 기회만 노리고 있던 김일성에게 두 미 고위층의 극동방어선 한국 제외 성명은 절호의 기회가 왔음을 알리는 신호탄이었을 것이다. 그런데 김일성이 남침을 감행한 지 1주일 후 미국은 돌연 기다렸다는 듯 6.25전쟁에 참전했으니 김일성 그리고 그에게 남침을 승낙한 소련 수상 스탈린과 중공의 마오쩌둥은 미국의 계략에 속은 사실을 알고 허탈한 웃음을 띠었으리라.

그렇다면 왜 미국은 이런 행동을 했을까? 이는 당시 미국의 국내 정세와 긴밀한 관련을 맺고 있다. 원자탄 투하로 일본을 3년 앞당겨 항복시킨 미국 정부는 그 후 미 방산업체들이 제조한 무기가 적체되는 바람에 업자들로부터 견딜 수 없는 저항에 직면해 있었다. 이를 해결하기 위해서는 지구상 어디에선가 또다시 전쟁을 일으켜 무기를 소모해야 할 처지였다. 그리고 이 문제의 해결책을 곧바로 한반도에서 찾았던 것이다. 그리하여 '미국은 피를 먹고 사는 나라'라는 사실을 또 다시 행동으로 보여줬고, 브루스 커밍스(저서 『한국전쟁의 기원』) 교수를 비롯해 일본의 군사 전문가 하야시 시게오 등 동아시아 정세에 밝은 학자들이 제기하는 '미국의 북한 남침 유도설'은 이러한 사실을 근거로 많은 사람들의 지지를 받는 실정이다.

국군이 압록강까지 밀고 올라갔을 때 미국이 한반도 통일에 조금이라도 관심이 있었다면 인해전술로 밀고 내려오는 중공군을 향해 만주벌판에서라도 원자탄을 투하하든지 전투기로 융단폭격이라도 했어야 했다. 그러나 미국의 속내는 여전히 남북 분단체제 유지에 있었던 것이다.

원래 미국은 우리 한국 국민들이 생각하는 것처럼 그렇게 선량한 나라도, 남의 나라를 무조건 도와주는 자비심 많은 나라도 아니다. 중남미 여러 나라를 비롯해 베트남, 이라크, 팔레스타인, 아프간 등에서도 익히 보았듯이 미국은 국익에 보탬이 된다고 판단되면 상대국이 미국에 해를 입히고 있는 것으로 교묘하게 자국민들을 속이고 침략을 감행해 왔다. 이것이 미국의 대외정책임은 의식이 깨어 있는 나라의 국민들이나 우리 한국의 국민들이라면 이미 알고 있는 사실이다. 거기에다 자기네 국익에 맞으면 다른 나라 국민 몇 백만 명이 희생된다 하더라도 눈 하나 깜짝하지 않고 군사력을 투입하여 국익을 챙기고야 마는 비정한 나라가 미국이다. 그러나 한국에서는 이런 사실을 알고 있는 사람들이 미국을 제국주의 국가라고 비판하면 보수 진영이나 미국을 맹목적으로 추종하는 세력들이 벌떼같이 일어나 '종북, 좌빨' 등으로 매도하는 안타까운 현상이 지금도 벌어진다. 제국주의란 무력 또는 경제력으로 남의 나라를 침략하는 정치 체제가 아닌가. 그렇다면 미국은 제국주의 국가가 분명하다.

1905년에 체결된 미국과 일본의 '가쓰라·테프트 밀약'으로 대한제국을 멸망시킨 역사뿐이 아니라, 2차 대전에서 승리한 미국은 전리품으로 챙긴 한반도를 자기네 마음대로 38선을 긋고 소련군을 끌어들여 조국을 남북 분단으로 두 동강이를 냄으로써 한민족 각자에게 몇 백 년이 흘러도 잊을 수 없는 한을 가슴 깊이 못 박았다.

그밖에도 4.3제주 항쟁에 개입, 수만 명 양민 학살을 유도했고, 5.18광주민주항쟁 때도 미국인 저널리스트인 쇼록$^{Tim\ Shorrock}$은 미국 극비 문서 '체로키 파일$^{Cherokee\ File}$'을 통해, 당시 미국이 신군부의 특수부대 투입을 알고도 묵인했을 뿐 아니라 한국의 전시작전권을 가진 미국이 최전방 20

사단을 광주 지역으로 빼돌리는 짓을 허락하는 등, 양민 학살에 간접 관여했음을 밝혀낸바 있다. 쇼록 기자에 따르면 광복 후 한반도에서 일어난 큰 사건은 미국이 개입하지 않은 것이 없었다니 이제라도 우리는 미국이 어떤 나라인지 정확히 파악해야 할 것이다.

　세계에서 몇 손가락 안에 드는 막대한 유전을 빼앗기 위해 "이라크가 대량살상무기를 숨겨놓고 있다"는 엉뚱한 거짓말로 자국민들을 비롯한 전 세계 인류를 속인 후 함부로 남의 나라를 침략해서 수십만 이라크 사람들을 죽이고, 그 나라의 대통령을 납치해 사형 집행까지 한 깡패 같은 행동을 저지른 나라, 그리고 모든 목적을 달성한 지금에 와서는 "대량살상무기가 있다는 정보는 잘못된 것이었다"며 오리발을 내놓는 나라가 바로 미국이 아닌가.

　자기네 미군 3만 6천여 명의 전사자(전상자는 10만여 명)까지 내면서도 한국을 공산도배들로부터 지킨 나라가 미국이다. 하지만 이는 우리 대한민국을 위한 것이라기보다 미국의 아시아 패권 확보를 위한 불가피한 조치였다. 지정학적으로 볼 때 미국에 있어서 대한민국이야말로 대중국 및 대러시아를 위한 전략적 최전방 기지로 절대로 포기할 수 없는 요충지라는 사실이 이러한 조치를 취할 수밖에 없는 요인이다. 그렇다면 우리의 대미 외교는 미국의 극동방어선이 일본이 아닌 한국임을 십분 활용해서 추호도 저자세를 보이지 않아야 할 것이다.

07.

5·16은 미국의 작품이었다

– 김구 등 항일 민족주의자, 진보세력 제거가 미국의 목적

제2차 세계대전에서 승리한 직후 미국은 한국을 대소련전선의 최전방 군사기지로 활용하기 위해 미국의 뜻대로 안 되는 상해임시정부 인사들을 중심으로 한 모든 국내 민족주의 민중 세력 그리고 진보 세력을 약화시킬 방안을 세운다. 오늘날 미국이 부르짖고 있는 '세계화(세계단일정부를 목표로 하는)'를 이루는 데 가장 큰 걸림돌이 바로 각 나라의 민족주의인 것이다. 애국자 김구를 살해한 안두희가 미 방첩대^{CIC} 요원이었음이 이를 뒷받침한다.

우선 미국은 친미파 군과 경찰을 양성하기 위해 일본에 충성했던 군과 경찰 등 친일파들을 재기용해서 초창기 한국 군·경 지도부를 완벽하게 통제하고 양육하는 체제를 갖추어야 했다. 친일을 해서 민족을 한 번 배신했다면 친미도 쉬운 법이고 또 친일파 처단이 두려워서라도 친일파들이 친미로 기울어 실권을 쥐려 들 것이라는 게 교활한 주한 미 군사고문단의 판단이었던 것이다.

그런 목적을 달성하기 위해 한국 정부가 수립된 후에도 한국군 전 병력 및 경찰, 그리고 한국 정부의 중요 행정부서에는 미 군사고문단이 파견되었다. 이들은 명실 공히 한국군 및 정부 출범의 산파 역 내지 대부

역할을 수행했다. 그리하여 한국 정부와 한국 군·경의 일거수일투족이 미 군사고문단에 의해 완벽하게 통제되고 보고되었다. 6·25전쟁 직전에 주한 무장 병력 전원을 일본으로 철수시켜 김일성의 남침을 유도했을 때도 5백여 명의 비무장 미 군사고문단만은 한국에 남아 꾸준히 한국 군·경을 통제하는 임무를 충실히 수행했던 것이다.

1946년 한국에 첫발을 디딘 하우스먼^{James Harry Housman} 미 육군 대위는 한국군 초창기인 조선경비대(총사령관 베로스 미군대령) 집행국장으로 근무했으며, 얼마 후 베로스 대령이 미군정의 제주도지사로 전임되자 후임 총사령관 대행으로 있으면서 실제로는 조선경비대 총사령관의 임무를 수행했다. 이어 미 군사고문관, 미 군사고문단장의 고문, 채병덕 한국 육군참모총장 고문, 이승만 대통령의 군사고문을 거치면서 한국군 형성 과정에 엄청난 영향력을 행사했다. 미군 초급장교 하우스먼은 한 나라의 대통령을 마음대로 움직였고 '한국군의 아버지'임을 자칭했다. 이를 계기로 이형근, 채병덕, 정일권, 백선엽, 박정희 등 모든 일본군 장교 출신들과 고위 정치인들이 하우스먼을 '국군의 아버지'로 인정하지 않는 사람이 없었고, 그의 지시는 곧 미국 정부의 지시로 받아들이게끔 됐다.

한편, 일제 때 항일 투쟁을 벌였던 애국자 집단인 광복군 출신은 하우스먼에 의해 냉대를 당했는데, 그 이유는 일본군처럼 혹독한 군사훈련을 거치지 않았다는 점과 일본군 출신에 비해 민족주의 의식이 매우 강하고 반공 의식이 약하다는 점 때문이었다.

하우스먼이 친일 장교들 중 특히 박정희를 눈여겨본 이유는 민족을 배신하고 혈서를 써서 만주신경군관학교(2년제)에 입학한 철저한 친일 경력을 소유한 수석 졸업자였기 때문이었다. 또한 박정희는 일본 육사 3학년으로 편입 후 3등으로 졸업했고, 조선인으로서는 유일하게 일본 교육 총감상을 받았으며, 남로당 한국군 책으로 있을 때 일어난 여순반란사건 주모자의 하나였다. 하지만 한국군 내 남로당 조직과 명단 일체를 수사 기관에 넘겨버린 철저한 배신행위로 수사당국에 적극 협조함으로써(이로 인해 7백여 명이 총살, 4천여 명이 투옥됨) 유일하게 사형을 면했기 때문에 공산당이 집권할 경우 처형될 수밖에 없었다. 그래서 철저한 반공주의자로 변신할 수밖에 없었던 정황, 한국군 내 중견 간부들에게 신망을 받는 청렴하고 똑똑한 군인이라는 이미지 등을 고려할 때 미군이 활용하기에 가장 적합한 여건을 갖춘 존재가 바로 박정희였던 것이다.

이러한 하우스먼의 보고서는 미국 정부에 직접 보고되었고(『하우스먼의 회고록』 참조), 박정희의 빨갱이 경력을 우려하던 미국 정계 지도자들의 의구심을 희석시키는 데 기여한다. 이 공로로 맥나마라 미 국방장관은 하우스먼에게 공로표창장을 주었고, 이후 미국의 대한 정책은 하우스먼의 보고서에 전적으로 의존하게 된다.

1958년 3월 박정희가 소장으로 진급할 때도 역시 미 고문단의 강력한 추천이 있었다고 한다. 1959년 7월 박정희는 6관구 사령관으로 임명된다. 6관구 사령관 자리는 서울 일원의 군부대를 총지휘하는 수도권 방위 임무를 띠고 있다. 박정희는 이때부터 본격적으로 쿠데타 계획을 세운다. 무능과 부패를 이유로 장면 내각을 몰아낸 1961년 5·16쿠데타는 사실은 장면 내각이 들어섰던 1960년 8월 12일보다 훨씬 전부터 미 군사고문단의 묵인 내지 교사로 계획되었던 것이다. 그러니 장면 정권의 무능과 부패 때문이라는 명분은 한갓 국민을 속이기 위한 변명에 지나지 않았다.

군사 쿠데타에 대해 보인 미 대사관과 주한 미군 사령부의 첫 반응은

"합헌정부를 지지한다"는 것이었다. 그래놓고 매그루더 유엔군 사령관은 윤보선 대통령을 만나 "군을 동원해서 쿠데타를 진압하라"고 요구한다. 말하자면 미국은 쿠데타를 사전에 알았거나 지지하지 않았다는 근거를 만들기 위한 양면 작전(2중 외교)을 구사했던 것이다.

한편, 미 국무성은 미 대사관의 성명에 대해 사전 승인을 받지 않은 것이라고 부정하면서도 쿠데타에 대해 반대하지 않은 채 노코멘트로 일관하거나 불간섭주의를 표방한 것도 양면작전의 하나로 보아 무리가 없을 것이다.

당시 일본의 시사주간지 『주간신조』는 5·16군사쿠데타 직후 "미 CIA는 약하고 무능한 장면 내각을 무너뜨리고 강력한 반공 정부로 교체시키기 위하여 한국 군부에게 쿠데타를 감행하도록 교사하였고 그 후 그런 전략을 은폐시키기 위해 미 국무성을 배후에서 조종하여 서울의 미 대사관과 미군 당국에 장면 지지 성명을 발표하도록 했다"는 내용의 글을 실었다. 이는 후에 예리한 비판기사로 박정희의 미움을 사 항소심이나 대법원도 거치지 않고 지법의 사형 판결이 나자마자 사형 집행을 당한 당시의 엘리트 언론인 『민족일보』 조용수(31) 사장이 "쿠데타는 미 CIA가 한 짓"이라며 화를 낸 것과 일치하는 대목이다.

『한국일보』(1990년 11월 28일)에 실린 기사 「하우스먼의 회고록」을 보면, 하우스먼은 "1961년 3월 1일 실제 쿠데타가 있기 45일 전에 나는 한국군 내의 쿠데타 기도가 있음을 상부에 보고했다. 나는 한국군 친구들로부터 얻은 정보, 또는 불쑥 찾아가서 대화 중 캐낸 일들을 분석한 후 일련의 심각한 상황을 종합할 수 있었는데, 이 상황이 지나가는 바람이 아닌 실제 폭풍일 것이라는 것을 한국군 육군본부 김형일 참모차장

(1961년 3월까지 재직)이 확인해 주었다"고 밝히고 있다.

하우스먼은 여순반란사건 진압을 지휘할 때 박정희를 구명하는 데 결정적인 역할을 수행한 인물로서 위의 인용문을 통해 알 수 있듯이 미국은 쿠데타 발생 훨씬 이전에 계획을 이미 알고 있었으나 그에 대한 대책을 세우기는커녕 오히려 방조 내지 교사한 인상을 주었다. 더구나 유엔군 사령관의 특별보좌관인 그가 알고 있던 그 엄청난 사실을 매그루더 사령관이 몰랐다면 말이 되는가?

사실은 "한국 군대를 동원하면 무력 충돌로 희생자가 많이 난다"는 이유로 쿠데타 진압을 거부한 윤보선 대통령 등 몇몇 국내 정치인들은 하우스먼과 박정희가 사전 내통(민의원 의장 곽상훈)하는 등 쿠데타 계획을 세웠던 것을 이미 알고 있었다. 1961년 5월 16일 새벽 쿠데타를 일으킨 군인들이 한강교를 건너 서울 시내로 들어오고 있을 때 현장을 목격했던 시민은 쿠데타군 앞에 '미군 헌병 차'가 선도하고 있었다고 증언한바 있다.

이날 이른 아침 하우스먼은 장도영 참모총장을 만나기 위해 육군본부로 갔다. 그는 여기서 박정희를 만났다. 그날 이른 새벽 박정희와의 이 짧막한 만남 이후 두 사람은 계속 메시지를 주고받는다(『한국일보』 1990년 12월 5일).

『하우스먼 회고록』에 따르면, 박정희의 혁명위원회 측은 연락관(한국군 대위)을 통해 구두 또는 서면으로 많은 문제에 대해 의견을 물어 왔다. 하우스먼도 그 연락 장교 편에 몇 가지를 강력히 권고한다. 그것은 미8군 안에 혁명군을 들여보내지 않는 문제, 혁명군의 팔에 두른 하얀 완장을 제거하는 문제 등 비교적 단순한 형식상의 문제에서부터 한국군 장성들의 신상 문제, 박정희의 얼굴 드러내기 등 까다로운 정치 문제에 이르기까지 광범위한 것이었다. 특히 하우스먼은 박정희에게 적어도 한 개 이상의 공식적인 최고 직책을 가져야 하며, 장도영 육군참모총장의 모자를 빼앗아 써야 한다고 말했다(『한국일보』 1990년 12월 12일).

5·16 발발 이틀 후 하우스먼이 8군 캠퍼스 안에 있는 자기 집에 찾아온 박정희를 만났을 때, 박정희는 하우스먼에게 "혁명위원회는 하우스먼 당신 친구들이 거의 전부이니 실은 당신네들 혁명이요"라며 의미심장한 말을 했다. 미 CIA 한국지부장 실바Peer De Silva는 5월 15일 오전에 김종필을, 다음 날에는 박정희를 자주 만났으며 그 후 박종규(후 청와대 경호실장)와 더욱 자주 만났다. 하우스먼은 『회고록』에서 쿠데타설이 나돌던 시점에 육본작전참모부장으로 있던 박정희를 찾아가 많은 대화를 나눴다고 기록하고 있다.

1952년 개헌을 둘러싼 부산 정치 파동 때 이승만이 계엄령을 선포하고 군의 출동을 명령하자, 당시 육군참모총장이었던 이종찬은 군의 통수권이 미군에 있음을 환기시키면서 군의 부산 출동을 거부한다. 오히려 이때 이용문 소장과 박정희를 비롯한 일단의 군인들은 유엔군 사령관과 미 8군 사령관의 지원을 받아 이승만을 제거하려는 쿠데타를 계획했다. 1953년 5월 미국은 이승만이 계속 휴전 협상을 방해하자 이승만 제거 계획을 더욱 강경하게 바꿔 군부에 의한 쿠데타를 일으켜 이승만을 축출하려는 이른바 에버 레디 계획Ever Ready Plan을 수립했는데, 미군 수뇌부의 지원을 받아 박정희가 이 음모를 주도하고 있었다. 그렇다면 5·16군사쿠데타는 이미 9년 전부터 착착 준비가 진행되어 왔음이 분명해진다.

당시 미 중앙정보국 CIA국장이었던 덜레스Allen W. Dulles는 1964년 5월 3

일 영국 BBC 텔레비전에 출연해서 "내가 재직 중에 CIA의 해외 활동에서 가장 성공한 것이 바로 이 5·16혁명이다. 미국의 일부 지도자가 지지하고 있는 장면 내각은 부패해서 이승만 정권을 타도한 민중의 기대에 응하지 못했다. 참 위험한 순간이었다"고 술회하였다. 미국이 5·16군사쿠데타에 직접 개입했음을 시사하는 대목이다.

쿠데타 성공 후 군사정권은 자주적 발전을 지향하기보다는 '용공분자'를 색출하고 체포하는 일에 최대의 역점을 둠으로써, 자주적 성향을 보인 4·19민주혁명의 주도 세력을 가장 철저하게 탄압한다. 이는 바로 미국이 쿠데타를 통해 얻고자 했던 한국 민족주의의 제거 목적과 일치한 것이다.

해제된 미 국무성 비밀문서에 따르면, 5·16군사쿠데타 직후 박정희 당시 국가재건최고회의 의장이 케네디 미 대통령의 초청으로 미국에 처음 방문했을 때 전례 없이 대통령을 대신해서 존슨 부통령이 공항에까지 나와 박정희 의장을 환대했다는 사실은 위에 지적한 모든 내용이 사실임을 보여주는 증거라고 할 것이다.

08.
지금도 계속되고 있는
미국의 인류 학살

미국 원주민^{Native American}(이하 원주민)들의 역사를 보면 우리의 조상인 동이족^{東夷族} 몽골계 사람들이 1만 2천여 년 전 베링해협^{Bering Strait}을 통해 북미주에 정착한 것으로 되어 있다. 그렇다면 원주민들이 우리 민족이었다는 뜻이다. 그래서일까? 요세미티 국립공원^{Yosemite National Park} 내의 지명들 중 Yosemite(요새 밑에) 등 80개 이상의 단어가 우리말과 맞아떨어진다는 연구 결과가 있어 흥미롭다. 코네티컷^{Connecticut} 주 주정부의 주 이름 해설을 보면 "코네티컷은 원래 미국 원주민들의 말로 '큰 냇가=Beside the Long Tidal River'의 뜻"이라고 풀이하고 있다. '큰 냇가'가 코네티컷(미국 발음은 '커네디캇')이 된 것이다.

프리메이슨이 세운 미국 정부는 대외적으로 원주민들을 보호한다고 해 왔지만, 불과 100여 명이 살고 있는 원주민 보호구역까지도 경찰 초소가 있고, 형무소처럼 창살은 없으나 원주민들과 방문객들의 일거수일투족을 주시하고 있으니 '보호'보다는 '감시'라는 단어가 더 어울린다고 하겠다. 원주민 보호구역에 가보면 그들의 미 경찰을 대하는 태도가 일제강점기 때 우리 동포들이 일본 경찰을 대하듯 눈치를 보며 위축되어 있던 모습과 흡사하다.

백인들이 북미주 대륙을 침략할 때 굶주림과 추위에 죽어가는 백인들이 불쌍해서 백방으로 살도록 도와준 순진한 원주민들의 따뜻한 인정을 배신한 채 약 2천만 명의 원주민들을 싹쓸이 청소해버린 미국이다. 그러고도 '원주민들을 잘 보호하고 있다(?)'며 대외적으로 선전하면서 감시체제를 유지하고 있는 이유는 무엇일까. 미국이 2천만을 대청소하고 미국 전역에 약 250만 명만 상징적으로 분산 수용하고 있는 죄에서 오는 불안 때문일까? 그렇지 않다면 전체 3억 인구의 100분의 1도 못 되는 비무장 원주민들을 감시할 필요가 어디에 있는가?

약 20년 전 캐나다 연합교회 총회는 뒤늦게나마 아메리카 원주민 대학살에 따른 사과문을 채택했고 당시의 원주민 추장에게 사과문 증정식을 거행하는 등 그나마 양심을 표현한바 있다. 그런데 미국은 어떠한가? 정부도 교회도 지금껏 사과문은커녕 사과하려는 의지조차 전무하다.

건국 초기에 미국은 계속해서 원주민들을 학살하는 이유를 종교가 다르기 때문이라고 변명했다. 그러나 3백여 명의 원주민들이 중생한 기독교인Born again Christian으로 탄생하자 성직자의 탈을 쓴 악마 같은 미국인 담임 목사는 예배를 기다리고 있던 독실한 기독교인 원주민들을 교회의 앞뒷문을 모두 밖에서 잠그고 불을 질러 전원 화형에 처했다. 이로써 원주민 학살 이유가 종교가 아닌 인종차별에서 온 것임이 분명해졌다. 이때 개신교의 하나님은 도대체 어디에 있었을까? 아니, 하나님이 진짜 실재하고 계시기나 한 것일까?

이 세상의 근현대사를 통해 가장 악랄한 인물 하면 누구나 주로 정적 1천8백만을 죽인 소련의 스탈린이나 유대인 170만을 죽인 독일의 히틀러를 지목한다(히틀러의 경우, 그가 죽인 유태인이 6백만 명이라고 알려진 것은 2차 세계대전 후 유대인들이 전 세계의 동정금을 받아내기 위해 4배가량 부풀린 숫자이다. 폴란드의 아우슈비츠 강제수용소^{Auschwitz Concentration Camp} 등을 방문해보면 6백만 명 학살이 터무니없이 과장된 사실임을 알게 된다).

그러나 미국은 원주민 인종 청소 때 죽인 2천만 명과 흑인 납치 또는 살해 약 4천5백만 명 말고도 수많은 살육을 자행해 왔다. 2차 세계대전 때 무차별 시가지 폭격으로 죽인 민간인 약 1천만 명을 비롯해 한국전쟁 기간 동안 폭격으로 죽인 민간인만 300여만 명, 베트남 침략 전쟁 때 300여만 명, 캄보디아 내전 개입 때 150여만 명, 칠레, 엘살바도르, 아르헨티나, 볼리비아, 베네수엘라 등지에서 군부독재 정권을 수립하면서 수십만 명, 이라크 전쟁에서만 1, 2차에 걸쳐 200여만 명, 유고 내전 등 유럽 각 지역의 분쟁에 개입해서 수십만 명, 아프리카 수단에서 5만여 명 등이 그것이다.

또한 미국은 자기네 국익과 1%의 가진 자들만을 위해서 1801년부터 2003년까지 약 2백 년간 남의 나라 침략, 불법 무력시위 및 개입, 불법 상륙 및 군사작전 등 무려 152건에 달하는 망나니짓으로 2억 명이 훨씬 넘는 살육을 감행했고 현재도 진행 중에 있다. 현재 미국이 전 세계 150여 개국에 보유하고 있는 군사기지가 자그마치 1,100여 곳이다. 이는 미국을 제외한 나머지 나라들이 보유하고 있는 군사기지 200여 곳의 6배에 달한다. 이걸 보면 미국이 어떤 나라인지 알 만하지 않은가. 이렇듯 대부분의 한국인들이 가장 좋아하는 나라인 미국이야말로 소련이 붕괴되고 없는 현재의 지구상에서는 유일한 악마 같은 나라라면 과장된 표현일까?

인류 역사상 미국 정부처럼 많은 인류를 죽인 학살자는 일찍이 없었다.

미국 다음으로 천주교가 2백 년(1096~1291)간 여덟 차례에 걸친 십자군 전쟁 때 이슬람 및 동방정교회 말살 작전, 중세 때의 마녀사냥, 또 스페인이 천주교 사제들을 앞세워 중남미를 침략해서 약 1천3백만 명의 중남미 원주민들을 학살한 숫자를 합하면 약 1억 명 가까이 되니 5대 종교 중 가장 큰 죄를 지은 종교라고 하겠다.

이제 천주교는 더 이상 양민을 학살할 기회가 없어져서 그나마 다행이다. 하지만 미국의 인류 학살 행위는 중동 지역, 아프간 등 지금도 또 앞으로도 중단될 기미가 도대체 안 보인다는 데 문제의 심각성이 있는 것이다. 앞으로 벌어질 3차 세계대전에서 핵무기 전쟁으로 유일한 초강대국 미국에 희생당할 인류의 수는 추산조차 불가능하다.

미국은 겉으로는 기독교인의 탈을 써서 외부인들에게는 가장 선량한 나라인 듯 보이지만, 안으로는 6천 년 전 이집트의 태양신을 받들면서 거부 집단인 자기네 1%의 이익을 위해서라면 기독교인의 양심과는 거리가 면, 인간으로서는 상상할 수 없는 짓을 무엇이든 눈 하나 깜짝 않고 저지르는 무서운 존재(다국적기업으로 표현되는 프리메이슨$^{Free\ Mason}$만을 위한 나라)이다.

오랜만에 진보적인 행보로 세상을 감동시킨 프란치스코 교황은 "규제 없는 자본주의는 새로운 독재요, '돈에 대한 숭배'요, '악마의 배설물'"이라 규정하면서 "모든 시민이 존경받을 수 있는 직업, 교육, 건강을 보장받아야 한다"고 호소, 전 세계 인류로부터 뜨거운 공감을 이끌어냈다. 이러한 진정한 인류의 벗 프란치스코 교황을 혹시라도 1%에 속하는 가진 자들이 제거하지 않을까 불안해하는 수많은 사람들의 염려가 한갓 기우로 끝나기를 빌어 마지않는다.

09.

KAL 007기 승무원,
승객 모두 살아 있었다
– 미 언론도 정부의 통제를 받는다

미·소 냉전이 한창이던 1983년 9월 1일 새벽, 승객 269명(한국인 105명, 대부분이 한국계인 미국인 62명, 일본인 28명, 대만인 23명, 필리핀인 16명, 홍콩인 12명, 캐나다인 8명, 태국인 5명, 기타 10명 등–그중 다수의 어린이 포함)을 태우고 뉴욕을 출발한 이후 급유를 위해 앵커리지를 거쳐 서울로 가던 대한항공 민간 여객기(007편=기장 천병인, 기타 승무원 28명)가 소련 영공을 침범하자, 소련 공군기의 미사일 공격으로 사할린 앞바다에 추락하여 탑승자 전원이 사망(?)한 사건이 발생한다. 당시 대부분의 전 세계 언론은 미사일로 민간 여객기를 격추한 소련의 인명 경시 자세를 규탄하는 큰 기사들로 한동안 시끄러웠다.

같은 날 오후 2시경 내가 사는 마이애미 한인사회도 한인회가 중심이 되어 소련을 규탄하는 데모(다음날 낮 시간이라 직장 근무 때문에 20여 명의 동포들만이 모여 시내에서 소련 규탄 시위를 벌임)를 벌이기 위한 모임을 갖고 있었다. 그런데 어떻게 알았는지 마이애미의 NBC-TV 기자가 카메라맨과 함께 이 자리에 나타나 이번 사건에 관한 한인사회의 반응을 취재했다. 물으나 마나 이 자리에 나온 10여 명의 동포들은 하나같이 "비인간적인 소련을 규탄한다"는 대답으로 일관했다. 이때 나의 눈에 비친 기자의 표정은 정작 듣고 싶은 소리를 못 들어서인지 불만스러움이 가득했다.

맨 뒷자리에 앉아있던 나에게도 마지막으로 차례가 왔다. 나는 기자 신분(당시 워싱턴에서 발행되는 『한국신보』 편집위원)을 감춘 채 '고래 싸움에 새우 등 터진다'는 우리 속담을 상기하면서 "왜 한국인들이 이렇게 무더기로 희생당해야 하느냐? 미·소 양대 강국의 냉전 사이에서 우리 한국인들의 억울한 희생이 더 이상 없기를 바란다"며 다소 격앙된 목소리를 내뱉었다. 그때 기자의 눈이 이제야 듣고 싶은 말을 듣는다는 듯이 반짝거렸다. 카메라 기자는 발언을 하고 있는 나를 열심히 찍었다. 이 기자는 취재를 마치고 나에게 명함을 주면서 밤 9시 뉴스에 나간다고 알려주었다.

우리는 이 방송을 고정시켜놓은 채 회의를 계속했다. 오후 4시가 조금 지났을까, 요리 강의 화면이 갑자기 바뀌면서 뉴스 앵커가 나타나더니 "방금 들어온 소식입니다. 이번 소련의 KAL 민항기 격추 사건에 대해 이곳 한인사회는 미·소 양대 강국의 냉전 때문에 더 이상 한국인들이 희생당하는 일이 없었으면 좋겠다는 반응을 보이고 있습니다. 상세한 내용은 밤 9시 뉴스에서 알려드리겠습니다"라고 예보했다.

다른 프로그램 방영 도중에 이 사건이 미·소 간 냉전 때문임을 주장하는 한인사회의 반응을 예보한다는 것은 미 언론도 한인사회의 반응에 큰 의미를 부여한다는 뜻이다. 예보를 듣던 우리들은 잠시 환호성을 지른 후 모두가 집에 가서 밤 9시 뉴스를 보자며 헤어졌다.

드디어 9시가 됐다. 그런데 어찌된 영문인지 뉴스 시간이 끝나도록 미리 예보까지 한 한인사회의 반응은 한 마디도 없었다. 그때 나는 '그러면 그렇지, 언론자유가 있는 나라라고 어떻게 너희 국익에 관련된 내용을 보도할 수 있겠냐? 예보를 듣고 정보기관에서 미리 손을 썼겠지!' 하고 생각했다. 곧이어 여기저기서 "왜 우리들을 취재한 뉴스가 안 나오냐?"고 묻는 동포들의 전화가 걸려 왔다. 나의 생각을 말하자 모두가 "그럼 예보는 왜 해?" 하고 불평을 터트렸다. 하긴 예보를 안 했더라면 방송이 나갈 때까지 정보당국이 손을 쓸 짬이 없었으리라. 아니, 어찌 보면 이런 예민한 뉴스는 미리 예보해서 언론사가 정부 기관의 반응을 살피는 방법일 수 도 있을 것이다.

다음날 아침 정확한 취재기자의 말을 듣기 위해서 방송국으로 전화를 걸었다. "예보까지 해 놓고 왜 보도를 못 했냐?"고 물었더니, "나도 실망했다. 예보를 미리 듣고 외부의 누군가가 윗선에 연락, 보도할 수 없었다"고 해명했다. 겉으로는 언론자유를 만끽하고 있는 듯이 보이는 미국도 나의 추측대로 국익 앞에서는 보도가 통제되고 있음을 보여주는 좋은 예라 하겠다.

미국 언론 중 ABC, CBS, CNN, NBC, Fox 등 큰 방송과 뉴욕타임스, 워싱턴포스트, 로스엔젤레스타임스, 월스트리트저널 등 주류 신문들 말고 영향력이 미미한 비주류 군소 방송·신문의 경우는 '너희들 마음대로 떠들어봐야 무슨 영향력이 있겠어?' 하는 식으로 정부 당국에서 무시해 버린다. 그래서 미 정부 당국이 쉬쉬하는 중요한 정보를 얻으려면 이 군소 언론이나 관련 서적들을 접해야 하는 게 미국이다.

물론 국내의 경우는 한술 더 떠서 국익이 아닌 여당이나 정권을 보호하기 위해 언론 본연의 자세를 내팽개친 조·중·동 등 신문과 그들의 종편 방송(손석희의 JTBC 뉴스 제외), KBS, MBC, SBS, YTN, 그리고 뉴데일리, 일베저장소 등 언론사들이 자진해서 모르쇠로 일관하거나 정부 여당 적극 편들기로 국민을 바보로 만드는 역할을 하고 있어 의식이 올바른 국민들을 슬프게 하고 있는 현실이다.

'KAL 007기 생존자 구조위원회' 회장이자 『KAL 007 풀리지 않는 의혹들』의 저자인 로버트 슐로스버그는 당시 "소련은 ICBM 즉 대륙간탄도미사일을 시험 발사하려고 준비하고 있었다. 미국은 이것에 대한 정보를 캐내기 위해 최선의 노력을 다하고 있었다. 이때 KAL 007기가 앵커리지에서 입력한 정보를 가지고 자동항법장치를 이용하여 정기항로를 이탈, 소련 극동 함대 대륙간탄도핵 잠수함 기지 상공을 날아갔으며 007기를 이용해서 미 공군 첩보기(RC-135=C-130 수송기를 개조한 비행기로, 레이더상으로는 KAL 007기와 구분이 거의 안 됨)를 통해 첩보 활동을 성공시켰다"고 증언했다.

그는 이어 "007기 조종사가 소련 미사일에 비행기의 수평꼬리날개 부분을 피격당해 한 명의 희생자가 생긴 후 노련한 조종술로 12분간이나 침착하게 서서히 하강, 타타르 해협에 있는 유일한 땅인 모네론 섬 앞바다 위에 내릴 수 있었음은 2백여 명의 승객 및 승무원들이 살아 있음을 입증한다"고 주장했다. 007기는 그 후에도 한 시간 이상 안전하게 바다 위에서 소련군 구조대(헬리콥터와 선박)가 올 때까지 건재했으며, 탑승객 260여 명 전원 및 소지품 전부가 소련 측에 의해 옮겨진 후 어디론가 사라졌다. 그 후 이 비행기는 소련군에 의해 폭파되었다.

미국과 한국 정부 당국의 발표처럼 269명 전원이 사망했다면 시체, 여행객의 소지 물품, 수백 개에 달하는 신발 등이 유물로 발견되는 게 상식

임에도 불구하고 비행기 잔해 외에는 단 하나도 그 흔적을 찾아볼 수 없었다는 사실은 무엇을 말하는 것일까. 미국의 유가족들이 그동안 죽은 줄 알았던 가족의 전화를 받자마자 곧 끊겨버린 일은 가까이 있던 누군가에 의해 통화가 제지당했기 때문이라고 주장한 사실, 또 그들이 자기네 혈육이 생존하고 있음을 확신하고 미국 정부에 진상 조사를 요구했으나 묵묵부답이었다는 불만 등 007기 승객들의 생존을 뒷받침하는 정보들이 널려 있는 실정이다.

이러한 모든 정황을 종합해볼 때 2백여 명의 탑승객들 중 30여년이라는 시간이 흐르는 동안에 많은 사람들이 이미 고인이 되었다 치더라도 아직 상당수가 살아남아 있을 가능성이 크다. 그럼에도 불구하고 이들의 생존 여부에 대한 진실은 밝혀지지 않고 있다.

과연 그들은 지금 어디서 가족들을 그리워하며 죽지 못해 살고 있을까? 노동력 확보를 위해 가난한 나라에서 수많은 노동자들을 값싼 임금으로 수입하고 있는 러시아의 어느 강제수용소에 있을까? 아니면 인류 복지를 위해 그동안 무공해 에너지를 연구하다가 석유재벌의 미움을 산 나머지, 쥐도 새도 모르게 한밤중에 사라진 수많은 과학자들과 같은 운명이 되었을까? 007기 피격 30여 년이 지났어도 이 사건의 내막은 아직 수수께끼로 남아 있다.

10.
누가 미국을
인권국가라 했는가?

정보 폭로 전문 웹사이트 위키리크스Wikileaks와 미국의 『뉴욕타임스』
는 지난 2010년 쿠바 관타나모Guantanamo Bay 미 해군 기지의 포로수용소
수감자들이 심각한 수준의 인권침해를 당하고 있는 사실이 담긴 비밀문
서를 공개했다.

이에 따르면 한 수감자는 개처럼 가죽 끈으로 묶여 끌려 다녔고, 성
적 모욕을 당하거나 스스로의 몸에 소변을 보도록 강요당했으며, 수용소
를 거쳐 간 수감자들 중 100명가량은 아직도 우울증 등 정신 질환을 앓
고 있고, 많은 수감자들이 단식투쟁을 벌이거나 자살을 기도하기도 했다
는 것이다. 이 밖에도 미 당국이 수감자들의 결백을 알면서도 정보를 수
집하기 위해 구금을 계속했으며, 수용자들이 고문으로 인해 억지 진술을
했을 가능성을 알면서도 진술 내용을 의심하지 않고 그대로 믿었다는 것
등이다.

이것이 미국 정부의 인권 수준이다. 거기에다 미국 공중보건국(보건부
와 동격)은 80년 전인 1932년부터 1972년까지 장장 40년 동안 중미의 과
테말라 터스키기Tuskegee, Guatemala에서 과테말라 교도소의 죄수들과 정신
병원 환자 등 1천 6백여 명의 흑인들을 대상으로 매독 등 각종 성병을 치

료하지 않았을 때 인체에 어떤 영향을 미치는지를 밝혀내기 위해 성병 환자인 매춘부들을 강제로 접촉시켜 생체 실험을 계속한 사실이 최근 미국의 레버비^{Susan Reverby} 교수에 의해 확인되기도 했다. 이 실험은 외부에 밝혀져 이듬해인 1973년에 실험이 중단되었다.

이와 비슷한 시기(1936~1945)에 만주 주둔 일본군 731 부대(일명 '마루타' 부대)도 한국 독립군을 비롯한 중국인, 몽골인, 러시아인, 사상범, 적군 포로 등 3천여 명을 대상으로 생체 실험을 자행했다. 그들은 각종 전염병을 전염시켜 연구하고 방탄조끼 제조를 위한 시험용 총알받이로 이용하려고 생체에 마취도 하지 않은 채 내장과 눈알을 빼내어 실험하는 등 인간으로서는 차마 하지 못할 짓을 저질렀다. 이러한 사실이 폭로됨에 따라 전 세계가 얼마나 경악했던가?

이러고도 미국은 최우수 인권국가나 된 듯이 자기네를 싫어하거나 뜻대로 안 되는 나라들의 인권 문제만 물고 늘어진다. 이를테면 석유 등 돈될 것이 없는 미얀마(버마) 같은 약소국가의 경우, 애국자들이 지난 50년 동안 민주와 자유를 위해 군부독재 정권에 맞서다가 수많은 사람들이 학살당하면서 "미국이 도와 달라"고 울부짖었지만, 미국은 독재 정권에 말로만 "그러지 말라"고 솜방망이 처분을 내렸을 뿐이었다.

그렇다면 왜 한국은 산유국도 아닌데 한국전쟁 때 미국이 도와주었냐고? 이는 한국이 아시아 패권을 위해 지정학적으로 절대로 포기할 수 없는, 미군의 만년 가라앉지 않는 항공모함으로서 반드시 필요한 극동 전진기지이기 때문이며, 이제 많은 사람들이 이 사실을 알고 있다. 다시 말해 미국의 극동방어선인 한국이 공산화될 것이 두려워 6.25전쟁 때 밀가루를 풀어 한국인들을 구제한 것이다. 이렇듯 원조를 받은 순진한 한국인들에게 미국은 '천사처럼 아름다운 나라'일 수밖에 없었고, 지금도 전쟁을 경험한 세대에게 있어서 이 믿음은 여전히 굳건하다.

그런데 과연 미국이 '천사 같은 나라'일까? 이라크 침공을 예로 들어보자. 처음엔 이라크에 대량살상무기가 있다고 국민들을 속여 천문학적 액수의 혈세를 써가면서 침략했다가 진짜 목표인 오일을 빼앗고 나서는 대량살상무기는 잘못된 정보였다고 둘러댔던 나라가 미국이다. 이 전쟁으로 이라크 국민 2백만 명 이상이 희생되었음은 말할 것도 없고, 인류 역사상 가장 오래된 7천 년 전의 수메르 문명과 아브라함 시대의 유적 등 찬란한 문화가 보관되어 있던 박물관 등 거의 대부분의 문화재가 초토화되어버렸다. 이것이 야만인들이나 저지를 수 있는 미국의 문화 수준이다. 과연 기독교 문화유산이었다면 그렇게 했을까? 인류의 문화는 종교를 초월하는 법이 아닌가?

그런데 놀라운 것은 정부야 그렇다 치더라도 미국의 대 교회가 단 한 번도 이에 대해 사과한 적이 없었다는 사실이다. 올바른 잣대로라면 이 엄청난 야만적 행동을 감행한 부시, 체이니, 럼스펠드 등은 전범 및 인류문화제 손괴죄로 국제재판소에서 재판을 받아야 마땅할 인간들이다. 그럼에도 불구하고 미국 국민들은 그들의 거짓 홍보에 속아 부시를 재선시켰으니 이 점 한국과 너무도 닮은 데가 있지 않은가. 더욱 큰 문제는 오일 착취 등에서 오는 어마어마한 수익을, 가난한 이라크 전쟁 전사자들 및 참전군인 가족들을 비롯한 일반 미국 시민들은 제쳐놓고 인류의 1%에 속하는 몇몇 거부들이 독점하고 있다는 사실이다.

심지어 21세기인 오늘날에도 미국은 새로운 의약품이 개발되면 일본을 제외한 아시아, 아프리카, 중남미(이하 약소국가) 사람들을 대상으로 3년간 생체 실험을 거친 후에 안전하다고 판명되면 그때서야 비로소 자국 내에서의 사용을 허가한다고 한다. 미국이 자국민들을 보호하기 위해 약소국가 환자들을 모르모트(인체 대신 생체 실험에 이용하는 동물)로 편리하게 이용하고 있는 것이다. 이는 의학계에서는 오래전부터 잘 알려진 사실이란다.

한국도 미국 정부의 요청으로 실험당하다 생명을 잃은 피해자가 부지기수라고 한다. 그럼에도 불구하고 한국 정부 스스로가 미국의 경제적 보복이 두려워서 이러한 망나니 같은 행동을 묵인 내지 방조하고 있다는 의구심이 드니 참으로 답답한 노릇이다.

여기에서 일본이 제외된 것은 이미 19세기 중엽부터 미국이 일본을 1등 국가로 인정하기 때문이라고 한다. 미국산 소고기도 일본만큼은 유럽 국가들처럼 1등 국가로 대우하면서 한국보다 10개월이나 어린 20개월 이내의 것만 수출한다고 한다. 그래서 일본은 유럽 국가들과 함께 광우병 염려에서 해방된 나라이다.

그렇다면 이렇듯 끊임없이 자행되는 강대국 미국의 횡포에 약소국들은 어떻게 대처해야 할까. 먼저 일본을 제외한 아시아, 아프리카, 중남미 국가의 의사들은 행복의 조건이 돈으로 결정되는 것이 아니라는 사실을 깨닫고 연구비 몇 푼에 동포들을 모르모트로 이용하는 짓을 그만두어야 한다. 나아가서 각국 정부는 미국의 보복으로 인한 다소의 경제적 불이익을 감수하는 한이 있더라도 지금부터라도 정신을 차려 더는 미국이 하자는 대로 끌려 다니지 않도록 노예근성을 버려야 한다. 그리하여 저마다 자주독립국가로서의 체모를 살려 돈보다도 중요한 자국민 보호에 앞장서야 할 때다.

한국인의 행복지수는 1인당 국민소득(GDP)이 한국(2013년 현재, $22,000)의 절반에도 못 미치는 나라들(남아공 $5,700, 페루 $4,400)과 비슷하고, 한국보다 행복지수가 높은 것으로 나타난 멕시코(GDP 12,000 달러), 베네수엘라(GDP 13,000달러) 등은 한국보다 경제적으로 열세라는 사실을 상기해야 할 것이다.

11.

양심이 올바른 미국의
진짜 암 의료인들의 수난사

　20세기에 들어서면서 록펠러^{Rockfeller}, 멜론^{Mellon}, 카네기^{Carnegy}, 모건 ^{Morgan} 등 재력이 막강한 미국의 부호들(일루미나티=프리메이슨의 지도급 인사들)은 전국의 병원, 의과대학 등 모든 의료 기관에 막대한 자금을 기부해줌으로써 의료 장비 개선, 교수진 개선 등 의료 현대화에 크게 기여했으며 따라서 순진한 의료계의 인사들 및 학생들을 행복하게(?) 해주었다.

　그러나 이러한 호의의 뒤에는 수천만의 인류를 죽음으로 몰아넣는 '사탕 발린 독약'이 숨겨져 있었다. 이를 뒤늦게 알고 양심 있는 의료계 인사들은 자기네가 속았음을 통감해야 했다. 부호들의 탐욕은 끝이 없어서 환자들의 생명마저 대상으로 하여 돈벌이에 열중하는 길을 택했으니 말이다.

　재정적으로 착실히 뒷받침한 후 부호들은 수혜자들에게 '그 돈이 올바로 쓰이는지 알아야겠으니 이사진에 우리 인사들을 받아들이라'고 요구했고 순진한 의료계 인사들은 자기네가 돈을 올바로 쓰고 있는 마당에 부호들 추천 인사들이 이사진으로 들어오는 걸 막을 이유가 없었다.

　결과는 의대, 병원, 대 제약 회사, 국립보건원, 국립암센터, FDA,

AMA(미 의사협회) 등 모든 의료보건기관의 이사회는 부호들의 사람들이 실권을 쥐게 되었고 이를 계기로 부호들은 수술과 방사능 이외의 모든 치료 방법을 화학 약품이 위주인, 별로 효과가 신통치 못하면서도 아주 비싼 제약의 방향으로 전환시키는 데 성공했다. 그 결과 오늘날처럼 성인병 환자들, 특히 대부분의 암 환자들이 병원에 막대한 의료비를 지출하고도 결국은 씁쓸한 종말(5년 내 사망률이 98%을 맞을 수밖에 없는 세상이 된 지 오래다.

반면 공인된 현대 병원의 3대 암 치료법인 수술, 키모테라피(화학요법=주사 및 먹는 약), 방사선 치료에 필요한 막대한 돈을 지출할 능력이 없는 서민층 중 대체의학 관련 정보를 가진 일부 환자들은 병원 치료비와 비교가 안 되는 싼 대체의학의 혜택을 받아 대부분이 회생했으니 이런 경우 '전화위복轉禍爲福'이라는 표현이 딱 들어맞지 않은가. 돈이 있었다면 병원 의사의 말을 따랐을 것이니 말이다.

20세기 후반에 들어 핵무기, 우주선이 개발된 지 수십 년, 그러나 암 치료 효과는 80년 전과 뭐가 다른가? 바로 인명에는 관심이 없고 돈에만 눈이 먼 부호들의 장난이 그 원인이 아닐까?

그 후 부호들 소유의 미국 대 제약 회사 제품만을 공인한 의료 당국은 그 약들보다 훨씬 효과가 크고 값이 엄청 싼 약초 등 자연산 항암제를 사용해 환자들을 살리는 의사 및 의료 종사자들을 발견하면 엉뚱한 핑계를 대서 가차 없이 살해(밀벵크 존슨, 니미스 박사 등), 투옥(해리 학시 등), 면허 박탈(시몬치니 박사 등) 등 못된 짓으로 일관하고 있다. 자기네 약장사에 방해가 되기 때문이다. 거기에 주류 언론 역시 부호들의 손에 들어가 이러한 사실을 폭로하기는커녕 오히려 그들을 비호하는 논조로 일관해 오고 있다.

이렇게 이들의 하는 짓이 너무도 교활해서 세상 사람들은 그런 사실을 전혀 눈치도 못 채고 FDA 발표 내용이라면 우선 믿고 보는 풍조로 일관해 왔다. 게다가 FDA 등 모든 의료 기관은 그러한 진짜 암 전문가들의 암 약을 어떤 검증도 기피하면서(양심상 그 전문가들의 약이 암에 특효임을 알기에 검증도 안 하면서 특정 항암약을 왜곡, 폄훼한다) '엉터리 약'으로 조작, 컴퓨터에 그 의사 이름을 쳐 넣으면 '사기꾼'으로 뜨게 해서 국민을 속이고 있을 뿐 아니라 그걸 본 사람들은 FDA의 말을 그대로 믿는 바보들이 사는 세상을 만들었으니 답답하지 않은가.

어느 날 나와 가까이 지내는 분이 몸이 불편하다고 호소했다. 나는 의사 이름을 대며 그 약을 한 번 써보라고 일렀더니 아들을 불러 그 의사 이름을 적으라 했다. 아들은 내게서 의사의 이름을 듣더니 스마트폰에 이름을 집어넣었다. 그때 나는 속으로 '정부 측이 모함하는 거짓 정보가 뜰 텐데…' 했고, 즉시 아들에게서 돌아온 말은 역시 "이 의사 사기꾼입니다"였다. 순간 분위기가 서먹서먹해졌다. 짧은 시간에 그 배경 및 내용을 이 부자에게 이해시킬 방도가 없음을 안 나는 속으로 '내 말을 믿든 안 믿든 알아서 하시지. 내가 더 이상 어쩌겠소?' 했다. 그분은 '어떻게 사기꾼의 약을 소개할 수 있죠?' 하는 표정으로 나를 바라봤다.

이 부자만 그럴까? 공부를 좀 했다는 사람치고 미국의 과거 암 전문의 수난사를 모르는 일반인들이라면 100% 똑같은 반응일 것이다. 그렇게 속아 오면서도 정부의 말이라면 우선 믿고 보는 사고방식에 젖어 있는 것이다. 내 오랜 경험으로는 거짓말 안 하는 정부를 못 봤고, 암 등 성인병에 관한 한 대체의학보다 효과가 좋은 병원 치료법을 아직 못 봤다. 아는 만큼 보이는 법, 내 말이 믿기지 않거든 그리핀^{Edward Griffin} 저 『암 없는 세상』을 한 번 읽어들 보시라. 미국에서 수많은 암 전문의들이 어떤 폭압을 당했고, 당하고 있는지 똑똑히 알게 될 것이다.

이렇게 해서 부호들의 수많은 대 제약 회사 중 두 개 회사(존슨 앤 존슨, 파이저)에서만 전 세계를 상대로 암 약을 팔아 벌어들이는 액수가 연간 5천억 달러를 넘기고 있으니 대기업치고 이만한 수익을 올리는 회사가 몇이나 되겠는가.

1990년대까지만 해도 약 관련 연구는 각 의대에서 해 왔는데 이제는 부호들의 영리를 목적으로 하는 대 제약 회사 연구실로 다 넘어갔다. 이렇게 해서 오늘날의 대 제약 회사는 연구를 지시할 수 있는 권한, 연구 설계, 데이터 통제권을 쥐었고 어느 의사도 의사협회의 지시 없이는 임상 실습을 할 수 없도록 하는 권한을 주었다. 결국 모든 연구, 검사, 임상 실습은 대 제약 회사 자기네가 한다는 뜻이다. 대 제약 회사는 이미 오래 전부터 이렇게 미국 정부 보건 의료 기관의 권한까지 착실히 거머쥔 것이다.

수없이 많은 사례가 있지만 암 전문의 중 가장 오랫동안 정부에 핍박받았던 사건 하나를 예로 들겠다. 다른 암 전문의들이 당하는 방법도 이와 거의 같기 때문이다.

'의료계에서 핍박받은 암 치유자'요, '암을 고치는 돌팔이 의사'로 알려진 학시^{Harry Hoxsey}(1901~1974)는 어린 나이에 임종을 앞둔 아버지의 손에 두 여린 손을 꼭 잡혀 오순도순 타이르는 아버지의 말에 다소곳이 귀를 기울이고 있었다. "그간 너도 내가 항암 약을 만드는 것을 보아 와서 어떻게 약을 만드는지 잘 알 것이다. 이 약으로 돈이 있는 환자는 있는 대로,

없는 환자는 없는 대로 죽어가는 암 환자들을 살려야 한다. 그러나 어느 날, 이 약을 시기하는 의료계 고위층 사람들이 나타나 너를 괴롭힐 것이니 조심해라"라고 타이르며 마지막 눈을 감았다.

해리는 아버지를 보내면서 눈물을 훔칠 때 문득 언젠가 아버지가 들려주던 아버지의 젊었을 때 얘기가 생각났다. "옛날 네 증조부님이 수의사이셨다. 어느 날 말이 피부암에 걸려 여생이 얼마 남지 않은 것을 아시고 뒷산에서 죽게 하려고 말을 끌고 가 놓아 주었더니 평소에 전혀 안 먹던 풀만 찾아다니며 허기진 듯이 연거푸 뜯어 먹기에 이상하게 생각한 증조부는 그 말을 매일 그곳으로 데려갔고 역시 말은 그 풀만 찾아 계속 뜯어 먹었다." 수의사 증조부는 문득 그 풀이 항암제임을 눈치 챘다.

그러기를 3주가 지나자 말의 기력은 훨씬 좋아 보였고 악화일로에 있던 암 증세가 차차 사라지기 시작하더니 드디어 1년 만에 암은 완치가 되었다. 증조부는 그때부터 이 풀로 항암제를 만들어 사람에게 시험한 결과 백발백중 암 환자들이 회복되는 사실을 목격했다.

그렇게 해서 당대 최고의 항암제가 탄생했고 증조부, 할아버지, 아버지가 대를 이어 암 약을 만들어 주변의 환자들을 살려내는 사실을 해리 자신이 너무도 잘 알고 있는 터였다.

이때 아버지의 유언이 머릿속에 각인된 해리는 할아버지 때부터 내려오는 많은 유산을 늘릴 생각보다는 암으로 죽어가는 생명을 살리는 것 이상으로 위대한 일은 없음을 확신했다.

그러나 이러한 확신이 아버지가 임종 때 한 예언대로 평생 자신을 고통으로 몰아넣는 계기가 될 줄은 미처 몰랐던 것이다.

1924년 해리는 일리노이^{Illinois} 주에 첫 번째 클리닉^{Clinic}(의원)을 열었다.

전 북미주에서 암 특효약 소식을 듣고 환자들이 물밀듯 몰려오자 학시는 전 미국 17개 주에 단계적으로 암 병원을 설립했으며 마지막으로 개업한 것이 텍사스 달라스 '학시클리닉'이었으니 당대 개인 소유 암 센터로는 세계 최대 규모였다.

FDA 등 미국의 의료 당국은 바짝 긴장하면서 지방검찰 보좌관 템플튼[Al Templeton]을 통해 상식 밖의 갖가지 혐의를 씌워 불과 2년 사이에 학시를 백여 차례나 체포했다. 한편, 17개 주의 연방법원 중 두 개의 법원을 비롯해서, 상원의원, 판사, 의사들까지도 이 치료법을 경험하고 이 약이 암에 크게 효과가 있음을 확신, '학시클리닉'의 치료법을 옹호했다.

그러던 중 템플튼 보좌관의 형 마이크가 치명적인 암에 걸렸다. 알은 비밀리에 형을 학시클리닉으로 보냈고 형 역시 이곳에서 완쾌했다. 백여 차례나 체포하는 등 학시를 괴롭히던 알은 이제 양심상 더는 어쩔 수 없어 검찰보좌관직을 사직하고 드디어 학시의 변호사로 변신했다.

1939년 어느 날 미국의 유명한 주간지 에스콰이어[Esquire] 기자 버크[James Wakefield Burke](1904~1989)는 출근하자마자 편집장으로부터 "학시클리닉을 문 닫게 해야 한다는 지시가 있으니 당장 취재하러 떠나라"는 명령을 받았다.

현장에 와서 보니 암 환자들 모두가 이 클리닉의 약효에 찬사를 늘어놓으며 희망에 부풀어 있지 않은가.

제임스는 이 클리닉을 문 닫게 하려면 이날 본 것만으로는 안 되겠다 싶어서 하루 일정의 취재 시간을 장장 6주일이나 늘려 심층 취재에 들어갔으나 결론은 이 클리닉은 없애야 할 대상이 아니라 어느 도시나 하나씩은 꼭 필요한 클리닉임을 알게 된 끝에 드디어 '암을 고치는 돌팔이 의사'라는 제목의 긴 르포 기사 원고를 본사에 송고했다.

　그러나 이 장문의 기사가 전혀 보도가 되지 않자 제임스는 결국 이 기사를 책으로 발간, 학시클리닉을 전 미국에 알렸고 그 죄(?)로 제임스는 회사에서 쫓겨나야 했다. 사실을 알리는 기사가 힘 있는 자들의 마음에 안 든다고 양심파 기자를 해고하는 오늘날, 한국 주류 언론의 못된 버르장머리야말로 바로 미국에서 배워 간 것이 아닌가.

　드디어 AMA(미 의사협회) 고위층이 이 약의 제조법을 팔라고 요구했으나 학시는 "모든 환자에게 무료 제공을 해야 한다"는 조건을 내걸었고 따라서 협상은 실패했다.

　학시는 10여 년 전에 암 특효약 투여로 수많은 암 환자를 소생시켰다가 똑같은 방법으로 의료 당국에 무참히 당해야 했던 캐나다의 간호사 케이스$^{Rene\ Caisse}$(1877~1978)처럼 이제 거대한 적을 만들고 만 것이다.

　AMA의 잡지 JAMA(The Journal of the American Medical Association)의 편집장 피시바인$^{Morris\ Fishbein}$이 '학시는 돌팔이'라는 기사를 JAMA에 발표하자 이 기사를 본 의사들은 학시에게 '20세기 최악의 암 돌팔이 의사'라는 별명을 지어주었다.

　이어 25년간 AMA, FDA 등 의료 기관은 학시를 수단 방법 안 가리고 괴롭힘으로써 학시는 미국 역사상 의료 당국과 가장 길고 지독한 투쟁을 벌인 투사가 되었다. 불의에 항거하는 남다른 그의 투지력과 많은 유산이 그의 끊임없는 투쟁을 뒷받침했다고 한다.

　학시는 국립암연구소에 이 약의 효과 유무를 조사해 달라고 요청했으나 "조사비용이 많이 든다" 또는 "임상 기록들이 불완전하다"는 등 이해할 수 없는 핑계로 거부당했다. 돈에 구애받지 않은 학시는 "조사비용 전액을 내가 댈 테니 조사해 달라"고 요청했지만 역시 거부당했다. 조사하면 자기네 거짓말이 들통 날 테니 비용을 대주어도 조사를 할 리가 없다는 사실을 모르는 학시가 아니었지만, 정의의 투사로 소문난 학시는 그렇게라도 정부 당국을 조롱하고 싶었던 것이다.

AMA 잡지 편집장 피시바인이 『허스트선데이』지에 '피 묻은 돈'이라는 기사로 모함하자 학시는 명예훼손으로 신문사와 피시바인을 고소, 미국 법정에서는 드물게 '거물'과 싸워 이긴 첫 케이스를 장식하는 기염을 토하기도 했다.

이 공판으로 패소한 피시바인은 편집장직을 떠나야 했다. 더욱 웃기는 일은 법정에서 학시의 증언에 따라 자신의 검은 색 피부암^{Melanoma}이 학시 클리닉에서 완치되었음을 인정하고 만 쪽팔린 사실이다.

그럼에도 이 약을 한 번도 조사해 본적이 없는 FDA는 "학시의 약이 가치 없는 것으로 밝혀졌다. 방사선, 수술, 화학요법만이 암 치료법"이라는 거짓 광고 전단을 만들어 전국 우체국의 벽에 붙여 국민을 속였다.

25년이라는 세월이 흐르는 동안 17개 주 법정 변호사 비용으로 학시의 재정이 더 버티지 못하게 되자 이때를 기다렸다는 듯 연방검찰은 잽싸게 17개 주의 학시클리닉을 자물쇠로 폐쇄해 버렸다. 그 많은 환자들의 발걸음을 병원으로 되돌리는 방법이었다.

지칠 대로 지친 학시는 옳지 못한 정부를 상대로 한 25년의 법정 투쟁 끝에 손을 들어야 했고 그 후 미국 정부 관할 밖인 이웃 멕시코로 떠나 미국에서 하던 식으로 여러 암 전문 의사들을 거느리고 새로운 학시클리닉을 개업, 수많은 암 환자들을 살리던 중 1974년, 73세를 일기로 한 많은 이 세상을 떠나 더는 투쟁이 없는 평화스런 나라로 이주했다.

괴이한 일은, 지금도 멕시코의 학시클리닉이 발송하는 항암제는, 똑같은 이유로 미국에서는 개업이 불가능해서 멕시코에서 암 환자들을 살려내고 있는 거슨 병원$^{Gerson Institute}$의 암 약과 함께 세관을 통해 미국의 국경을 넘지 못한다는 사실이다. 그래서 학시클리닉 및 거슨 병원의 암 치료법 관련 정보를 가지고 있는 많은 미국인 암 환자들은 치료를 위해 멕시코까지 가야 하는 번거로움을 감수해야 하는 것이다. 믿을 수 있는 효과(85% 이상 생존율)에 암의 종류에 상관없이 미국에서는 상상도 할 수 없는 액수(학시 $3,500, 거슨 $12,000)밖에 안 드는 치료비의 매력 때문이다.

아직도 내 귀에는 "우리는 인체의 모든 내부 암이나 외부 피부암을 분명히 치료한다"고 법정에서 검찰을 향해 외치던 학시의 당당하고도 자신이 넘치던 소리가 들리는 듯하다.

제11부.

미국 동포 언론에 비친
미국 속의 한국인

⋮

당시의 국내 정치를 닮은 40년 전의 비민주적 한인사회

한인사회의 민주화 투쟁

한인사회 민주화 투쟁의 첫 열매

주미 대한민국 외교관들의 이모저모

지역 언론 무시한 공관장의 말로

'꼭 필요한 언론' 과 '악질 언론' 이라는 양면성

조국의 민주 투사들을 강사로 초빙한 강연회

목사님이 가짜 박사 장사꾼이라니

'하나님의 계시' 라며 잉꼬부부 이혼시킨 목사

01.
당시의 국내 정치를 닮은
40년 전의 비민주적 한인사회

마이애미 북쪽 교외 도시 포트로더데일^{Fort Lauderdale}의 미국 의사 클리닉 ^{Clinic}에서 침술사^{Acupuncture Doctor}로 근무한 지 한 달이 지났을 때인 1974년 6월 어느 날의 일이다. 내가 아내에게 "서울에서 오랫동안 긴장 속에서 살아온 기자 생활을 완전히 접고 이제 남들처럼 좀 느긋한 삶을 택하기로 했소" 하자, 아내의 얼굴이 환해지면서 그 말이 못 미더웠던지 "정말?" 하고 반문했다. 내가 고개를 무겁게 끄덕이는 것을 보고서야 아내는 활짝 웃었다. 아내 역시 남편의 스트레스가 연속되는 생활이 싫었으리라.

"갑자기 기자가 '침술사'라니?" 하고 놀랄 독자들을 위해 약간의 설명이 따라야겠다. 내가 베트남 주둔 한국군 취재를 위해 떠나야 했을 무렵인 1967년, 심한 디스크로 요통과 좌골신경통 때문에 정상적인 종군 취재가 어려웠다. 이때만 해도 현대 의학으로는 별 방도가 없어 유능한 한의사(당시 국내 침술계의 권위자)를 만났는데, 한 번의 침술로 요행히 전신의 고통스럽던 통증이 기적처럼 사라져 베트남 종군이 가능했던 것이다. 침술의 위력을 알게 된 나는 귀국하자마자 야간을 이용해서 당시 국내에서는 가장 권위가 있다는 '동의침구학원' 정통 코스를 마치고 5년 이상의 충분한 임상 경험을 거친 후 미국으로 이주했다.

때마침, 닉슨의 핑퐁 외교 후 처음으로 침술이 미 의학계에 알려지기 시작한 때라 미국 의사들은 침술을 아는 아시아 침술사들을 찾는 데 혈안이 될 정도였다. 신문사의 박봉에 생활이 어려웠던 나는 당시 미국침술학회 회장으로 있던 경복고교 후배 의사의 추천으로 플로리다 소재 미국 의사의 클리닉에서 약 2년간 침술사 생활을 하게 된 것이다.

이렇게 플로리다에서 이민 생활이 시작된 지 얼마 후, 마이애미대학교 강당에서 마이애미 지역 한인회 주최 광복절 기념행사 및 한인회 정기총회가 열린다기에 많은 동포들의 얼굴이 보고 싶어 참석하기로 했다. 현지로 이주 후 진종일 백인이나 흑인 등 타민족의 얼굴만 마주해 왔기에 동포들의 얼굴이 너무도 그리웠던 것이다.

당시만 해도 동포 수는 도시가 계속 연결된 세 카운티(군) 즉, 팜비치 Palm Beach군, 브라워드 Broward군, 데이드 Dade(현 마이애미 데이드)군을 통틀어 3백여 명(당시 미국인 인구 3백여만 명, 현재 5백만 명, 동포 현재 인구 약 1만 3천 명)밖에 안 되었으니 길에서 동포 얼굴을 보기가 거의 불가능한 시절이었다(당시 이렇게 미미했던 동포들의 인구는 미국 정부의 이민정책에 따라 74년부터 급성장하기 시작, 1년에 수천 명씩 늘어나기 시작한다).

이날 식장에는 100명이 약간 넘는 동포들이 자리하고 있었다. 1년에 한 번씩 모이는 동포들의 행사라서 한 가구에 한 사람씩은 나왔구나 싶었다. 그 당시만 해도 오늘날의 연례행사인 한인체육대회 같은 것은 생각지도 못했다.

식장의 강단 위 벽에는 광복절 기념식 및 한인회 총회를 알리는 현수

막이 크게 걸려 있었다. 행사 약속 시간이 거의 30분이 지나서야 점잖게 생긴 40대 신사(후에 알고 보니 현직 의사요, 한인회 이사라 했다)의 사회로 식이 열렸다. 남의 나라에 와서 처음으로 애국가를 합창할 때는 전례 없이 가슴이 뭉클했다.

광복절 기념식이 간단히 끝나고 총회가 열리면서 그간 결원이 된 두 분(총 이사 수 8명)의 이사 보궐선거 순서로 넘어갔다. 그런데 회원들의 추천 절차도 없이 누군가에 의해 미리 지명된 분들의 명단을 사회자가 일방적으로 발표하면서 "여러분, 반대하시는 분이 없으면 박수로 두 분을 이사로 추대해 주세요" 하는 것이 아닌가. 거수로 가부를 묻는 것도 아니고 몇 분의 찬성자만 박수를 쳐주면 그 수가 10%가 되건 더 많건 상관없이 통과시킨다는 식이었다.

아무도 의문을 제기하거나 반대 발언을 하지 않는 상태에서 그냥 가벼운 박수소리가 났다. 사회자는 재빨리 두 분이 이사로 선출되었다며 강단 위로 올라와 달라고 요청하였고 당사자들은 나와서 회원들에게 허리를 굽혀 인사를 했다. 나는 그때 '전 세계에서 민주정치가 가장 잘되어간다는 미국에 살면서 하는 짓은 어쩌면 국내 정치와 그렇게도 닮았지?' 하고 속으로 혀를 찼다. 당시 국내는 박정희가 통일주체국민회의라는 어용단체를 통해 장충체육관에서 100% 가까운 절대다수의 지지로 대통령으로 선출된 후였기에 이날의 일들이 국내의 군사독재를 연상시킨 것이다. 나야말로 그 독재체제가 싫어서 미국으로 이민 온 장본인이 아니던가.

모임이 끝나고 집으로 돌아오면서 동행한 분께 "한인회 총회에서 회원들의 의사는 묻지도 않고 자기네가 마음대로 정한 분들을 이사로 세우더

군요. 회칙이 그렇게 되어 있나요?" 하고 불만스런 질문을 던졌다. 그러자 그는 "회칙이야 다른 한인회처럼 잘되어 있지만 먹고살기 바빠서 다들 그런 일에 신경 안 써요. 마음속으로는 그래서는 안 된다고 생각하지만 워낙 동포사회의 거물급들이라 누가 그분들을 상대로 나서서 잘못을 지적할 엄두를 못 내죠"라고 대답했다. 순간 그들의 존재가 쥐 세계의 고양이 같이 느껴지면서 '고양이의 목에 방울 달기'라는 '이솝' 우화가 머리를 스쳤다.

나는 이때부터 미국 동포사회에 관심이 가기 시작했다. 그리하여 얼마후 한인사회를 쥐락펴락하는 거물급의 성분도 알게 됐다. 대부분이 오래 전 미국에 건너온 30~50대의 인물들로 멤버 수는 8명(이후 '8인회'), 특히 서울의 A 명문 사립대 출신 의사들과 동창들이 그중 3분의 2를 차지해 주류를 이루고 있었다. 다시 말하자면 미국에서 동포들이 가장 부러워하는 직업인 의사들이 이곳 동포사회를 지배하고 있었는데, 그 그룹 보스의 나이는 다른 멤버들보다 위이지만 고등학교가 최종학력임에도 대학 출신들로 이루어진 이 조직을 지배하는 카리스마가 있었고, 전 회원들에게 친동생 대하듯 반말을 쓰고 있었다. 즉, 이 지역 동포사회에서는 유일한 사조직의 대부였던 셈이다. 이번에 새로 선출(?)된 신임이사 두 분도 8인회 멤버들과 평소 가까이 지내는 인물들이었다.

내가 더욱 놀란 것은 한인회장직은 8인회 멤버들만이 돌아가면서 차지한다는 불문율이 이곳 동포사회에 자리 잡은 이래, 서울의 B 명문 국립대 출신 의사들은 뒤늦게 미국에 온 죄(?)로 그들의 텃세 때문에 그 그룹에 낄 수도 없었고 더구나 한인회 이사나 회장 같은 것은 꿈도 꿀 수 없는 처지라는 사실이었다. 그날 밤 나는 비민주적인 이곳 동포사회의 행태를 바로잡을 방법은 없을까 연구하느라 잠을 설쳤다.

▲ 1967년 7월 8일, 사이공 주 베트남 한국군 사령관실에서 채명신 사령관과 인터뷰하고 있는 저자

02.
한인사회의
민주화 투쟁

　나는 밀려드는 환자들 때문에 직장 업무가 너무 바빠, 한인회 등 동포 사회를 위한 일들에 마음을 쓸 여유가 없었다. 게다가 퇴근 후에는 겨우 최저 생활을 영위하는 동포 환자들이 소문을 듣고 찾아오는 경우가 잦아 무료 시술로 그들의 고통을 꾸준히 덜어주는 등 바쁜 생활이 계속됐다.

　그런데 얼마 후 이 지역의 동포 의사들(당시 6명)이 나를 안 좋게 욕을 한다는 소식이 들렸다. 자기네들은 동포들에게 치료비를 받는데 왜 나만 무료 치료를 해서 입장을 곤란하게 하느냐는 것이었다. 그러나 무료 시술의 목적이 그들의 입장을 곤란하게 하려는 게 아닌데다가 어차피 나를 찾는 당시 환자들은 빈곤층에 속해서 의료보험도 없어 값비싼 미국의 의료비를 내고 의사들을 찾아갈 분들이 못 되었기에 그냥 못 들은 척했다.

　그로부터 한동안 시간이 흘렀다. 교회에서 만난 동포 중 말이 통할만한 몇 사람을 가끔 만나면서 자연스레 한인회 얘기를 주고받게 되었다. 모두가 한인회의 행태에 문제가 있음을 알고 있으면서도 개선 방안을 제시하는 분은 없었기에 슬쩍 나의 생각을 털어놓았다. "사회의 흐름을 바꿔놓는 데는 신문 이상 효과적인 게 없어요. 신문을 만들어 봅시다"라고 하자, 모두들 "옳은 말이긴 한데 신문을 만들 줄 아는 분도 없고(이때까지 내가 기자 출신임을 공개한 적이 없었음) 모두가 최저 생활을 하는 터라 재정 능력도 없는데, 어떻게 그 어마어마한 신문을 만듭니까?" 반문하면서 나를 약간 머리가 돈 사람으로 취급하는 표정이 역력했다. 하긴 국내에서 당시의 조선일보사나 동아일보사 같은 신문사만 봤을 테니 이런 반응이 나오는 게 당연하지 않은가.

그래서 나는 그들을 설득하기 위해서는 기자 경력을 공개할 수밖에 없음을 알았다. "실은 서울에서 기자 생활을 하다 왔기에 신문 제작 방법은 내게 맡기시면 됩니다. 돈도 많이 안 드니 십시일반으로 재정을 뒷받침만 해주신다면 불가능한 일이 아니죠"라고 했다. 그랬더니 모두가 '침술사가 기자였다'는 사실에 놀라는 표정들을 지었다. 그러던 중 한 분이 "돈이 얼마 안 든다는데, 그럼 신문을 만드는 데 드는 예산 등 상세한 내용을 작성해서 다음번 모임에서 밝혀줄 수 있어요?" 하고 물었다. 그 결과를 보면 진짜 기자 생활을 한 것인지의 여부가 드러날 것이라고 생각했던 모양이다. 어찌 됐든 나로서는 이 모임을 통해 헝클어진 실타래를 풀 수 있는 실마리를 찾아낸 듯해서 내심 기뻤다. 다들 돈이 얼마 안 든다면 반대할 이유가 없다는 반응을 보였기 때문이다. 때마침 이곳에 하나밖에 없는 마이애미한인장로교회(현재는 개신교회만 20여 개)의 교역자가 '8인회' 분들에게 "여러분들은 이 고장 동포사회를 이끌어가는 분들이니 이제 막 이민 온 서민층 동포들께도 따뜻한 손길을 뻗쳐 달라"고 호소했다. 평소 그런 일에 그다지 신경을 안 쓰던 8인회 측은 그 말을 "유력한 인사들끼리만 어울리지 말라"는 뜻으로 왜곡한 나머지 서로 사이가 껄끄러운 관계를 형성하고 있었다. 그래서 교역자를 따르던 그들은 8인회에 대한 감정이 좋지 않아서 나의 자세에 동조했던 것으로 보였다.

그 당시만 해도 일반인에게 컴퓨터가 보급되지 않아 한글 타자기를 구입하는 등 준비 과정에서 많은 시간이 흘렀다. 하지만 동지들의 적극적인 협조로 드디어 주간지 크기(타블로이드판)의 『우리소식』이라는 제호를 단 신문이 4페이지씩 격주로 발행되기 시작했다.

동지들은 붓글씨로 기사 제목 달기를 비롯해 광고, 발송, 홍보 등 신문 제작 일선에 참여하고 나는 발행인 겸 편집인으로서 기사 취재와 작성, 논설, 편집, 교정, 타자 등 주로 신문 제작의 핵심 부분을 책임졌다. 인건비가 필요한 신문이 아니었기에 제작비는 타자기 구입 후 용지대, 인쇄비, 발송비 등 최소한도의 비용이 들 뿐이었다. 그보다는 기사 취재 및 작성, 교정, 편집, 서툰 타자 등에 하루 평균 2~3시간씩 투입되는 게 가장 큰 고역이었다.

그간 한인회의 문제점 등을 알게 된 아내도 신문 말고는 다른 방법이 없다는 데에는 동의하면서도 그 일(신문 제작)을 누군가 다른 분이 해주길 바랐다. 옳은 일을 하면서도 '바른 소리' 때문에 남에게 욕먹는 일을 누가 좋아하겠는가. 그러나 이 지역에서 기자 생활의 경험이 있는 사람은 나뿐이니 '고양이 목에 방울 달기'는 내 몫일 수밖에 없었다. 따라서 아내 앞에서 기자 생활을 접겠던 약속은 차라리 하지 않느니만 못하게 되었다.

『우리소식』은 영향력을 의식해 주미 대사관을 비롯해서 관할인 애틀랜타 총영사관 등 주요 기관은 물론 미주 내 동포들이 몰려 사는 대도시의 신문 방송에도 한 부씩 발송했다. 그 결과 엘에이, 뉴욕, 시카고, 워싱턴디씨 등에서 발간되는 동포 신문 및 방송은 『우리소식』에 보도된 기사를 100% 믿고 인용·보도했다. 그 보도를 통해 현지 동포들이 마이애미 지역의 아는 동포들에게 수시로 이러이러한 마이애미 한인사회의 기사를 봤다며 전화로 알려 오곤 했다.

『우리소식』을 받아 보던 8백 리 북쪽 올랜도(디즈니월드가 있는) 한인회에서 협조 요청이 왔다. 동포들에게 한인회 소식을 전달하는 데 『우리소식』을 활용함이 최선책이라는 것이었다. 운영난을 타개하기 위해 좋은 아이디어라 생각해서 그곳 동포사회(현재 약 1만 명) 뉴스도 크게 다루어 페이지를 8페이지로 늘리면서 신문 발행을 위한 재력을 강화해 나갔다. 마이애미 동포들을 목표로 했던 것이 전 플로리다(현 동포 인구 약 5만) 지역으로 확장·발전해가는 계기가 마련된 것이다.

플로리다 반도는 한반도 크기보다 약간 작다. 한반도로 치면 부산의 위치에 마이애미, 서울의 위치에 올랜도, 인천의 위치에 탬파, 북한의 원산 위치에 잭슨빌이라는 도시가 있다. 그리고 북한 신의주쯤의 위치에는 플로리다 주정부가 있는 텔라하시가 자리하고 있다. 그중 가장 큰 도시가 마이애미(군 인구 3백만, 도시가 계속 연결된 3개 군 즉, 남부 플로리다 인구 5백만), 다음이 탬파, 올랜도, 잭슨빌 순이다.

참고로 도시 간 거리는 마이애미-올랜도 약 330㎞, 마이애미-탬파 약 450㎞, 마이애미-잭슨빌 약 525㎞이다.

또 플로리다 반도의 끝에서 끝까지의 거리는 1,140킬로미터이며 차로 약 12시간이 걸린다. 물론 다리로 연결되는 미국의 최남단 키웨스트까지 따지면 1,340킬로미터로, 차로는 14시간 이상 걸린다. 플로리다 주의 크기는 약 17만 평방킬로미터로 한반도(약 21만 평방킬로미터)보다 약간 작지만 전체가 산이 없는 평야 지대라 주거 지역은 산의 나라인 한반도에 비해 3~4배나 넓은 땅이다.

　한동안 시간이 흐르면서 예상한 대로 8인회가 긴장하기 시작했다. 처음에는 '돈 없는 제까짓 것들이 신문은 무슨 신문?' 하는 자세를 보였다. 그러나 조그마한 동포사회의 신문이 시간이 지나면서 자꾸 발전해 플로리다 전역을 카버하게 되고, 전 미주 지역에 영향력을 행사할 뿐 아니라, 미국 내 동포사회가 민주화되어야 한다는 내용의 논설, 가십까지 실어 동포들의 의식화를 꾀하니 이제 기존의 자세를 바꾸지 않을 수 없었던 것이다.

　『우리소식』이 나오고 처음 열리는 광복절 기념식 및 한인회 총회에 취재를 위해 나갔을 때 총회의 사회자가 뜬금없이 "『우리소식』 발행인 겸 편집인 김 아무개 기자를 한인회 이사로 추대하니 박수로 지지 의사를 표해주세요"라고 해서 깜짝 놀랐다.

　나는 이 말이 떨어지기가 무섭게 벌떡 일어나서 정중하게 "신문 만드는 사람은 언론 본연의 직무 수행을 위해 한인회 이사 같은 공인이 되어서는 안 되는 입장이니 없던 일로 해주시면 감사하겠습니다" 하고 앉자 장내는 쥐죽은 듯 조용해졌다. 이날 사회자 측(8인회)은 이곳 동포사회에서 큰 감투(?)인 이사직이니 기자가 감지덕지하지 않겠느냐? 또는 골치 아픈 기자를 자기들이 포섭해서 자기네에 유리한 신문을 만들자는 등 꼼수를 부리려는 듯했다. 그렇다면 나의 이사직 거부 발언은 8인회 멤버들에게는 괘씸하고 불쾌한 것일 수밖에 없었을 것이다.

03.
한인사회 민주화 투쟁의
첫 열매

8인회의 세력이 약화되자 드디어 이 고장에서는 처음으로 8인회와 관계가 없는 국내 B 명문 국립대 출신 의사 한 분이 한인회장으로 단독 출마했다. 8인회가 예전처럼 출마를 방해하지 못했음은 과거에는 상상도 못 했던 일이다. 8인회는 이제 더 맥을 못 춘다는 사실이 입증된 것이다.

이렇듯 『우리소식』은 B대 출신들은 물론 일반 동포 누구나 한인회장에 선출될 수 있는 길을 활짝 열어주었다. 또한 한인회를 8인회의 것에서 이 지역 동포사회의 주인인 일반 동포들에게 돌려줌으로써 마이애미 지역 한인사회를 민주화하는 데 이바지했다.

한인회가 민주화되어 8인회가 영향력을 잃자, 그들은 또다시 자기들만 중심이 된 마이애미한인상공회의소를 창립해 그 보스를 초대 회장으로 선출했다. 초대 회장의 1년 임기가 끝나자 2대 회장에도 같은 8인회 멤버가, 3대 회장에는 자기네 측근 인사가 속속 선출되었다. 그들은 한인회가 주최하는 전체 동포들을 위한 야유회마저도 날짜를 2주일 먼저 상공회의소 이름으로 개최했다. 그렇게 되자 한인회 야유회의 참석률이 확 줄었고 이에 한인회는 상공회의소 측에 "야유회는 상공회의소 회원끼리 하라"며 불평을 했다. 옛 버릇 못 고치고 이제 상공회의소의 이름으로 동포사회를 자기들끼리 좌지우지해보겠다는 자세가 확실해진 것이다.

　시간이 흘러 상공회의소 3대 회장의 1년 임기가 끝나갈 무렵, 이곳 동포 기업인 중 가장 크게 사업을 한다는 분이 회원으로 입회하면서 회장에 출마한다는 소문이 돌았다. 이분은 평소 8인회 멤버들이 가장 싫어하는 인물이었다. 그래서 그는 8인회 멤버들의 전횡을 막기 위해 오기로 출마한 것이 아닌가 생각되었다.

　그런데 8인회 측에서 흘러나온 소문은 창립 때부터 만 3년간 회비를 낸 사람에 한해서 회장 출마 자격이 있다는 회칙(?)을 그에게 적용하여 출마를 거부했다. 『우리소식』 측에서는 창립 때부터 모두 두 차례의 총회 기록을 확보하고 있었기에 8인회 측 주장이 사실인지 확인 작업에 들어갔으나 회장 자격 요건에 그런 조항은 없었다. 혹시 신문사 몰래 회칙 개정을 위한 임시총회를 열었는지 확인했으나 현직 이사 8명 전원이 그런 일이 전무하다고 증언함으로써 결국 이번 사건도 8인회의 장난임이 드러났다.

　나는 당시의 현직 회장에게 전화로 "3년간 회비를 안 낸 인사는 회장 출마 자격이 없다는데 사실이오?" 하고 물었다. 양심에 가책을 받은 회장은 기어들어가는 소리로 "그렇습니다"라고 대답했다. 이어서 "이사진 전원에게 그런 회칙이 없다는 사실을 확인했어요. 문서 위조 등 후에 생기는 모든 법적 책임을 지겠습니까?" 하고 다그치자, 너무 당황해서 대답도 제대로 못 하고 전화를 끊더니 불과 20분도 못 돼 헐레벌떡 신문사에 찾아왔다. 그는 "며칠 전, 밤중에 초대, 2대 전임 회장 두 분이 집에까지 찾아와서는 그렇게 새로 문구를 정관에 집어넣어야 그분의 출마를 막을 수 있다고 강조해서 몇 차례 반대하다가 하는 수 없이 그들의 요구를 받아들였는데, 그 일은 없는 일로 할 테니 제발 기사를 잘 써주세요"라고 하면서 이미 날조된 조항이 삽입된 회칙을 내놓으며 자신의 실수를 사과했다.

이 사건과 관련한 기사가 『우리소식』 다음 호 1면 머리기사로 크게 실려 전 미주 각 지역 동포 언론에도 일제히 보도되었다. 며칠 후 주미 한국 대사관이 있는 워싱턴디씨 소재 『한국신보』(발행인 홍성원) 사회면에 이 기사가 크게 실린 것을 플로리다 거주 동포들이 보게 되었다. 당시 나의 요청으로 『한국신보』가 이곳 동포사회에 무료로 배포될 때였으니 당시 『우리소식』의 영향력을 짐작하게 하는 대목이다. 그 무렵 8인회 멤버 몇 사람이 『한국신보』를 들고 보스의 집을 찾아가서 함께 이 기사를 읽게 되었다. 보스는 자신의 실명이 제목에까지 등장한 것을 보고 "아이고 창피해! 워싱턴디씨에도 엘에이에도 내 친구들이 있는데… 아이구 창피해!"를 연발했다고 한다.

결국 초대, 2대, 3대 회장이 모여 회칙을 날조한 사건이 전 미주 우리말 언론에 보도됨으로써 이제 4대 회장 후보를 인정할 수밖에 없었고 이 분이 단독 후보로 출마, 압도적 지지로 당선된다. 그러나 막상 이 자리에는 상공회의소 창립 주동 멤버(8인회)의 모습은 전혀 보이지 않았다. 양심상 그 자리에 나타나질 못했을 것이다. 이렇게 해서 8인회는 한인회와 마찬가지로 상공회의소마저도 완전히 손을 떼고 원주인인 일반 기업인들에게 넘겨줄 수밖에 없었으니 이는 자승자박의 결과였다.

이 고장 동포사회의 민주화에 기여한 『우리소식』은 창립 목적을 다했기에 이번 일을 계기로 문을 닫게 된다. 당시 『한국신보』가 『우리소식』에 실릴 기사 전부를 보도한다는 조건을 받아들여, 나와 『우리소식』 제작 동지들의 노고가 그만큼 줄면서 독자들은 현재의 국내 일간지와 똑같은 크기의 『한국신보』를 보게 된 것이다.

시간이 좀 흐른 뒤 8인회 측에서 자기네 보스가 그들을 궁지로 몰아넣은 나를 조용히 만나고 싶다며 일부러 사람을 보내 왔다. 나는 순간 착잡한 생각이 들었으나 회피하지 않았다. 약속 시간에 맞춰 일식 레스토랑에 갔더니 방석집처럼 된 방에 둥근 테이블을 둘러싸고 8인회 멤버 전원이 맥주잔처럼 큰 유리컵 술잔들을 들고 앉아 있었다. 보스 한 사람만 조용히 만나리라는 나의 생각이 순진했음을 느끼면서 단단히 정신 무장을 했다. 정말 호랑이 굴에 잘못 들어왔구나 싶었다. 그 자리에는 낯선 얼굴도 하나 더 보였다. 이 고장에 온 지 얼마 안 된 신입 회원이었다.

권하는 자리에 앉자마자, 보스는 나의 자리 앞에 놓인 큰 유리 술잔에 정종을 가득 부으며 자기들은 그동안 한 잔씩 했으니 쭉 마시라고 했다. 그때 그 자리에 앉은 모든 멤버들의 눈이 나를 주시하며 술을 다 마시도록 독촉하는 듯 공포감을 조성했다. 만일 여기서 술을 마시지 않으면 나의 기가 꺾이는 결과가 올 것임을 직감했다. 그들은 차례로 돌아가면서 나 한 사람을 상대로 술 공세를 퍼부었다. 내가 아홉 잔을 마실 때 그들은 고작 한 잔씩만 들면 되는 극히 불공평한 함정에 말려들었음을 뒤늦게야 깨달았다. 나는 주는 대로 지체 없이 쭉쭉 들이켰다. 그러자 그들은 연거푸 술을 권했다.

04.
주미 대한민국 외교관들의
이모저모

그들은 술을 권하면서 질문 공세를 펴기 시작했다. 질문에 대한 나의 대답이 끝나자마자 잠시도 쉴 틈을 주지 않고 질문 공세가 쏟아졌다. 순간 나는 그들이 미리 짜놓은 각본대로 움직이고 있음을 직감했다.

그런데 그들이 놀라는 표정을 짓기 시작한 것은 내가 큰 잔으로 정종을 가득 부어 벌써 넉 잔째 마시고도 끄떡없이 질문에 또박또박 명쾌한 대답을 하고 있다는 사실을 알면서부터다. 한 사람이 "아니, 웬 술이 그렇게 세요?" 하기에 "기자 생활하려면 술이 약해선 안 되죠"라고 능청을 떨었다. 실은 평소 정종은 맥주잔으로 두 잔 정도면 취기가 오르는 게 내 술 실력이지만, 이날은 너무 긴장한 탓인지 그 두 곱을 마셨는데도 멀쩡했던 것이다.

질문 내용은 내가 듣기에 모두가 유치한 것들이었다. 첫 번째 질문은 역시 이 모임의 보스가 담당했다. 그는 "어떤 고위 공직자가 많은 돈을 주었다는데 사실이오?"라고 물었다. 참으로 터무니없는 내용인지라 속으로는 '이런 몹쓸 사람들!' 하면서도 한술 더 떠서 "기자란 주는 돈을 아무 조건 없이 받되 그 돈으로 기사를 없애거나 축소시켜서는 안 되는 것입니다. 만일 그럴 자신이 없다면 처음부터 돈을 받아서는 안 된다는 게 기자 세계의 불문율이죠. 그래서 저도 그 고관이 수표가 아닌 현금 10만 달러를 주기에 그냥 조건 없이 받았지만, 기사 보도에는 전혀 영향을 받지 않았어요. 뭐가 잘못됐나요? 한 가지, 앞으로는 기자의 부정 내지 불의의 내용을 따지려면 증거부터 확보한 다음 이런 자리를 마련해야지 소문 운운하면 실없는 사람이 됩니다"라고 장광설을 늘어놓았다.

보스는 부끄러웠던지 얼굴을 붉히면서 "허허… 몇 천 달러라면 곧이듣겠지만…" 하면서 쑥스러운 표정을 감추지 못했다.

그때까지 다른 사람들처럼 나를 적대시하는 표정으로 시무룩했던 신입 회원의 얼굴이 호감을 지닌 표정으로 바뀌었다. 아마도 사전에 나에 대한 악선전을 많이 들었다가 막상 현장에서 확인한 결과 그게 아님을 느낀 표정이었다. 그래선지 마지막 자신의 차례가 왔는데도 그는 이미 여덟 잔이나 마신 나에게 더 이상 술을 권하지 않았다. 없는 말을 날조해서 기자의 기를 꺾으려 드는 치졸한 의도에 오히려 10만 달러라는 엄청난 액수를 받았다고 맞받아치니 그들도 기가 찼을 것이다.

그 후에 들린 소문에는 내가 약 1시간쯤 지나 현장을 떠나자, 신입 회원이 8인회 멤버들에게 "김 기자는 기사를 돈으로 바꾸는 등 당신들이 생각하는 것처럼 호락호락 불의와 타협할 사람이 아니니 앞으로는 그런 식으로 대하지 마세요"라고 충고를 했다고 한다.

그 자리에서 나왔던 또 다른 질문은 자기들이 죽도록 싫어하는 기업인 이름을 대면서 "왜 신문을 한다면서 공평치 못하게 특정인과 친해서 만날 그 사람 집에만 놀러 다니고 우리와는 어울리질 않죠?" 하는 것이었다. 나는 속으로 '유치의 극치로군' 하면서 "기자는 친한 친구가 있으면 안 되고 누구 집에 놀러 가면 안 되나요? 그런데 어쩌지? 여러분이 저를 초청한 적이 없어서 어울릴 기회가 없었던 것처럼 사실은 그분 집이 어디인지 몰라서 단 한 번도 가본 적이 없어요. 그런데 그런 걸 기자에게 질문이라고 하다니 최고 학부를 나왔다고 하는 여러분들에게 실망했습니다. 질문 내용들이 모두가 사실과는 거리가 먼 조작된 것들이거나 너무 유치한 것이어서 술맛이 안 나요"라고 했더니 질문한 사람의 얼굴이 벌게졌다. 이외에도 7~8건의 질문이 있었지만 너무 내용이 시시해서 잊은 지 오래됐고, 30여 년이 지난 지금 위의 두 질문만 기억에 또렷이 남아 있을 뿐이다.

1979년 드디어 마이애미에 대한민국 총영사관이 신설(1998년 폐쇄)되면서 이곳 동포사회에 이상한 기류가 형성되기 시작했다. 완전히 한인사회에서 자취를 감추었던 8인회 멤버들 중에는 신임 초대 총영사의 고등학교 동창 후배들이 몇 명 있었는데, 그들은 고교 선배인 공관장을 이용해 총영사관이 주최하는 공적 행사에서 한인회 인사들보다는 8인회 멤버들이 항상 동포사회의 주인 노릇을 하기 시작한 것이다. 말하자면 **빼앗긴** 한인사회를 공관장의 **빽**으로 되찾자는 술수를 부린 것이다.

그런 일이 자주 벌어지자 나는 총영사를 만나 그동안 이곳 동포사회에서 저지른 8인회의 행패를 소상히 알려주었다. 그리고 다시는 한인사회가 그들로 인해 과거로 후퇴하는 일이 없도록 해야 할 것이라고 귀띔해주었다. 그러나 인정이 많아 후배들에게 약했던 총영사는 그 후에도 전혀 달라지지를 않았다. 게다가 미국 내 교민사회에서 아주 미미한 크기에 불과한 마이애미 지역 동포신문이니 무시해도 된다는 생각도 없지는 않았을 것이다.

그런데 불행히도 이 공관장은 평소 말수가 너무 많아서 자주 문제를 일으켰다. 그러던 중 한번은 동포 여성들에게 크게 말실수를 해서 가십거리를 제공한 일이 발생했다. 워싱턴디씨의 동포신문까지 그의 실수를 가십으로 다루자, 당시 김용식 주미대사는 이 공관장에게 전화를 걸어 "신문 기사를 봤다, 말을 조심하라"고 꾸짖었던 것이다.

직속상관으로부터 꾸중을 듣고 그제야 정신이 든 이 공관장은 즉시 나에게 전화를 걸어 "대사님의 전화를 받았습니다. 앞으로는 잘할 테니 제발 좀 잘 봐주세요"라고 했다. 이에 나는 "공관이 교민 보호에 충실하면 되지요. 전번에 만났을 때 충고했지만 건강하게 흘러가고 있는 교민사회의 흐름을 사사로운 인정 때문에 역행시키려는 언행은 모국 외교관의 월권행위입니다. 이 고장 동포사회를 어렵게 민주화시킨 언론이 아직 살아 있어요"라고 언론이 취해야 할 자세를 알려주었다.

05.
지역 언론 무시한 공관장의 말로

한 번 혼이 난 공관장은 그 후부터 사적으로는 8인회 멤버들과 친하게 어울리면서도 공적인 행사에서는 한인회를 중심으로 교민사회를 대하게 된다. 그 다음부터 마이애미 공관장으로 부임하는 총영사는 선임자가 귀띔해준 탓인지 교민사회에 대해 단 한 건의 월권행위도 없었다. 또 시시비비의 원칙을 지켜가는 언론과 불가근불가원^{不可近不可遠}의 원칙을 유지하면서 성실히 근무하다 떠나곤 했다.

이곳 동포사회는 이제 8천 명 정도로 인구가 대폭 늘었다. 제3대 마이애미총영사가 취임한 직후 나는 현 이승봉 발행인을 편집국장으로 한 『한겨레저널』을 창간(1991년 01월 10일)하여 초대 발행인 겸 편집인에 취임했다.

공관이 한동안 조용히 지나간다 싶더니 중남미의 트리니다드 토바고(인구 130만 명의 섬나라)라든지 아프리카의 탄자니아 등 교민이 거의 없고 많이 알려지지 않은 나라들의 대사로 있던 분이 외교관 생활 중 처음 미국으로 영전, 마이애미 공관장으로 부임하면서 잡음이 일기 시작했다. 문제는 그의 성격이 너무 독선적인데다 안하무인격이어서 부하 직원들마저 기피하는 분이라는 것이다.

그는 공관의 부총영사 역할을 하는 바로 아래 영사의 부인마저도 파티 때마다 자기 관저(관사)에서 식모처럼 밤늦도록 마구 부려먹으면서 저녁 식사마저 제공하지 않는 몰상식한 행동 등으로 전 직원으로부터 원성을 샀다. 게다가 교민사회까지 절대 복종을 요구하는 등 모든 것이 자기 마음대로 되어야만 직성이 풀리는 독재자형 성격으로 외교관보다는 군대와 같은 조직에나 어울릴 만한 사람이었다.

한번은 그가 신문사에는 알리지도 않고 당시 총영사의 손발 노릇을 해주던 한인회장 등 교민사회의 지도급 인사 40여 명을 저녁 식사에 초청한 적이 있다. 그는 식사가 끝나자마자 마치 군대의 조직처럼 현장에 나와 있는 교민들을 네 개의 팀으로 편성하고는 자기에게 평소 잘하던 분들을 팀장으로 각각 위임했다. 이 자리에 참석한 교민들 대부분은 공관장이라면 무조건 떠받드는 어용 인사들이 거의 대부분이었고, 평소에 심지가 빳빳했던 소수의 엘리트층 동포들은 한 사람도 보이지 않은 것으로 보아 미리 걸러낸 듯했다.

소문을 듣고 취재차 현장에 나간 나는 공관장의 행동이 전혀 이해가 안 가서 "미국 내 교민사회에 왜 이런 관제조직이 필요하죠?"라고 물었더니, 공관장은 불쾌한 표정으로 "공관이 앞으로 이 팀을 활용해서 본국 정부의 지시를 전달하려는 것"이라고 황당한 대답을 했다. 도대체 언제부터 모국 정부가 미국 거주 교민들에게 지시를 해 왔다는 것인지 고위 외교관 발언치고는 몰상식하기 이를 데 없었다. 언론을 우습게보지 않고서야 해외 공관의 월권행위에 속하는 일에 관련된 기자의 질문에 그토록 당당하게 대답할 수는 없는 법이다. 게다가 내심 공관으로서는 떳떳치 못한 일이었기에 교민사회에서 두각을 나타내는 인사들을 거의 전부 초청하면서 신문사에만 알리지 않았던 것이다.

당시 외무부에는 5·16군사쿠데타 후 군 장교들이 외교관으로 변신한 경우가 허다했기에 나는 이 공관장도 그런 경우가 아닌가 하고 서울에 조회를 해봤으나 그건 아니었다. 주로 교민이 거의 없는 중남미와 아프리카의 작은 나라 공관만 돌아다녔던 탓인지 그는 그 길고 긴 외교관 경력에도 불구하고 아직은 세련된 외교관이 못 된, 우쭐하는 '촌스런 외교관'의 때를 벗지 못한 상태였다.

재미 동포사회는 그 무시무시한 군사독재 하에서도 그런 식으로 모국 독재 정권의 지시에 굴종해 본 적이 없었기에 나는 이틀 후 공관장에게 "미주 지역이나 유럽 지역은 중남미나 아프리카 지역과는 교민들의 수준이 달라요. 교민 보호 이외의 그러한 공관의 독선적 대 교민 관계는 머지 않아 문제를 불러일으킬 겁니다"라고 조용히 충고했다. 그러자 그는 어디 한번 해보자는 듯 아무 말도 없이 나를 노려봤다. 역대 공관장으로서 기자에게 이런 표정을 지은 것은 그가 처음이었다. 국내에서 5·16군사쿠데타 직후 내가 행정, 사법, 입법 등 3권을 쥐고 있던 쿠데타 참여 장교들의 권부 '국가재건최고회의'에 출입할 당시 어느 최고위원(당시 현역 육군대령)으로부터 비슷한 경우를 당한 적이 딱 한 번 있을 뿐이었다. 참으로 황당했다.

그런데 그는 다음날부터 며칠 전에 조직한 4개 팀을 동원해서 오히려 "기자가 공관의 업무를 간섭한다"는 소문을 동포사회에 퍼트렸다. 그때에 나는 공관장이 만든 조직이 모국 정부의 지시를 전달하기 위한 것이라는 말은 변명에 불과할 뿐, 사실은 이 고장의 꼿꼿한 언론을 민·관 합동작전으로 약화 내지 말살시키자는 목적이었음을 단박에 깨달았다. 이는 강한 성격의 소유자인 그가 자기 마음대로 안 되는 자유 언론을 미국에서 처음 접하고 해외 교민사회의 신문쯤이야 아무 것도 아니라는 외교관답지 않은 오만함이 부른 결과였다. 거기에 대부분의 교민들의 수준이 총영사의 말이라면 대통령의 말씀쯤으로 착각하는 정도였으니 공관장도 우쭐할 만했을 것이다.

한술 더 떠서 『한인회보』가 "총영사의 부정 관련 기사를 보도하는 신문은 폐간해야 한다"는 한인 이민 사상 초유의 기사를 대서특필해 보도했다. 마치 총영사의 개인 신문으로 착각할 만한 수준의 글이었다. 더욱 가관인 것은 당시 동포사회 단체 중 한인회, 해병전우회 등 여러 단체의 전체 회원들이 합의나 한 듯이 공동 명의로 『한인회보』와 다른 지역에서 나오는 신문에 '한겨레저널 폐간운동'을 선동하는 전면광고를 냈다. 이는 『한인회보』의 임무가 무엇인지도 모르는 당시 한인회장의 무지와 총영사에게만 아부하면 평통위원쯤은 쉽게 딸 수 있다고 생각하는 단체장들의 발상에서 오는 일대 실수였다.

다음날 저녁 늦게 평소 총영사 부부의 부당한 처우에 부인이 격분하고 있다는 영사를 초청해서 술을 나눴다. 서로가 느긋하게 취하자 나는 우선 엊그제 조직된 교민들의 관제조직에 관해 어떻게 생각하느냐고 의중을 떠봤다. 그러자 그는 머뭇거리더니 자신이 한 말을 기사화하지 않겠다는 약속을 받아낸 다음 입을 열었다. 그는 "저의 외교관 생활 20여 년에 공관장이 교민들을 군대식으로 조직하는 일은 처음 봤습니다. 아마 중남미나 아프리카의 조그마한 교민사회가 그런 식으로 마음대로 됐나 본데 미국에선 그게 아니죠. 마이애미 거주 교민들은 양같이 순한 분들이니 가능하긴 했지만…" 하고 얼버무렸다. 여기서 '교민들이 양같이 순하다'는 표현은 바꿔 말하면 이 고장에 똑똑한 인재가 없다는 뜻을 에둘러 표현한 것이 아닌가.

얼마 후 이 공관장을 마음속으로 멸시하고 있는 부하 직원들이 화풀이로 폭로한 공금횡령 사건 등이 크게 보도된 『한겨레저널』을 서울의 외무부 장관실에서 읽게 되었다. 외무부 감사팀은 신속한 현장조사 끝에 보도 기사 내용이 사실임을 확인했다. 그리하여 이 공관장은 임기가 끝나기도 전에 보직이 없는 본부 대사로 좌천되었다가 곧 은퇴하고 말았다. 돌아보건대, 그가 만약 대부분의 외교관들처럼 조금만 온유하고 겸손하였다면 부하 직원들로부터 존경을 받아가면서 영전도 승진도 무난하지 않았을까?

06.
'꼭 필요한 언론'과
'악질 언론'이라는 양면성

평소 남에게 금전적인 피해를 입고 신문사에 호소해서 돈을 돌려받는 경우들이 알려지면서 동포에게 피해를 입은 이 고장 한인들 중에는 신문사를 한국의 경찰서 같은 곳으로 착각하리만큼 자기네 억울함을 호소해 오는 경우가 잦았다. 하긴 미국의 수사기관이라는 곳이 한국처럼 단돈 1백만 원의 피해액수라도 사기 고소가 들어오면 재깍 수사를 하는 게 아니었다. 경찰력은 부족하고 고액의 사기 사건은 넘쳐나서인지 피해액이 3백만 달러(약 33억 원) 이하인 사기 사건은 아무리 눈물로 호소해도 수사관들이 거들떠보지도 않는 실정이다.

피해자의 처지에서는 죽이고 싶도록 미운 가해자의 실명을 밝히면서 기사를 쓰는 신문사라니 어느 정도 원한을 풀 수 있는 곳일 게다. 특히 피해자가 돈을 돌려받을 경우 신문사가 아무런 대가를 요구하는 법이 없었으니 이야말로 부담 없이 의지할 수 있는 곳이기도 했다.

그 당시 나는 가해자들에게 피해자에게 전액을 돌려줄 경우 기사를 안 쓴다는 조건을 내세웠다. 액수가 아주 큰 가해자가 아니고는 대부분이 신문사의 권유를 따라줬기 대문이다. 하긴 신문사가 피해자를 위해 돈을 받아주는 기관이 아니기에 이 고장의 신문사 말고는 세계 어디에 가나 그러한 역할을 해주는 신문사가 있다는 소리는 들어본 적이 없다. 우선 가해자 이름들이 가명으로 보도되는 언론들이라면 가해자들이 무엇 때문에 그런 언론을 두려워하겠는가? 더구나 나는 가해자가 신문사를 재정적으로 도와주고 있는 광고주라 해서 약자인 피해자 측에 서야 할 자세를 바꿔서 가해자 측에 서본 적이 없었기에 가해자들은 이 고장의 언론을 두려워할 수밖에 없었던 것이다. 따라서 기사가 보도된 후의 결과는 광고주가 가해자인 경우 광고가 당장 중단되었음은 당연한 결과였다. 당시 아내의 사업 번창과 정신적인 격려가 뒷받침되지 않았더라면 단 몇 달도 버티지 못할 신문사였으니, 신문사 사장인 나야말로 사업에 관한 한 바보 중에서도 큰 바보였던 것이다.

어느 날, 이 아무개 씨 부부가 '사기 피해자'라면서 신문사에 찾아와 피해당한 내용을 호소하며 도움을 청했다. 피해자의 호소 내용을 요약하면, "우리 회사 부사장으로 들어오면 그에 따른 신분 해결책으로 미 영주권 해결과 생활급의 봉급을 지불해준다"는 사장의 달콤하고 솔깃한 약속을 믿고 가진 돈 전액(5만 달러=약 5천5백만 원)을 주었는데 첫 달만 봉급을 주고는 그 후부터는 사장이 완전히 모르쇠로 일관했다는 것이었다(여기에 등장하는 사장님은 서울 명문대 출신으로 나와는 동갑이요, 지난 20여 년간 친구로 사귀어 온 터였다). 이씨는 '이건 아니다' 싶어 뒷조사를 해본 결과, 가족들의 꿈이었던 영주권 수속은 1년이 되도록 시작도 하지 않은 상태였다. 속았다고 생각한 피해자는 "내가 준 돈 도로 내놓아라, 없던 일로 하겠다"고 했더니 "돈은 다 쓰고 없으니 내 배를 째라"더란다. 그래서 신문사를 찾아와 "이제 어린 아이들 및 가족의 생계가 막막한데 이런 경우 신문사 말고 어디 호소할 데가 있어요? 제발 도와주세요” 하며 울먹였다.

나는 가해자인 친구에게 전화로 사실을 확인 후에 돈을 돌려주면 기사는 안 쓸 테니 피해자의 어린 아이들을 봐서라도 하루속히 피해자의 원한을 풀어줄 수 없겠냐고 회유했다. 그러나 그는 적반하장 격으로 사정없이 화를 내며 “당신 마음대로 해. 기사가 나가면 청부 살인 업자를 3천 달러에 고용해서 한밤중에 쥐도 새도 모르게 마이애미 앞바다 물고기 밥으로 만들어줄 테니. 각오해!” 하고 협박했다. 당시 들리는 소문에도 청부 살인은 3천 달러, 팔 또는 다리 하나 부러트리는 데는 1천 달러가 공식 가격이라고 했다. 나는 사장에게 “기자가 이런 경우에 청부 살해를 당한다면 그 기자는 최고로 영광스런 순직을 하는 것이지. 그러니 기자가 그런 공갈 협박을 두려워하겠어? 어쨌건 일이 원만히 해결되길 바란다”며 전화를 끊었다.

가해자의 자세로 보아 별 방법이 없을 듯해서 피해자에게 “돈 받기가 어렵겠는데 어쩌면 좋죠?” 했더니 한숨을 크게 쉬면서 체념했다는 듯이 “어쩔 수 없군요. 이 고장에서 얼굴을 못 들고 다니게 그냥 기사나 써주세요”라고 했다.

큼지막한 기사가 터지자, 며칠 후 피해자로부터 전화가 왔다. “신문에 기사가 나가고 나서 며칠 후 사장님이 돈 전액을 돌려주데요. 어찌나 기쁜지, 정말 감사합니다. 돈을 돌려줄 바에는 왜 기사는 나가게 했는지 진짜 이해하기 힘든 사장님이네요”라며 기뻐 어쩔 줄을 몰랐다. 그 후로도 신상에는 별다른 피해가 없었던 걸로 보아 내가 단명의 운을 타고나지는 않은 듯했다. 물론 애당초 각오했듯이 그 친구(사장님)는 그 후부터 나와는 거리가 멀어질 수밖에 없었다.

얼마 후에는 어느 한국 식품점의 젊은 엘리트 신 아무개 여사장이 신문사에 찾아와 도와 달라고 호소했다. 내용은 "가게를 팔고 학업(대학원)을 계속하기 위해 뉴욕으로 이사 가려고 다음날 아침에 떠날 비행기 표까지 끊었는데 막상 잔금 4천 달러(가게 전액은 3만 달러)를 오늘까지 준다 해 놓고 이제 와서는 가게 값이 너무 비싸서 못 주겠다고 버티니 어쩌면 좋으냐?"며 3만 달러에 판다는 계약서를 꺼내 보여주었다.

나는 다음날 떠나야 할 가게 전 주인의 처지 등을 생각하며 즉시 상대방을 찾아갔다. 그리고 "신문에 이러한 불미스런 내용이 터진다면 이 가게 사장님을 믿고 단골손님들이 계속 찾아오겠어요? 계약대로 깨끗이 잔금 4천 달러를 치르고 가게를 성실히 운영해서 그만큼 다시 벌어들이고 앞으로 이 고장에서 많은 돈을 벌어 부자가 되길 바랍니다" 했더니 한참을 망설이다가 잔금을 치르면 기사가 안 나가는 조건으로 그렇게 하겠다고 약속했다.

이렇게 해서 전 주인은 무사히 뉴욕으로 이주, 미국 명문 아이비리그에서 박사 학위까지 받은 후 국내 모교로 초빙돼 교수가 되었다. 이처럼 신문사를 통해 피해액을 전액 돌려받은 수많은 분들 중 서울 명문대 교수로 있는 그분만이 그 후 나에게 식사 대접으로 인사를 했던 유일한 사람으로 기억한다. 이 밖에도 억울한 피해자들을 도운 경우라거나 불법체류로 좌절하던 10여 명의 젊은이들에게 영주권을 받도록 알선하여 희망을 준 경우 등 그 수가 너무 많아서 내가 다 기억할 수 없을 정도다.

이렇게 해서 내가 발행인 겸 편집인으로 있던 신문사는 억울하게 당한 피해자들이나 정의파들로부터는 "어느 사회에서나 꼭 있어야 할 언론"이라는 칭찬을 들었다. 반면에 가해자나 부정비리 연루자 또는 그 측근 인사들로부터는 "있어서는 안 되는 악질 언론"이라는 악평을 동시에 들어야 했다.

07.
조국의 민주 투사들을
강사로 초빙한 강연회

국내의 군사독재가 지속되면서 미국 거주 동포 중 모국의 민주화를 열망하던 이곳 동포 몇 분이 모든 고초를 무릅쓰고 국내 민주화운동의 험한 길을 걷고 있는 인사들을 초청하여 현지 동포를 위한 강연회를 열었다. 이는 미국 내 다른 작은 도시의 한인사회에서는 보기 드문 일이다.

신문 보도를 통해 현지 동지들이 알고 있는 사실은 동포들의 밀집지역인 LA, 뉴욕, 시카고, 워싱턴디씨, 그리고 캐나다의 토론토 등지에서는 심심치 않게 이러한 강연회를 개최해 왔다는 것이다. 그러나 그 밖의 지역은 그런 기회가 거의 없었다. 하긴 강사의 여비, 체재비 등 적지 않은 비용을 마련해야 했기에 동포 인구 5만 미만의 도시에서는 생각하기가 쉽지 않았을 것이다.

마이애미 지역의 당시 동포 수는 불과 8천 명 미만이었음에도 불구하고 의식 수준이 올바른 꿋꿋한 동지들이 버티고 있어서 비용 갹출이 큰 문제가 되지 않았다. 물론 플로리다 내의 다른 도시에서는 당시 동포의 수가 많지 않아서였던지 그런 기회는 없었던 걸로 기억한다.

당시 제일 먼저 모셔 온 분은 '특권을 누리지 않는 보통 사람'을 '씨알'로 표현하면서 이승만 독재에서 박정희-전두환-노태우 등 군사독재에 이르기까지 비폭력 민주화 투쟁의 선봉에서 활약하다가 다섯 차례의 옥고를 치르며 두 차례나 노벨평화상 후보에 올랐던 '한국의 간디' 함석헌(1901~1989) 선생이다. 선생은 대한민국의 독립운동가, 언론인, 출판인, 기독교운동가, 시민사회운동가, 광복 이후에는 비폭력 인권운동을 전개한 민권운동가이자 언론인, 재야 운동가이며 문필가였다.

언제나 흰 두루마기를 입고 희고 긴 수염을 바람에 휘날리며 전 세계의 공항에 내려 낯선 타민족의 눈길을 의식하지 않은 채 당당히 활보했던 애국자 함석헌 선생을 이 고장에 모셨던 일은 30년이 지난 지금에도 아름다운 추억거리로 남아 있다.

백발이 성성한 노인이 장시간 강연을 하는 게 안타까워서 사회자가 "의자에 앉아서 하시라"고 권했더니 카랑카랑한 목소리로 "늙은이가 서서 버텨야지 날보고 빨리 죽으라고?" 하며 2시간이 넘는 강연을 아무런 피로감도 없이 꼿꼿하게 서서 계속해 젊은이들을 무색하게 했다.

이어 초청된 강사는 미국 기독교를 받들던 한경직 목사에 맞서 인도의 불교가 우리나라에 한국불교로 자리 잡았듯이 기독교도 이제 한국민족기독교가 되어야 한다고 주장하면서 기장(한국기독교장로회) 및 한신대(한국기독교신학대학교)를 창립하고 군사독재에 항거했던 김재준 목사(1901~1987, 당시 한국민주촉진국민연합 고문)였다. 그 후부터는 한겨레저널사의 주최로 문익환 목사의 친동생이자 반독재투쟁의 선봉장 문동환 목사(1921~, 한신대 학장, 평민당수석부총재 역임), 천주교정의구현전국사제단을 이끌고 유신독재의 인권유린을 낱낱이 고발하며 민주화운동에 큰 힘을 보탰던 함세웅 신부(1942~, 현 민족문제연구소 이사장), 동아일보 편집국장 재직 시 독재 정권에 맞서 싸우다 100여 명의 후배 기자들과 함께 쫓겨난 '한국 언론의 사표'요 '해직 기자의 대부' 송건호 (1927~2001, 후에 한겨레신문을 창립, 초대 발행인 겸 편집인 역임) 선생, "고통받는 자를 외면하는 성전은 성전이 아니라 그냥 벽"이라고 가르친 예수님의 정신을 받들어 민족 구원과 교회 변혁을 목표로 안병무 박사 등이 개척한 향린교회(신자 5백이 넘으면 계속 분가를 원칙으로 하는 교회) 제2대 홍근수 목사(1937~2013, 교회를 민주헌법쟁취국민운동본부 산실로 제공), 그리고 한국목민선교회 회장으로 이익보다는 사명을, 영광보다는 진리를 택해서 복음의 사회 참여를 강조하고 유신과 그 동조자들을 질타한 탓으로 24회나 옥고 및 연행을 당한 고영근 목사 (1933~2009) 등 쟁쟁한 우리 민족의 양심 세력들이었다.

특히 고 목사님은 박정희·전두환·노태우·김영삼 등 당대 권력자와 맞서 싸우다 투옥돼 재판정에서 거침없이 박정희 독재 정권을 비판한 사건으로 유명한 분이다. 독재 정권을 직접 공격하는 것은 물론이고 그들에게 협력하는 성직자들에 대한 공격도 가차 없었기에 명예훼손으로 유죄 판결을 받은 사례도 있었다. 이러한 인권 중시 목회로 인해 한국인권문제연구소에서 주관하는 인권상 첫 번째 수상자가 되기도 했다.

그는 옥고를 치르는 동안 혹시나 부인이 석방운동을 할까 봐 자신을 비굴하게 하는 석방운동은 절대로 해서는 안 된다며 부인에게 재삼 당부했다고 전한다. 구약의 예언자처럼 그는 엄혹했던 유신시절이나 유신 이후에도 초지일관 자기 시대의 예언자적 사명을 다했으니 그야말로 "정의를 강물처럼 흐르게 하라(암5:24)"는 하나님의 뜻을 구현하고자 불의와 싸웠던 드문 성직자였다.

그의 에피소드 하나를 공개하면 다음과 같다. 당시 쿠데타로 집권했기에 떳떳하지 못했던 정권은 바른말을 하는 성직자들을 체포하고 투옥하는 것이 국민들, 특히 신자들을 자극할까봐 은근히 겁이 나서 되도록이면 체포 후에도 훈방 조치하려고 애를 썼다. 당시 독재 정권의 수사관은 그에게도 소속 교단인 예장 총회장 앞으로 석방 탄원서 형식의 각서만 써주면 즉시 석방하겠다고 계속 종용했다. 이에 그는 "이 나쁜 놈들, 박정희의 쿠데타에 이은 독재로 죄지은 네놈들이 써야 할 각서를 날더러 쓰라니! 이 악마 같은 놈들!" 하며 정권의 압력에 강력하게 대응했다고 한다.

고영근 목사는 당시 각서를 쓸 수 없는 이유를 다음과 같이 명시했다.

1) 앞으로 정치 문제를 거론 않고 복음만 전한다는 각서 내용은 지금까지 복음은 전하지 않고 정치 문제만 거론했다고 자인하는 꼴이니 그럴 수 없다.
2) 무릎은 한 번 꿇으나 두 번 꿇으나 마찬가지니 무릎을 꿇을 수 없다.
3) 3백여 명의 학생들이 감옥에서 고생하고 있는데 정신적 지주가 되어야 할 목사가 혼자 나가는 것은 목자가 양 떼를 이리 가운데 버리고 도망하는 짓이다.
4) 내가 쓴 각서를 악용해서 '내가 개전의 정이 있어 풀어주었다'고 신문에 보도할 텐데 나를 위해 기도하는 성도들을 그렇게 실망시킬 수는 없다.
5) 공산당원들도 25년간이나 독방에서 감옥살이를 하면서도 각서 한 장을 안 쓰는데 목사가 4년도 못 되어 각서 쓰고 무릎 꿇는 것은 양심이 허락하지 않는다.

(고영근, 『옥중에서 희망을 노래하다』에서)

여기서 불현듯 생각나는 사람이 우리 한국인 교역자 중에서 유일하게 기독교의 노벨상(상금 100만 달러)이라 불리는 '템플턴'상을 받은 한경직 (1902~2000, 서울 영락교회 목사, 예장 총회장 역임) 목사이다. 수상 이유는 사회 복지와 복음 전파, 남북 화해 등에 기여한 공로(1992)란다.

그런데 한 목사는 광복 직후 공산당 압제가 두려워서 신의주 교회 신자들을 모두 공산당에 맡기고 신자들 몰래 월남한데 이어, 6·25전쟁이 터지자 이번에도 서울 영락교회 신자들을 공산당에 맡기고 또다시 부산으로 몰래 피란했다. 수복 후에는 국군이 압록강 가까이까지 진군하면서 평양에서 설교하던 중 갑작스런 중공군의 인해전술로 다시 후퇴하게 되자 또 신자들 몰래 남으로 뛰는 등 세 차례에 걸쳐 양 떼들을 내팽개쳤다. 감방의 3백여 명의 양 떼들을 이리 가운데 버리고 도망갈 수 없어서 장기간의 감옥 생활을 감수한 진정한 목자 고영근 목사와는 좋은 대조를 이룬다.

거기에 한 목사는 일제 때 신사참배 등 친일 행각, 광복 후에는 이승만 등 역대 독재 정권에도 아부하고, 박정희, 전두환 독재자를 위한 청와대 구국기도회 등을 주도하는 등 비굴한 자세로 의식이 올바른 국민들의 경멸을 받았으며 뜻있는 기독교인들의 얼굴을 들지 못하게 하였다. 한 목사가 평범한 교역자였다면 내 눈에 들어오지 않았겠지만, 대한민국에서는 유일하게 전 세계 목회자들의 꿈이라고 하는 템플턴상을 받아 세계적으로 유명해진 교역자인지라 그의 비교역자적 자세가 옥에 티처럼 눈에 확 띠는 것이다.

올바른 민족 양심을 가진 사람들이라면 모두가 이 고장에 강사로 초빙되었던 위의 몇 분을 우리의 선진先進으로 받들어 존경해야 할 분들이다. 그 밖에 조국의 민주화 투쟁에 몸 바친 많은 분들과 함께 이들이야말로

(아직 갈 길은 멀지만) 오늘날 우리가 그나마 이만큼의 자유와 민주주의라도 향유할 수 있게 만들어 준 고마운 분들이기 때문이다. 당시의 악랄했던 군사독재 정권도 국민들이 믿지 않을 것을 알았기에 이러한 거물급 민족 양심 세력들에게만은 오늘처럼 무조건 '종북'이나 '좌빨'로 낙인찍지를 못했으니 정권 유지를 위한 지능지수가 한 수 위였던 게 아닌가 한다.

08.
목사님이 가짜 박사
장사꾼이라니

1)　　　　　　　　벌써 20여 년 전의 일이다. 뉴욕의 어느 일간지가 발행하는 주간지에 '주경야독으로 세계 제1호 태권도교육학 박사학위를 받은 아무개 관장'이라는 커다란 제목의 전면기사가 실렸다. 부제목을 보니 플로리다 중부 지역 도시의 태권도장 이름과 관장인 태권도 사범 이름이 눈에 들어왔다. 학위를 준 학교는 '미국에서 가장 큰 3천 명 학생'을 확보하고 있는 플로리다 소재 신학교라 했다.

나는 '태권도교육학 박사' 제1호가 플로리다에서 배출되었다는 사실 하나만으로도 충분한 기사 가치가 있다고 생각했다. 그런데 플로리다에 20여 년이나 거주해 온 내가 그렇게 큰 신학교가 플로리다에 있다는 사실을 아직도 모르고 있었다는 사실이 다소 의심스러웠고 더욱이 신학교가 어떻게 '태권도교육학 박사' 학위를 줄 수 있는지 얼른 이해가 안 갔다.

우선 플로리다에서 발행되는 동포신문이 모르는 내용이 뉴욕의 주간지에 보도된 사실을 부끄럽게 여겼다. 나는 뉴욕으로 전화를 걸어 기사 소스(취재원)와 기사 내용 확인 여부, 기사가 나가게 된 경위 등을 자세히 물어 사전 취재를 했다. 이에 놀랍게도 주간지의 담당 편집기자는 "신학대 부총장이라는 한인 목사님이 직접 전화로 알려 와서 재미있다 싶어

다른 확인 없이 목사님 말씀만 믿고 썼다"고 대답했다. 다시 말하면 제보자가 목사님이라 의심 없이 그냥 흥미 위주로 기사를 다뤘다는 뜻이다. 그러면서 혹시 기사 내용이 잘못됐으면 취재 후 알려 달라고 했다. 당시만 해도 많은 동포 언론은 이렇게 무책임했다. 확인 절차 없이 기사는 '그랬다'고 보도한 후 그게 사실이 아니면 '아니면 말고'일 정도로 무책임했다. 신학교가 태권도교육학 박사 학위를 수여했다면 처음부터 색안경을 쓰고 들여다봤어야 하는 게 제대로 된 기자의 태도가 아닌가.

나는 차츰 이 기사의 내용이 과장됐거나 또는 허위 기사일 거라는 심증을 굳혔다. 그 이유는 태권도장 관장 자신이 플로리다 주에서 오래 살아왔을 뿐 뉴욕에서 거주한 사실이 없는데도 불구하고 뉴욕 소재 신문에 알린 점, 신학교 소재지도 플로리다인데 이곳 동포신문을 기피하고 일부러 멀리 뉴욕 쪽 신문에만 알린 채 한 달이 지나도록 비밀에 부친 점 등, 뭔가 자연스럽지가 않기 때문이다.

그래서 나는 우선 기사 중에 학위를 수여한 그 학교(Coral Ridge Baptist University)의 소재를 파악하기 위해 전화번호를 찾아 아침부터 저녁까지 여러 번, 그것도 며칠간이나 연결을 시도했다. 그러나 "전화번호와 이름을 남기면 리턴콜을 하겠다"는 녹음테이프만 번번이 돌아갈 뿐 받질 않았다. 방학 중에도 일부 직원들이 자리를 지키는 게 미국 내 각급 학교임에도 말이다. 이에 나는 '태권도 사범 당사자가 가짜 박사 학위 장사꾼 목사에게서 가짜 학위를 샀고 또 부총장(?) 목사는 뉴욕에 있는 신문사를 속였음'을 직감했다. 더구나 신학대학에 태권도교육학 박사 논문을 심사할 교수가 있을 수 있느냐는 의문은 '역시 이건 아니다'라는 결론을 얻기에 충분했다.

그리하여 나는 곧바로 플로리다 안에서 태권도장을 열고 있는 사범들의 모임이 자주 있음을 알고 평소에 신뢰할 수 있는 고참급 태권도 관장 두 분에게 연락, 가짜 박사 여부 확인 작업에 들어갔다. 그랬더니 아니나 다를까, 이분들은 이구동성으로 다른 태권도 사범 중에도 어느 한국인 목사님이 찾아와 "태권도 박사 학위를 안 받겠냐? 5천 달러면 된다"는 유혹을 했다는 것이었다. 하지만 가짜 학위는 받아서 뭘 하겠는가라는 생각에 거절했다고 한다. 더구나 이번 뉴욕 기사에 오른 자칭 '태권도 박사'는 평소 불성실한 언행 때문에 자신을 믿어주는 동료 사범이 없다는 것과 박사 학위를 따려면 공부와 논문 작성 때문에 몇 년간은 도장에 나올 수 없는데도 "단 1주일도 도장 근무를 쉰 적이 없다"는 증언을 확보했다.

드디어 나는 4시간 동안 차를 몰고 예고 없이 이 가짜 박사가 있는 태권도장을 찾았다. 내 명함을 본 그는 약간 당황하더니 잠깐 앉아 기다리면 커피를 사 오겠다며 밖으로 나갔다. 그 사이에 얼른 일어나 벽에 걸린 학위증을 받을 때 촬영한 검은 가운 차림의 사진을 카메라에 담았다. 그 사진 밑에는 펜글씨로 '세계 최초 태권도교육학 박사 학위 취득, 1991. 6. 2.'라고 쓰여 있었다.

나는 그가 커피를 사들고 돌아와 자리에 앉자마자 학위 논문을 보여줄 수 없겠냐고 요청했으나 이런저런 핑계로 응하지 않았다. 이어서 뉴욕 주간지 기사에 따르면 '태권도교육학 박사'라고 했는데 맞느냐고 물었더니 그렇단다. 이에 그 대학교가 신학교라는데 태권도 박사가 웬 말이냐고 했더니 이번에는 '기독교교육학'이라며 말을 바꿨다. 이어 그 학교 건물이 어디 있느냐고 했더니 정확한 소재지를 대지 않고 자기는 학교까지 가지는 않고 주임교수님의 배려(?)로 야간에 그분 교회에서 공부했다고 둘러

댔다. 그러면서 다른 박사 학위 수여자들은 평균 5~6년, 짧아도 3~4년 대학에서 강의를 들은 다음 논문을 작성해야 하는데 어떻게 단 1주일도 직장(도장)을 쉬지 않고 박사 학위를 딸 수 있었느냐고 묻자 야간대학이니 가능했다고 주장했다. 이어서 학위 따는 데 든 비용 총계는 얼마나 되냐고 물었더니 한참 망설이다가 4~5천 달러 들어갔다고 한다. 다른 사람들은 박사 학위를 따기 위해 최소 3년에서 6년 이상 걸리며 최소 10여만 달러에서 30만 달러 이상의 비용이 드는 걸 아느냐고 물었으나 묵묵부답이었다.

내가 계속해서 담당 주임교수가 누구냐고 물었더니 모 한인 교회 담임 목사로 있는 아주 자상하고 친절한 교수님으로 학장과 부총장을 겸하고 있단다. 총장은 누구냐고 하니까 미국인 폭스^{Anthony Fox} 목사란다. 그러니까 이 대학교는 목사 한 사람이 부총장, 학장, 주임교수까지 다 맡고 있다는 얘기인데, 미국에서 가장 크다(?)는 신학교가 이토록 허술할 수 있는지 도저히 믿기지 않았다. 나중에 취재 결과 총장 폭스 목사는 이름만 걸어놓고 수입의 얼마씩을 이 목사로부터 받아 챙기는 역할, 즉 가짜 박사 학위 장사꾼 목사의 들러리 역할에 불과한 사람이었다.

나는 단도직입적으로 "왜 세상을 그렇게 사느냐? 훗날 자녀들이 자라서 아버지가 5천 달러에 가짜 박사 학위를 사서 뉴욕 주간지에 진짜 박사로 둔갑된 기사가 나간 사실을 안다면 아빠를 존경하겠느냐? 우리가 언젠가 세상 뜨는 날, 진정으로 부끄러움이 없이 살았노라고 자신 있게 말할 수 있도록 살아보자"고 충고했다. 그러자 양심이 움직였던지 그가 마지막으로 한 말은 "다시는 박사 학위 보유자라는 말을 하지 않겠습니다"였다.

2)   다음날 나는 플로리다 주 교육부에 연락해서 취재 중임을 밝히고 주정부에 등록된 이 신학대학교의 설립 때부터 현재까지의 임직원 및 학생 현황, 교육 내용 등을 복사해주도록 자료 요청을 하여 검토 작업에 들어갔다.

주정부 담당자에 따르면, 신학교는 신고제라서 어느 교회나 정부 차원의 사전 조사 없이 창립이 가능하단다. 주정부가 보내준 자료 검토 작업은 이 대학교(?)의 실질적 창립자(?)인 이 아무개 목사가 최근까지 목회하던 서북부 플로리다의 소도시 소재 모 침례교회 신자인 교수님(진짜 박사)의 적극적인 협조로 이뤄졌다. 그의 도움으로 이 목사의 정체가 송두리째 드러나기 시작했다.

이 목사가 대학 설립을 위해 주정부에 제출한 이 대학의 건물 사진은 그가 목회 활동을 했던 소도시 중에서 가장 큰 미국 침례교회 건물 전면(덕수궁 전면과 비슷한 백색 둥근 기둥으로 된) 사진을 도용했으며, 학교 주소는 어처구니없게도 그가 주중에만 생업으로 하고 있는 소도시의 구두 수선소^{Shoe Repair Shop} 주소였고, 전화번호 역시 이 구두 수선소 번호였음이 밝혀졌다.

보고된 학생 총수는 대학교라고 하기에는 너무 초라한 24명(사실은 학생이 전혀 없었음)이었다. 더욱 웃기는 것은 부총장과 학장 란에는 이 목사의 이름이, 대학교 학무처장은 그의 부인의 이름이 들어가 있었다. 그 밖에 총장 이름 말고는 다른 교수진은 없었다. 드디어 가짜 박사 학위 공장의 정체가 드러나고 만 것이다.

나의 취재 결과에 따르면, 이 목사는 스스로가 지난 2년간 단 1주도 교회 설교를 거르지 않고 신학 박사와 철학 박사 학위를 한꺼번에 두 개씩

받은 천재(?)로 밝혀졌다. 이 일로 그는 교회 신자 중 진짜 박사 학위 보유자인 교수(나의 취재를 도와준 분) 등으로부터 "목사님은 왜 그렇게 세상을 사느냐?"는 핀잔을 들었다고 한다.

알고 보니 이 목사는 자신이 가짜 박사 학위를 받은 경험을 살려 가짜 박사 학위 사업을 시작했다고 한다. 그는 서울 일간지에 계속 "속성과 신학·철학 박사 학위 취득 희망자 모집" 광고를 냈다. 박사 학위 취득에 미친 목사들은 플로리다 현지까지 찾아와서 그(부총장 겸 학장?)의 안내로 1주일간 강의 대신 플로리다 관광을 마친 다음 현금 5천 달러를 냈다고 한다. 그런 다음 가짜 박사 학위 수여식에 참석하기 위해 가운을 입고 기념 촬영을 한 후 귀국하는 것으로 모든 것이 마무리됐다는 것이다. 그러니까 주정부에 등록조차 안 되어 있는 '기독교교육학' 전공은 물론 심지어 태권도교육학에 이르기까지 마음대로 가짜 박사 학위를 팔아 온 셈이다.

이러한 사실이 1면 머리기사로 보도되자, 이 대학교 부총장(?)이 플로리다 다른 지역에서 발행되는 동포신문의 전면 광고를 통해 "김현철 기자는 거짓말을 밥 먹듯 하는 악질 사기꾼 기자"라고 대서특필했다. 그러면서 내가 쓴 기사는 전부 거짓이니 믿지 말라고 했다.

이 가짜 박사 장사꾼인 이 목사는 그 후 남부 플로리다 어느 교회 담임목사로 사역 중 또다시 가짜 박사 장사를 한 사실이 신문에 보도되자, 결국 플로리다에서는 '거짓말쟁이 악질 사기꾼 기자(?)' 때문에 장사가 안 될 거라 판단했던지 엘에이로 이주하고 말았다.

이 사건이 보도될 당시 김찬국 연세대 연합신학대학원장(1927~2009, 목사, 뉴욕유니온 신대 신학 박사)이 마이애미 지역에 왔다. 그는 해당 기사를 보더니 "국내외의 박사 학위 소지 목사들 중 85%가 이렇게 만들어진 가짜들입니다. 그래서 저는 박사라는 말을 안 써요. 듣는 분들이 저마저 가짜로 보기가 십중팔구거든요. 목사면 됐지 왜 박사 명칭이 필요하죠?"라며 씁쓰레 웃었다.

김대중 전 대통령이 대통령 후보로 출마했을 당시 그의 부인 이희호 여사도 미국에 오는 길에 이 신학대학교(?)에서 주는 명예박사 학위 수여식에 참석한다는 소식이 들렸다. 알고 보니 DJ의 야당 국회의원 시절 경호원(텍사스의 태권도 사범 정 아무개)으로 있던 사람이 바로 이 가짜 박사가 되어 이희호 여사를 꾄 것이다. 나는 이희호 여사에게 직접 전화를 걸었다. 아무것도 모른 채 경호원의 말만 믿었던 이희호 여사는 그 학교가 정상적인 학교가 아니라는 사실을 상세히 알려주었는데도 믿지 않는 듯했다. 그래서 그간 보도된 기사 전부를 팩스로 보내줬으나 돌아온 대답은 "신학생이 3천 명이나 되는 미국에서도 가장 큰 신학교라는데 왜 사람을 모함해요?"였다. 참으로 답답했다.

국내에서 광고를 보고 오는 목사들이야 미리 가짜인 줄 알고 오니 문제될 게 없지만, 예비 영부인의 경우는 진짜로 믿고 있는 터라 막상 보여줄 학교 건물이 없자 가짜 박사 장사꾼 목사는 또 꾀를 냈다. 그는 "거리가 너무 머니 영부인 되실 분을 이곳 학교까지 오시게 할 수는 없다"며 깍듯이 인사를 차리는 척하고는 자기가 현지까지 가짜 명박 학위를 들고 날아가 이희호 여사가 묵고 있던 콜로라도 주 덴버의 힐튼호텔에서 학위 수여식(?)을 치렀다는 후문이다. 지금도 이희호 여사의 약력 중 수상·명예직란에는 1997년 6월 '미국 Coral ridge 침례대학 종교교육학 명예박사 학위'를 받은 내용이 뚜렷이 기록되어 있으니 같은 한국 사람으로서 창피할 따름이다.

훗날 들리는 소문에 따르면, 이희호 여사를 속인 경호원이 청와대 경호관이 되자 국내의 어느 태권도 잡지에 '주경야독으로 미국의 태권도교육학 박사 학위를 취득한 아무개 경호관'이라는 큰 제목의 기사가 실려 이를 본 재미 태권도인들의 웃음거리가 되기도 했단다.

지금도 나는 이러한 사실을 떠올릴 때마다 씁쓸한 느낌을 지울 수 없다. 진정으로 DJ를 존경하고 받드는 사람이 단 한 명이라도 곁에 있다면 지금이라도 전 영부인의 약력 중, 이 '가짜 명박' 내용만은 삭제토록 권유할 수는 없을까? 만일 외국인 중에 누군가 DJ 관련 전기를 쓸 경우 불거질 수밖에 없는 영부인의 가짜 명박 얘기가 세상에 알려진다면 이는 이희호 여사 개인이 아닌 대한민국 전체가 조롱거리가 될 것임이 분명하기 때문이다.

09.

'하나님의 계시'라며
잉꼬부부 이혼시킨 목사
- 자신의 불륜 관계 들통 날까 두려워

플로리다 남부 도시에 살던 너무도 순진한 30대의 잉꼬부부 한 쌍이 사업이 잘되는 중국 식당을 경영하면서 예쁘고 귀여운 어린 두 딸과 함께 행복하게 살고 있었다. 주일이면 열 일 제치고 열심히 가까운 교회에 나갔고 이 축복 받은 S 씨의 가정은 신자들의 부러움을 샀다.

그러던 어느 날, 평소 20년 연상의 아버지 같은 분으로 존경을 해 오던 목사님이 아주 중요한 말이 있으니 예배가 끝난 후 신자들이 모두 귀가 하면 목사 집무실로 오라고 이 부부에게 지시했다.

목사님 취임 후 몇 해가 되도록 어느 신자에게도 이러한 지시가 있었 다는 말을 들은 적이 없었던 터라 무슨 일인지 궁금해서 S씨는 부인에게 무슨 일인지 아느냐고 물었으나 부인은 말없이 고개만 가로저었다.

드디어 집무실에 나타난 목사는 앉자마자 경건히 기도를 올렸다. "… 이 가정에 불행이 닥치지 않도록 아버지 하나님께서 도와주시옵소서. 신 심이 깊은 부부이오니 하나님 말씀에 절대 복종할 것을 믿습니다…"라고 강조했다. 기도가 끝나자 목사는 한동안 침묵 끝에 무겁게 입을 열었다.

그분이 들려준 말은 청천벽력 같은 얘기였다. "어젯밤 기도 중 하나님의 계시를 받았다. 하루 속히 이혼을 하고 엄마는 계속 이곳에서 아이들과 살되 S씨는 멀리 LA로 떠나야 조만간 두 아이들에게 닥칠 끔찍한 재앙을 예방할 수 있다. 이혼 수속은 내가 빨리 도와줄 테니 더 시간이 가기 전에 후회하지 말고 하나님 말씀대로 당장 실행해야 한다"는 것이었다. 이 말을 들은 S씨는 너무도 충격이 커서 할 말을 잊었고, 말없이 고개를 푹 숙이고 있는 부인을 쳐다봤다. 부인도 충격 끝에 그러려니 했다.

맥이 빠진 채 집에 돌아 온 남편은 부인에게 "이 노릇을 어떻게 하지? 일단 우리 새끼들의 불행을 막아야 하니 우선 내일 바로 목사님께 이혼 수속을 부탁드리고 당장 떠날 수 있게 내 여행 가방을 챙겨 주시오" 했다.

한편 이번 일에 크게 놀라지 않고 담담하게 넘어가는 부인을 보고 얼마나 충격이 컸으면 저토록 벙어리가 되었을까? 하고 동정심에 마음이 아팠다.

S씨는 며칠 동안 자신의 운명을 원망하며 고민에 쌓였다. 드디어 LA에 도착하자 친구의 도움을 받아 조그마한 중국 식당을 인수하게 되었고 자리가 잡히는 대로 가끔이나마 꿈에도 못 잊을 가족들을 만나러 집에 다녀올 계획에 가슴이 설렜다.

집을 떠나온 지 열흘쯤 됐을 때, 평소 가까이 지내던 교회의 집사님으로부터 전화가 왔다. 너무 반가워 인사를 하자마자 상대방은 나무라는 언사로 "왜 그렇게 순진해요. 교회 신자들 상당수가 몇 달 전부터 목사님이 당신 부인과 특별한 관계임을 아는데 어떻게 그런 목사님 말만 믿고 당신 혼자 멀리 떠나버렸다는 말이오. 집안일을 해결하려면 당신이 있어야 하는데 아이들을 봐서라도 하루 속히 돌아와 수습해야 하지 않겠소?"

하지 않은가!

S 씨는 평소 자기 부부 관계가 소문난 잉꼬부부였음을 알기에 상대방이 말하는 목사와 부인과의 관계가 전혀 믿기지 않아 그런 사실을 누구누구가 아느냐고 물어 재확인 절차를 밟았다. 재삼 확인을 마친 뒤 우선 이 사실을 알려야 할 곳은 현지 신문사라 믿어 내게 전화를 하게 된 것이다.

그때 내 대답은 "그게 사실이라면 이혼까지 시킨 목사의 기사가 나갈 텐데 그렇게 되면 부인과의 재결합은 불가능해질 것은 물론 아이들과의 단란했던 가정 회복도 물거품이 된다. 그래도 괜찮다는 말이냐?"고 물었다. S씨는 울먹이면서 "이제 어쩌겠는가? 애 엄마가 목사님과 정을 통한 게 벌써 6개월이나 지났음을 확인했다. 이미 깨진 그릇인데, 많이 생각해 보고 전화를 드린 거다"고 하며 펑펑 울었다.

다음 날 취재에 들어간 나는 가해자인 목사에게 피해자로부터 들은 사실을 하나하나 확인해 갔다. 내가 놀란 것은 이 목사가 내가 확인을 요청하는 내용 100%가 다 사실임을 시인했다는 점이다. 이미 오래전부터 방을 얻어 S 씨 부인과는 수시로 만나 사랑을 속삭였던 터라 "이제 뭐 숨길 게 있느냐, 기사가 터져 봤자 그까짓 것…" 하는 낯 두꺼운 자세였다.

다음 호 신문 1면 머리기사를 장식한 이 기사는 현지 동포사회에 커다란 화젯거리가 되었으나 막상 그 교회 신자 대부분은 한동안 신문에 터진 기사 내용 가지고 웅성대다가 '그 또한 하나님의 뜻'이려니 하며 큰 소동 없이 지나갔다. 이것이 우리 동포 신자들 대부분의 의식 수준이니 이를 어쩌랴.

신문 보도 후 한 가지 달라진 것은 S씨는 엘에이로 돌아갔고 목사의 정부가 된 20년 연하의 이 여인만 교회에 더 나오지 못한 채 그 후로도 목사와 몇 년간 교제를 이어갔다는 사실이다.

이 목사의 연상의 본부인은 이로 인한 화병으로 오랫동안 병석에 누웠다가 세상을 떴고 목사는 정부였던 전 S씨 부인과도 몇 해 후 헤어져 새 장가를 들었는데 신부는 30년 이상의 연령 차이가 날 정도의 젊은 미인으로 최근까지도 보란 듯이 다른 교회에 부부가 나란히 참석, 눈길을 끌어 오다가 얼마 전 루이지애나 쪽으로 이사했다는 소식이다.

하나님을 팔아 '계시' 운운하며 내가 좋아하는 여인을 빼앗기 위해 그 가정을 파괴하고 내 탐욕에만 충실한 목사라면 목사로서 그 이상 더 큰 죄악이 있을까?

제III부.

언론은 시대의 어둠을 밝힌다

:

01.
패망 직전의 영국을 살린
데일리메일신문

제1차 세계대전 발발 이듬해인 1915년 5월 21일 영국의 『데일리메일 Daily Mail』신문은 「포탄의 비극」이라는 제목의 사설을 시작으로 최전선에 배치된 수많은 특파원들의 생생한 현지 보도 기사를 실었다. 즉 독일군에 비해 포탄과 병기들이 너무 낡았을 뿐 아니라 영국·프랑스 연합군 사이에 연락이 제대로 되질 않아 아군은 연전연패의 고배를 마시고 있다고 전황을 정확히 분석해서 연일 대서특필했다.

아스퀴스Asquith 내각의 영웅이라는 육군 장관 키치너Kitchener 원수 및 군부의 보도 협조 요청을 받아들인 모든 신문은 일제히 『데일리메일』의 보도 태도를 매국노의 짓으로 공격하기 시작했다. 대부분의 독자들도 『데일리메일』불매운동과 소각운동을 벌이면서 이 신문의 사장인 노스클리프Northcliffe(1865~1922)를 죽이라고 고래고래 소리쳤다. 그럴 수밖에 없는 것이 『데일리메일』이외의 모든 신문은 연합군이 연전연승하고 있다고 정반대로 보도해 왔기 때문에 국민들은 『데일리메일』이 거짓 보도를 한다고 믿고 있었기 때문이다.

그리하여 광고주마저 모두 외면해버린 채 진실만을 보도한 『데일리메일』은 문 닫기 직전에 이른다. 이때 이 신문의 영업 책임자였던 노스클리프 사장의 동생 해롤드는 형의 편집 자세가 옳다는 사실을 알고 자신의 엄청난 재산을 진실 보도 및 국가를 위해 써야겠다고 결심한다. 그는 신문사의 재정을 100% 뒷받침함으로써 사장이 마음 놓고 옳은 신문을 만들 수 있도록 지원했다.

전쟁이 계속되면서 수많은 사상자가 발생했고, 부상병들이 속속 고향으로 돌아와 전황을 증언하면서 국민들은 『데일리메일』의 보도만이 진실이었음을 알기 시작한다. 그 결과 아스퀴스 내각이 물러나고 로이드 조지$^{Lloyd\ George}$ 내각이 들어서면서 『데일리메일』의 충고대로 병기 개선, 증강 등 패전 요인들을 바로잡아 나갔고 마침내 연합군이 승리했다.

한편, 패전한 독일의 황제 카이저^{Kaiser}는 "영국의 『데일리메일』때문에 망했다"고 원통해했다. 그토록 죽이라고 외치던 영국 국민들은 승전 후 "연합군의 승리는 노스클리프와 로이드 조지 내각의 덕분"이라고 찬양했다.

이렇듯 언론은 인기 전술에 능해 독자들, 광고주들, 정부 및 대기업의 비위나 맞추면서 좋은 게 좋은 거라는 자세로 곡필아세曲筆阿世하면 수입도 많이 오르고 구독자 수도 많이 느는 것 같지만, 결국 역사는 그 신문이 사이비였음을 입증하게 된다. 모름지기 수많은 난관을 뚫고 언론이 가야 할 길은 진실을 옹호하고 독자에게 알릴 의무를 다하며 항상 약자 편에 서는 것이다. 이러한 사명을 충실히 수행했을 때 『데일리매일』처럼 독자, 국가, 민족의 지지와 존경을 받을 수 있는 것이다. 펜이 칼보다 강하다는 말도 바로 이런 경우를 두고 일컫는 것이다. 그래서 언론인들을 무관無冠의 제왕帝王이라고들 하지 않던가.

만일 『데일리메일』이 정부에 반성할 자료를 주지 않고 다른 신문들처럼 군부 요청대로 진실을 은폐했더라면 영국과 프랑스는 끝내 독일군의 군화에 짓밟히고 말았을 것이다. 옳지 않은 정부의 요구를 뿌리치고 진실만을 보도해야 한다는 사명감으로 올바른 정론을 펴나가는 언론이 우리나라에는 과연 몇이나 될까? 한 언론인으로서 양심을 걸고 묻고 싶은 질문이다.

02.
기자 감정 들어가야 하는 기사, 뉴저널리즘 시대

지난날 가짜 박사 학위 장사꾼 목사 관련 기사가 크게 보도되자 어느 지식층 독자 한 분이 전화로 기사가 감정적이라며 언성을 높인 일이 있었다. 이분의 주장은 "미국 신문들처럼 기사란 사실을 객관적으로 냉정하게 보도하는 데 그쳐야지 사실 보도 중에 기자의 감정이 스며든 듯한 표현은 안 된다"는 것이다. 이에 대해 내가 해명한 내용을 여기에 소개하고자 한다. 이유는 혹시 그가 아니더라도 그와 같은 생각을 하고 있는 독자들이 있지 않을까 싶어서이다.

그렇다면 그의 주장처럼 과연 미국 신문은 감정이 깃든 기사를 안 쓰는 것일까? 물론 자신은 미국 신문을 자세히 읽지도 않으면서 주장에 힘을 싣기 위해 미국 신문 독자인 양 처신했을 수도 있다. 그러나 미국 신문들은 이미 1960년대 초부터 기자의 느낌을 완전히 배제한 객관성 위주의 옛 보도 자세를 탈피했다. 따라서 오늘날의 기사란 보도·분석·픽션^{Fiction}의 극화 기법 등 세 기능을 모두 요구하는 뉴저널리즘 시대를 가고 있다는 사실을 알아야겠다. 즉 오늘날의 보도 기사는 누가·언제·어디서·무엇을·어떻게·왜라는 육하원칙에만 의존하는 것이 아니라 사건의 모든 장면과 대화의 전개가 이뤄짐으로써 더욱 많은 독자들의 이해를 극대화시키는 방식을 지향하고 있다.

한국의 언론학자 팽원순 박사(신문학)도 뉴저널리즘을 1) 기자가 직접 취재 대상인 사건에 참여해서, 2) 기자의 신념과 통찰력에 따라 숨겨진 진실을 파헤치고, 3) 지난날 작가들만의 것이었던 창조적인 소설의 기법까지 자유로이 구사해 진실을 실감 있게 독자들에게 전달하는, 지금까지의 공식을 벗어나는 보도 방식이라고 정의하고 있다.

독자층은 매우 다양하기에 같은 인간인 기자의 감정이 섞여 들어가야만 사건의 실체 파악 내지 이해를 돕는 데 보탬이 된다는 '써던 일리노이대' 언론학 제임스 머피 교수, '콜롬비아대' 데니스 교수, 탐 울프 교수 등의 주장처럼 미국에서도 뉴저널리즘이 대세를 이루고 있는 실정이다.

여기에 미 10대 신문의 하나인 『마이애미헤럴드$^{Miami Herald}$』가 『한겨레저널』 창간을 알리는 기사를 보도한 예를 들어보겠다. 발행인(저자)이 『한겨레저널』 창간호를 읽고 있는 사진을 곁들인 이 기사에서 톰$^{Geoffrey Tomb}$ 기자는 "마이애미에 전 플로리다를 대상으로 전 세계 뉴스를 다루는 새 신문이 나왔다."고 소개하면서 셋째 줄에 'Shudder(공포나 추위 등으로 몸이 떨린다는 뜻)'라는 기자의 감정이 섞인 단어를 사용했으며, 이어 "다른 신문과는 달리 이 신문은 100%의 한인 독자들에게 배포되면서 성장을 기대하고 있다"라고 쓴 다음 또다시 일곱 번째 줄에 'Quiver(역시 떨린다는 뜻)'라는 단어를 썼다. 위 두 단어를 의역하면 '놀랍다'는 정도가 될 것이다. 말하자면 기자의 너스레를 가미함으로써 독자들로부터 보다 폭 넓은 이해를 이끌어내려는 제스처인 것이다.

흔히 미국의 신문들은 각 도시마다 독자적으로 발행되고 있어서 해당 도시 주변에만 배포되고 또 구독 희망 독자들에게만 읽히는 게 정상이다. 그런데 한반도 크기만 한 플로리다 전역에, 더구나 전 동포들에게 배포된다는 사실이 미국서는 아주 드물다 해서 이를 강조하기 위해 위의 '떨린다'는 두 단어를 활용한 것이다. 위 두 단어는 옛날 방식의 기사에서는 찾아볼 수도, 그렇게 과장할 수도 없는, 결코 사실 보도에 쓰일 단어들이 아니다. 전 세계의 언론이 이미 60년 전부터 이와 같은 뉴저널리즘 시대에 돌입한 것이다.

▲ 당시 『마이애미헤럴드』에 소개된 『한겨레저널』 창간 기사로, 글씨를 확대해보면 셋째 줄과 일곱째 줄에 위에 말한 두 단어가 보인다.

03.
부러운 미국의 언론 보호 판례
'뉴욕타임스 대 설리번'

1960년 앨라배마 주 몽고메리 시$^{\text{Montgomery, Alabama}}$에서 체포된 흑인민권 운동가 마틴 루터 킹$^{\text{Martin Luther King Jr.}}$ 목사 석방운동에 따른 변호사 비용 모금을 위해 남부기독교 대표자 회의에 참석한 4명의 목사들은 『뉴욕타임스』에 전면 모금광고를 냈다. 그 광고 중 몽고메리 시 경찰에 대한 허위 내용이 있다는 이유로 몽고메리 경찰 관련 시의원 설리번(원고)이 광고주인 이 4명의 목사들과 『뉴욕타임스』(피고)를 상대로 명예훼손 소송을 제기한다. 4년 후인 1964년 미 연방대법원은 『뉴욕타임스』와 4명의 목사들(피고) 측의 손을 들어줌으로써 미국의 언론자유 사상 길이 남을 판례를 남긴다.

미 연방대법원의 최종 판결의 요점은, 언론기관이 공직자$^{\text{Public Official}}$에 대해 잘못된 보도$^{\text{Erroneous Report}}$를 했다 하더라도 1) 보도는 공직자의 공적인 행동에 관한 것이라는 것, 2) 사실이 아닌 것을 사전에 알았으면서도 보도하는, 실질적인 악의$^{\text{Actual Malice}}$가 있었다는 사실을 원고가 입증해야 하고, 원고는 또 사실 추구를 위해 언론계가 해야 할 정상적인 과정을 분별없이 무시했음을 입증해야 하는데도 명예훼손을 당한 원고가 피고인 언론사나 언론인의 악의 또는 절차가 분별없이 무시당한 사실을 증명하지 못했기에 손해배상을 받을 수 없다는 것이다.

이 판결 이후 공직자$^{\text{Public Official}}$의 개념이 공인$^{\text{Public Figure}}$으로 점차 확대되었으며 공직자가 아니라도 세상에 잘 알려진 연예인, 운동선수, 사회운동가 등도 공직자와 같은 부류에 포함시키게 됐다. 그 결과 이들도 언론의 오보로 명예가 손상되었을 때 언론 측의 악의나 사실 추구를 분별없이 외면한 점을 증명하지 않고서는 승소할 수 없게 된 것이다.

하지만 유명한 공직자나 정치인의 부인이라고 할지라도 본인이 스스로 사회 활동을 하지 않고 조용한 가정생활만을 해 왔다면 공인으로 취급될 수 없다는 판결이 나왔다. 또 본인 스스로의 의지가 아니라, 이웃이나 친구 때문에 또는 옛날의 문제로 미디어의 관심의 대상이 되어 유명해진 경우라도 완전한 공인으로 분류될 수 없다는 것이다.

일반적으로 명예훼손이 성립되려면 1) 잘못된 내용이 분명히 보도되었고, 2) 그 사람의 이름 등이 분명히 나타났으며, 3) 그로 인해 그 사람의 명예나 이름에 손상이 있었고, 4) 그런 보도가 출판자의 태만 때문에 일어났어야 한다는 것이다. 공직자나 공인이 아닌 일반 시민은 이상의 조건만 충족되면 대개 손해배상을 받을 수 있다. 하지만 앞의 예처럼 공직자와 공인의 경우는 조건이 까다로운 것이다.

한편, 지난 50년간의 판례 추세와 사생활보호법$^{\text{Privacy Protection Act}}$ 등은 개인의 사생활권을 최대한 보호해주어야 한다는 원칙을 보여주고 있다. 공직자나 공인이라도 그들의 공적인 임무나 공공의 행동과 관련되지 않는 일이나 행동에 대해 오보했을 때는 언론이 '뉴욕타임스 대 설리번' 판례대로 보호를 받을 수 없다는 말이다.

또한 1980년의 사생활 보호법을 보면 정부 기관들이 갖고 있는 개인에 대한 정보를 그 사람의 사전 승인 없이 유출하지 못하도록 규정하고 있다. 한편 이 법의 언론 관련 부분은 연방정부, 주정부, 지방정부 수사관들이 기자들의 노트나 필름, 테이프 등을 증거물로 찾기 위해 수색영장을 쓰는 대신, 자발적인 협조 요청이나 사전 통지된 법원 심문에 참석하게끔 소환장을 내도록 규정하고 있다.

결론적으로, 미국 언론은 수정헌법 제1조의 철저한 보호 아래 공인의 공적인 활동 보도에는 거의 절대적인 권리를 향유하고 있는 것이다. 오죽하면 바람둥이 클린턴이 한참 르윈스키 일로 떠들썩할 때 어느 신문이 클린턴 자신도 모르는 여성 행각을 사실인 듯 오보를 냈는데도 표현의 자유 때문에 어차피 패소할 수밖에 없음을 알고 소송조차 제기하질 못했겠는가! 이것이 민주국가의 공인인 것이다.

국내의 경우를 보면, 헌법에 언론자유 조항을 명기해 놓고도 바른 소리 하는 사람들의 글의 내용이 힘이 있는 자들의 마음에 안 들면 공인이 대상인 경우마저도 이를 문제 삼아 그 내용의 근거를 글쓴이가 입증하도록 요구할 뿐 아니라 그도 부족해서 명예훼손으로 소송까지 하는 판이니 어찌 언론과 표현의 자유가 위축되지 않겠는가. 결과는 노무현 정권 당시 세계 언론자유 국가 순위 31위에서 오늘 날 68위로 이집트나 파키스탄만도 못한 나라로 전락했다. 미 연방대법원에서 이 판례가 나온 지 어언 50년이 지난 오늘, 과연 한국에서 '뉴욕타임스 대 설리번'과 같은 소송사건이 일어난다면 미국과 같은 결과를 가져올 수 있었을까? 이는 집권자의 눈치를 보고, 또는 유전무죄 무전유죄라는 상식 밖의 단어를 만들어낸 국내의 일부 법관, 검찰, 경찰 관련 인사들의 양심에 묻고 싶은 질문이다.

04.
언론의 첫째 사명은
사실 기록

언론인의 첫째 사명은 사실을 기록하는 것이다. 대한민국은 좁은 땅덩이어서 그런지, 모든 것이 혈연, 지연, 학연이라는 인간관계의 굴레를 벗어나지 못하는 나라다. 그래서 당연히 언론이 있으면서도 그런 굴레 때문에 진실을 밝히지 못하고 미화하고 왜곡하고 거짓말을 일삼기에 급급했던 것이 바로 한국 언론의 부끄러운 역사가 아닌가. 더구나 입에 재갈이 물렸던 독재체제하에서야 말할 것도 없을 것이다.

'사실 기록'이 얼마나 어려운 것인가는 누구보다도 언론을 발행 또는 주관하는 당사자들이 잘 알고 있다. 자기의 혈육이나 친척, 친구, 심지어는 자기가 존경하는 성직자까지도 그들이 부당한 행위로 공공사회에 물의를 일으킨 경우 그런 사실을 기사화해서 만인의 경계를 삼도록 하는 일이 언론인의 사명이다. 그러나 과연 우리 언론인들이 그렇게 하고 있는가?

대통령과 친하다는 이유로, 어느 검찰 총장이 자기 선배라는 이유로 언론인이 그들의 잘못을 지적하지 않고 넘어간다면 그 사회는 어떻게 되겠는가. 대통령의 아들이라고 해서 언론이 봐주고 넘어간다면 그 후유증을 생각해보자. 지금 우리 조국의 정치, 사회가 어지러운 것은 모두가 언론이 자기 역할에 충실하지 못한 탓이라는 사실을, 말은 안 해도 대부분의 언론인이라면 알고 있을 것이다.

3류 잡지에서도 볼 수 없는 형편없는 내용

10여 년 전 나는 중부 플로리다에서 발행되는 『주간플로리다』를 입수, 나의 과거 언론 보도 행위를 문제 삼은 기사 내용을 읽은 적이 있다. 참으로 낯 뜨거움을 느끼지 않을 수 없었다. 도대체 그런 글을 실어 발간한 현 아무개라는 사람은 어떤 사람인가 만나보고 싶었다. 무책임하게 비아냥거린 칼럼은 누가 쓴 것인지 이름조차 없고, 비판적인 글이라기보다는 3류 잡지에서조차도 찾아볼 수 없는 형편없는 저질 내용이었다.

당시 사건의 내용 자체에 대해서도 그 당시 현지에도 없었던 현 씨가 수년 후 현지에 왔기에 사건을 완전히 잘못 파악하고 있었던 것은 물론이거니와, 비판하는 방식이나 언어의 선택은 너무도 상식 이하인데다 특히 나와는 단 한 번의 인터뷰조차 없이 일방적으로 쓴 글이라 어이가 없었다.

나는 기자 생활의 경험을 토대로 다룬 기사들 중 거리 관계(마이애미에서 차로 6시간 거리)로 현장에 못 갔던 플로리다 북쪽 도시의 납치 미수 사건을 오보한 실수 이외에는 어느 하나도 조작 내지 과장했다고 보이는 기사는 쓴 적이 없다. 모든 기사들이 증거가 완벽한 내용들이었다는 말이다. 그 당시 보도됐던 모든 내용들은 내 스스로의 명예를 걸고 사실을 보도한 것이었다.

『주간플로리다』는 내가 "성직자 등 미워하는 사람들을 죽이고 망신시키기 위해서 그런 사건들을 다루었다"고 간단히 말하고 있지만, 그 당시 상황은 진실을 밝히려는 『한겨레저널』과 '거짓을 앞세우는 힘 있는 자들'의 싸움이었음이 지금 명백하게 밝혀졌다.

『주간플로리다』가 나를 비방한 내용 중 '가짜 박사' 장사꾼 목사 사건은 별도 칼럼으로 다루었기에 여기서는 생략하겠지만 참으로 웃지 못 할 사건이었음을 현지 동포들은 다 알고 있는 일이다. 그 밖의 사건을 모르는 독자들을 위해 당시의 성직자 관련 사건들을 간략하게 설명하면 다음과 같다.

천주교인이었던 나는 어느 하루도 화투놀음 없이는 살 수 없는 사제가 부임하면서 너무 안타까워 신도회장(사목회장)에게 화투놀이가 가능한 8명의 신자들이 두 사람씩 팀을 짜서 돌아가면서 화투놀이 상대가 되어 드리도록 최선의 노력을 다하자고 부탁했다. 고맙게도 여기에 응한 신자들은 직장에서 지친 몸을 이끌고 밤늦도록 사제의 화투놀이 친구가 되어야 했기에 다음 날 직장 근무에 많은 지장을 받곤 했다.

그러나 사제는 그도 부족해서 밤늦도록 화투판을 벌이던 교회 밖의 비신자 남녀동포들의 화투판에 끼어 새벽까지 몰입, 미사 시간까지 지장을 초래하는 문제가 발생했고 1주일 사이에 똑같은 일이 네 차례나 계속 발생, "성직자가 남녀가 합석한 화투판에서 새벽까지 논다"는 소문이 동포사회에 파다하게 퍼졌다. 더는 미룰 수 없었던 나는 이 사건을 교회와 사제의 실명을 감춘 체 그냥 '성직자'로 표현, 가십으로 처리할 수밖에 없었다.

안식년을 맞아 임시 사제로 부임한 강 아무개 신부 사건도 그렇다. 매주 참석하는 신자가 불과 50명 미만인 조그마한 성당에서 20만 달러를 목표로 성전 건립 기금을 모은 지 1년, 겨우 십삼만 달러를 확보한 터에 강 신부는 느닷없이 그중 3만 달러(현재 약 6만 달러에 해당)를 미국 양로원에 기부하라고 명령했다. 성전 건립 기금은 애당초 전용이 불가능한 돈이다. 이 사실을 안 신자들은 모두가 사제의 지시가 옳지 않다고 하면서도 사제 앞에서는 말 한마디를 못 했다.

이 문제를 다루는 간부회의를 통해 나는 아직 미국을 잘 모르는 사제에게 미국 양로원은 한국의 옛 양로원 같은 영세 양로원이 아니고 큰 기업체들임을 알려주면서 가난한 교회가 부자 양로원을 재정적으로 도와야 할 이유가 없음을 강조하자 참석자들은 한 사람의 반대 없이 모두가 고개를 끄덕였고, 이 자리의 분위기를 파악한 사제는 "다시는 이번 일을 입 밖에 내지 말라. 없는 일로 하자"는 말로 회의를 끝냈다. 모두가 일어서며 우리 성당의 위험한 고비를 넘겼음을 서로 기뻐하는 의미 있는 악수가 오갔다.

다음 주일날, 미사 시간에 강론 중 사제는 느닷없이 성전건립위원장, 위원(저자), 사목회장 등 3명을 거명하면서, 이곳 지도급 인사들이 약자를 돕자는 사제의 요청을 거부한 윤리 도덕도 모르는 위선자들이라고 질타, 그 며칠간 꾸민 10여 명의 전 가족 출교(독성죄 해당)용, 전 신자 명의의 진정서를 보여주면서 교회에서 나가라고 명령했다.

진정서 내용을 보면 교구에 올리기엔 너무 신자 수가 적었던지 젖먹이 아이의 서명도 엄마가 대신했고 심지어는 신자들을 동원해서 동포들이 많이 모이는 플리마켓(벼룩시장) 상인들(비신자)까지 서명을 받아 전체 등록된 교인 100명의 3배가 되는 300여 명이 서명한 탄원서를 날조했음이 뒤에 밝혀졌다.

사제가 우리 신자들에게는 금쪽같은 거금 3만 달러를 왜 미국 양로원에 기부하라고 했는지 얼마 후 후임 사목회장의 해명으로 밝혀졌다. 안식년이 끝나더라도 귀국하지 않고 이 성당에 정식 주임신부로 남아야 하겠다는 욕심 때문이었다. 그는 2주 후에 현지 도착 예정이던 직속 상사인 대주교님에게 '3만 달러를 기증한 사실이 보도된 신문 기사'를 보여주고 일 잘한다는 칭찬을 받아 계속 지금의 성당에 남기를 바랐다는 것이다.

다음 주일, 나는 같이 출교당한 신자들과 함께 전 주일의 사제의 행동은 무시한 채 가족들과 성당으로 들어갔다. 그런데 10여 명의 청년 신자들이 통로를 봉쇄하고 "신부님의 명령"이라며 진입을 막는 짓까지 자행, 나는 그로 인해 교회를 완전히 떠났다.

소녀(당시 만14세) 성추문 사건으로 미국 경찰에 유죄 시인까지 했던 전 애틀랜타 한인천주교회 현 아무개 신부의 경우, 소속 교구청은 현 신부 사건의 사과 사절로 아무개 신부를 애틀랜타 성당에 파견, 전 신도들 앞에서 정중히 사과까지 시켰다. 그럼에도 교구청은 이 사제를 아무 일도 없었다는 듯 교구 중 일급 성당 주임신부로 발령, 문제를 일으켰다.

독신 여성 6명(성당 미사 시간에 서로 상대방 머리채를 붙잡는 등 신부를 가운데 놓고 질투의 싸움을 벌여 공개된 독신 여성 수만 6명으로 실은 모두 10명임) 등 계속되는 여신도와의 스캔들, 거액 공금 유용, 신자들에 대한 철저한 독재 등의 문제로 한국 천주교 사상 유례없는 150여 명 신자들의 가두데모를 야기했던 뉴욕 롱아일랜드 성당의 또 다른 강 아무개 신부는 교황청 남북 미주 총 대사인 '로페스 대주교'의 끈질긴 조사로 북미주 내의 사목권을 빼앗기고 이 성당에서 드디어 쫓겨났다. 우리 한국 주교들도 '로페스 대주교'의 올바른 자세를 배워야 할 것이다.

문제는 위 신부들 모두가 귀국 후 지역 교구 내에서는 1급 교회로 알려진 성당 주임신부로 발령받아 아무 잘못 없는 사제로 둔갑했다는 사실이다.

    프란치스코 교황은 지난 2015년 3월 9일 교황청을 방문 중인 한국 주교단에 제일 먼저 "세월호 문제는 어떻게 되었습니까?"라고 물었는데 그에 대한 대답은 오리무중이었다. 대답을 공개하지 못함은 교황 질문에 동떨어진 대답이었음을 뜻한다. 교황님 덕분에 신자가 많이 늘었다고 했을까? 교황이 보는 세월호의 아픔은 예수가 십자가에서 못 박혀 숨진 것과 같은 것으로, 그래서 세월호 참사를 통해 한국민의 고통과 '정의'에 대해 물었는데, 주교들에게 세월호는 조·중·동의 논조대로 '정치'에 불과했을까?

    1960년대 초에 있었던 개혁적인 바티칸 2차 공의회('하느님 앞에서는 교황, 추기경, 주교, 사제, 평신도가 모두 같은 한 형제'임을 강조한 파격적인 내용을 통과시킴) 이후 반세기가 지나도 지난 2천 년간 이어오는 '성직주의'를 아직도 받들고 있는 한국 천주교회는 21세기에 알맞게 개혁 의지가 강한 프란치스코 교황 및 앞서가는 나라의 천주교회를 본받아 뒤늦게나마 이제 성직주의에서 벗어나야 하지 않을까?

욕먹거나 죽음을 각오하고서라도 진실을 보도하는 기자 정신

    이렇게 수년 전 여러 차례에 걸쳐 자세히 진실을 밝힌 사건들을 이제 와서 거두절미하고 현지에도 없었던 사람이 뚱딴지같이 '잘못된 역사를 고친다'는 미명(?) 아래 '무고한 성직자들을 사적 감정으로 못 살게 굴었던 파렴치한 사이비 기자'로 매도해서 평생을 올바른 언론에 몸 바쳐온 사람의 명예에 누를 끼치는 짓은 옳지 않은 일이다.

    언론인에게 있어서 가장 어려운 부분은 사실 보도 그 자체이다. 기자 자신이 욕을 먹거나 죽음을 각오하고서라도 진실을, 사실을 그대로 보도한다는 기자 정신이 살아 있을 때 우리 사회는 조금씩 정화되고 발전되어 나간다고 믿는다.

그러므로 진실 보도 자체를 문제 삼는 사람이 있다면 그는 언론인으로서 자격이 없다. 이에 현 아무개 『주간플로리다』 발행인은 즉시 자신의 과오를 인정하고 공개사과를 해야 할 것이다.

05.
언론의 정도正道는
'골빈 짓' 인가?

김대중 후보가 대통령 선거에서 당선되자 평소 가까이 지내던 플로리다 동포사회의 중견 인사 한 사람이 "이제 서울로 가시겠군요?" 하면서 나의 입에서 언제쯤 떠난다는 말이라도 들어야겠다는 듯 호기심 어린 표정으로 눈을 뚫어지게 바라봤다. 지난 20여 년간 미국 내 각종 신문에 반독재 및 모국 민주화를 위한 글들을 써 온 죄(?)로 이민 온 후 근 10년 동안이나 귀국을 못 했던 독재 정권의 반정부 인사이기에 DJ가 집권하면 분명히 뭔가 한 자리 하기 위해 귀국할 것으로 판단했던 모양이다.

하긴 북미주 내에서 반독재 투쟁을 한 당시의 신문 발행인들 중 몇 사람은 이미 귀국해서 정치인이 된 경우가 있을 뿐 아니라, 그간 너무 많은 언론인들이 독재 정권도 마다 않고 청와대 비서진부터 장관, 차관, 국회의원, 하다못해 중앙청 각 부처의 공보관에 이르기까지 출세가도로 뛰어든 일이 사실이었기에 그런 추측이 무리한 것으로 보이지는 않았다. 다만 그 질문에 대한 나의 대답은 "사람 잘못 보셨소"였다. 기자 생활을 이용해서 언젠가 정계에 들어갈 뜻을 가졌었다면 어찌 권력과 금력의 눈치를 보지 않고 소신 있고 자유롭게 기사를 쓸 수 있었겠는가?

내가 DJ를 위해 반독재 기사를 써 온 게 아니라 30여 년이라는 질기고도 지루한 군사독재의 흑정으로 이에 빌붙어 양심을 속이고 잘 먹고 잘 사는 일부 인사들을 제외한 대부분의 국민이 당하는 피해가 안타까워, 정치인 중 우리 민족의 미래가 걸려 있는 남북통일 문제, 경제 분야 등에 어느 정치인보다 박식하고 그때까지만 해도 가장 때가 덜 묻은 민주 투사 DJ가 그 대안으로 떠올랐을 뿐이다.

DJ 집권 직후, 집안일로 귀국했을 때 숙모님 댁에 인사차 갔다가 그곳에서 정부 고관 부인을 만나게 되었다. 『조선일보』 독자인 숙모는 이 고관 부인에게 "이 조카가 『한겨레저널』을 몇 번 보내줘서 읽어봤는데 글쎄 그토록 야당성이 강한 사람이 이제 여당지가 된 서울의 『한겨레신문』 기사를 활용하면서 여당지를 만들고 있지 뭐야! 아주 실망했어" 하며 나를 성토하는 것이었다. 그러자 기득권 세력인 이 고관 부인도 당시 한나라당이 집권하길 바랐었기에 자연히 숙모의 말에 공감했다.

나는 기가 차서 "DJ가 이제 막 집권했으니 아직은 비판할 내용이 없다, 가다가 실정이 나타나면 미국에 살고 있는 나보다 서울의 『한겨레신문』이 먼저 비판 기사를 다룰 것이다. 바로 그 신문만은 누가 뭐래도 언론의 정도를 가는 신문"이라면서 그들의 말을 막아버렸다. 아니나 다를까, 그후 '옷 로비 사건', '조폐공사 파업 검찰 유도 사건', '여당 3·30재·보선 자금 50억 사용 사건' 등 집권한 이래 DJ 정권을 최대 위기로 몰아넣었던 굵직한 사건들이 터져 나왔다. DJ 집권 전 그를 죽이려 들던 조선, 중앙, 동아가 아닌 바로 『한겨레신문』의 특종 기사였다.

집권 전 DJ의 '국민회의'는 『한겨레신문』을 이 세상에서 가장 믿을 수 있는 공정한 신문이요 유일한 구세주로 여겼다. 그러한 국민회의가 집권 2년에 접어들면서 드디어 『한겨레신문』을 상대로 101억 손해배상 소송(선거자금 50억 사용 폭로기사 때문)을 제기했다. 며칠 후 언론이 무엇인지를 아는 DJ의 지시로 이 소송은 결국 취하됐지만, 언론의 정도正道를 슬쩍 망각한 척하고 눈치껏 집권자 측에 잘해준다면 분명 출세의 길이 보장되는 한국의 정치 풍토를 한겨레신문 기자들이라고 몰랐겠는가? "기자는 항상 약자 편에서 강자 편을 바라보는 자세, 만년 야당의 자세를 지녀야 한다"는 언론인의 기본자세는 수습기자 때부터 언론계 선배들에게서 귀가 닳도록 들어 온 교훈이 아닌가. 그 기자의 자세를 유지한 채 DJ 집권 2년째를 맞으면서 나는 이 정권의 잘못을 속속들이 보도하고 있었다. 위에서 언급한 이 고장의 중견 인사는 당시의 『한겨레저널』을 보고 "이 사람, 그동안 출세 길을 잘 닦더니 이제 스스로 공든 탑을 무너뜨리는군. 아무 쓸모없는 친구야" 하고 비웃었을까?

'가시밭길'이라는 언론의 정도는 일제 때 잔악무도했던 일본 경찰의 회유에도 끝내 굽히지 않고 자나 깨나 조국의 독립을 위해 스스로를 희생했던 독립투사들의 가시밭길과 너무도 닮은 데가 많다. 이 세상을 이기적으로 사는 자들의 눈에는 그 이상의 골빈 짓(?)은 없을 것이다. 아마 그들은 "왜 적당한 기자 생활을 발판으로 남과 같이 출세를 못 하는가?" 하고 비웃을 것이다. 그러나 긴 안목으로 역사를 돌이켜보라. 극소수 '골빈 자들'의 역사관 때문에 우리가 사는 세상은 조금씩 개선되어 왔지 않은가! 거기에 덤으로 얹힌 것이 있다면 평생을 지저분한 정권에 빌붙어 호의호식하지 않고 정의를 추구하는 올바른 기자로 살다 갔다는 깨끗한 명예가 훗날에도 기리 뒤따를 것이라는 사실이다.

06.

언론인의 공사 분별력
- 자기 자식의 비리 보도 못 하면 기자 아닌 위선자

지난 40년간의 기자 생활을 돌이켜볼 때, 나는 가시밭길이라는 언론인의 길을 걸으면서 개인적인 인기나 욕심, 심지어는 가족의 명예까지도 포기해가며 공과 사를 분명히 하고 오직 있는 사실을 그대로 전달하는 기자의 직분에만 충실하려고 노력해 왔다.

나는 1963년 1월 국가재건최고회의(의장 박정희) 출입을 필두로, 존슨 미 대통령 방한 당시 전방 시찰 수행, 월남전 종군, 국방부, 내무부(안행부·치안국=현 경찰청), 교통부(철도청) 등 수많은 출입처를 드나들면서 한때는 같은 출입처의 동료 기자들로부터 기자 세계의 영예인 '특종왕'이라는 별명을 듣기도 했다. 특히 기자 세계에서 흔히 있을 수 있는 온갖 유혹에도 단 한 번 넘어가본 적이 없는 깨끗하고 강직한 기자 생활을 영위해 왔음을 자랑스럽게 생각한다.

요즈음 미국 내 한인 언론사에는 가끔 기사 가치$^{News Value}$를 몰라서 가까운 이웃집 아이 돌잔치를 사회면 머리기사로 다룬다든가, 자신은 물론 자기 부인의 큰 사진까지 곁들여 1단짜리도 못 되는 기사를 4~5단 기사로 키워 보도하는 행태, 더구나 미사여구로 없는 사실을 조작해서 선배기자를 모함하는 따위의 마을 회보만도 못한 수준의 인쇄물을 만들어

'신문'이라고 배포함으로써 다른 언론 선배들의 얼굴을 뜨겁게 하는 용감 무쌍한 기자(?)들을 본다.

유능한 기자는 아무에게도 환영 못 받는 법

기자 세계에서는 "가장 유능한 기자는 아무에게도 환영받지 못한다"는 말이 전설처럼 흘러 다닌다. 가장 많은 진실을 말하는 사람이 가장 유능한 기자라는 뜻이다. 물론 내가 유능한 기자였다는 말은 아니다. 다만 그러한 유능한 기자가 되어 보려고 꾸준히 노력했을 뿐이다.

기자는 원한을 먹고 산다고 했듯이 나도 우리 동포사회에서 적잖은 적을 만들어 왔다. 교회 성직자들도, 공인들도, 가까웠던 사람들도 내가 맡은 사회적 사명을 실천하기 위해 그들의 불의와 부정을 예외 없이 고발할 수밖에 별 도리가 없었던 것이다. 나 역시 인간인데 언론에 고발당한 당사자, 가족, 친척, 친구들이 보내는 차가운 눈초리를 왜 모르겠는가. 이것이 바로 나의 인간적인 고뇌였다. '왜 하필이면 내 자신이 비정하게 그들의 그릇된 행동을 사회 양심에 고발할 수밖에 없는 기자 신분을 택했을까?' 하는 괴로움 말이다.

자기 자식의 비리를 보도 못 하면 기자 아닌 위선자

그러나 이 사회에서 누군가가 수행해야 할 기자의 직분을 자신이 스스로 천직으로 택했다면 비록 친자식이 사기를 쳐 사회에 물의를 일으켰을 경우라도 다른 사람의 경우와 똑같은 비중으로 이를 분명히 기사화해야 한다는 신념이 있어야 한다고 생각한다. 만일 그 선을 넘을 용기가 없다면 그날부터 기자직을 그만두어야 한다는 각오를 지니고 기자직을 수행해야 하는 것이다. 이는 기자를 천직으로 삼은 자들이 생을 마감하는 날까지 끝내 짊어지고 가야 할 십자가인 것이다. 못된 자기 자식은 감싸면서 남은 비판하는 기자야말로 위선자 중의 위선자에 다름 아니다.

나는 불의를 고발당한 사람들 또는 그 측근들이 나를 냉대할 때마다 스스로 언론의 정도를 걷고 있음을 더욱 확신하게 된다. 좋은 게 좋은 거라며 적당히 욕을 얻어먹지 않고, 기자 생활을 자신의 돈벌이 또는 명예욕을 달성하는 수단으로 이용하려는 후배 기자가 혹 있다면 나는 선배답게 '이 사회에 죄를 그만 짓고 그 정력으로 차라리 장사나 하라'고 권하고 싶다.

또 기자 생활을 출세의 발판으로 삼는 자라면 힘 있는 자들의 눈치를 살피면서 기사를 쓰게 될 테니 이는 순수한 기자를 가장한 사이비 기자 이상 다름이 아닐 것이다. 바꾸어 말하면 기자직을 올바로 수행하면서 욕을 먹지 않는 방법은 없다는 것이다. 이는 비단 언론인뿐 아니라 법관, 검사, 경찰관 등도 똑같이 적용되어야 할 철칙이다. 다시 말해 비판 기사로 인해 욕을 먹지 않았다면 이는 분명히 올바른 언론인의 길을 가고 있지 않다는 반증인 것이다.

도덕성과 공신력 아쉬운 일부 기자들은 언론의 선후배 관계부터 배워야

미국 내 후배 기자들 중 불행히 한국의 언론계에서 기자 생활을 할 기회가 없었던 일부 기자들은 언론계의 선후배 관계가 군대의 선후배 관계 못지않게 엄격하다는 상식을 갖추질 못하고 있는 게 현실이다.

군사독재 시절, 필라델피아에 사는 유명한 언론계 선배가 인권유린을 밥 먹듯 하던 모국의 군사 독재자에게 아부하는 글을 계속 신문지상에 발표하는 것을 보고도 당시 재미(국내 기자 출신들) 후배 기자 10여 명은 서로 장거리 전화로 '생선 가게 망신 꼴뚜기가 시킨다'며 뒤에서 흉을 보았을 망정 어느 한 사람 언감생심焉敢生心, 지상에 반론을 제기하거나 가십화 할 엄두를 못 냈다. 그것이 바로 한국 언론계의 전통이자 미덕인 것이다.

나는 정의로운 사회 구현을 위해서는 선배의 잘못을 보도하지 못하는 이러한 풍조가 반드시 옳은 것이라고 보지는 않지만, 이는 선배의 실수를 덮어주자는 게 아니라 언론계 선후배 관계에서 오는 끈끈한 고리에 상처를 줄까 두려워하는 매우 신중한 자세에서 오는 전통임을 예로 든 것이다.

더더구나 확실한 근거 하나 대지 못하면서 선배 기자가 쓴 사실 기사를 비난하는 태도는 기자로서의 자격이 없는 존재로서 언론계에서 매장되기 십상인 경거망동한 자에 속한다. 이는 동포사회를 위해 정상적인 언론을 하겠다는 게 아니라 과거에 불의를 저질러 언론에 폭로됨으로써 그 기사에 감정을 품은 몇몇 사람들에 매수당해 지금껏 모든 유혹에도 굴하지 않고 정론을 펴 오고 있는 선배 기자를 의도적으로 흠집을 내자는 속셈을 드러내는 것 그 이상 그 이하도 아니다. 의식 수준 높은 독자들이 먼저 이를 간파하고 있음을 알아야 할 것이다. 누가 봐도 흠잡히지 않을 보도는 물론, 좀 더 겸손하고 숙연한 자세로 기자 생활에 임했으면 한다.

작가 홈스Oliver Wendell Holmes, Sr.(1809~1894)는 "언론자유의 가장 엄정한 보호는 극장에서 거짓말로 불이 났다고 고함을 쳐 공포심을 불러일으킨 인간을 보호하지 않는 것이다"라고 갈파했다. 이러한 거짓말로 고함치는 언론이 다시는 우리 동포사회에서 혼란을 초래하지 않기를 바라는 마음 간절하다.

07.
정통 언론과
사이비 언론

 언론을 흔히 제4권력이라고들 말한다. 정부의 입법, 사법, 행정에 이어 언론을 그다음 권력으로 인정한다는 뜻은, 언론이 정치권력의 독단적 행위를 시시비비주의是是非非主義에 입각해서 견제 비판하고 민주주의의 보루堡壘로서 사회 정화라는 중요한 임무를 맡고 있기 때문이다. 그러나 언론이 이러한 사회적 공기公器로서의 역할을 제대로 다할 때 그 존재 가치가 있는 것이지 기자의 사적 감정에 따라 흉기로 둔갑시키는 경우가 있다면 이는 사이비 신문 또는 폭력 신문이라는 불명예를 안아야 마땅할 것이다.

 '사이비似而非'라는 말은 겉보기에는 진짜와 비슷하나 속은 완전히 다르다는 뜻이다. 조선 중기 때 침굉枕肱 스님이 가사집인 『침굉집』에서 사이비 승려에 대한 질책과 승려 본연의 사명인 중생 제도의 염원을 읊은 데서 비롯된 말이다. 시是(옳을 시), 비非(아닐 비) 즉 시시비비라는 뜻 역시 옳은 것은 옳다 하고 아닌 것은 아니라고 해야 한다는 뜻이다. 그런데 만일 기자가 자기의 감정대로 시를 비라 하고 비를 시라 한다면 이미 그는 기자의 자격도 없고 기자의 흉내를 내는 사이비 기자일 뿐이다.

 신문의 독자나 방송의 시청자 중에는 언론이 올바로 가는지 아닌지를 판단하기가 어려운 사람들이 많기 때문에 이러한 사이비 언론이 장기간

독버섯처럼 활개를 칠 수 있는 것이다. 이것이 바로 21세기 우리 대한민국 국민들의 의식 수준이다. 미국에도 사이비 신문이 없는 것은 아니다. 다만 시민들의 의식 수준이 높아서 사이비 신문이 오래 버티질 못한다는 차이가 있을 뿐이다.

안타까운 사실은 대부분 독자들이 신문에 났으니 그게 사실일 테지 하고 믿는다는 점이다. 이런 경우를 두고 언론계에서는 예로부터 '인쇄의 마성魔性'이라 칭해 왔다. 언론이 침소봉대해서 과장보도를 해도, 거짓말을 써도, 나아가서는 글로 폭력을 휘둘러도 독자와 시청자들은 마귀에 홀린 듯 보도가 된 내용이라면 무조건 사실로 받아들이는 어리석음을 빗댄 말이다.

의식이 제대로 된 일부 독자들로부터 비판을 당하면 사이비 기자나 그를 감싸고도는 최측근 인사들은 후안무치厚顔無恥하게도 "왜 남의 회사(언론사) 일에 간섭이냐?"라고 할지 모른다. 천부당만부당한 주장이다. 언론사가 개인회사라지만 사이비 신문의 경우 사회의 공기로서의 본연의 자세를 잃고 이미 자기네 회사 밖의 무고한 인물에게 정신적으로 큰 상처를 주고 있는데도 어떻게 다른 개인회사와 같이 취급한다는 말인가? 그게 사회의 공기로서의 언론사란 말인가?

그런데 놀랍게도 이를 보란 듯이 어긴 어느 특정 지역신문의 사례가 있다. 모든 중앙의 신문 방송이 특정 지역 지자체를 대상으로 경찰이 정치적인 과잉 수사를 한 데 대해 나무라고 있는 터에 누구보다도 그 고장을 아끼고 보호해야 할 그 지역의 특정 신문만이 아무런 근거 제시도 없이 과잉수사가 옳은 것처럼 지자체장을 비방한 사실이 그것이다. 게다가 이 신문은 마치 "이웃 군청 직원들은 열심히 일을 잘하는데 이 특정 지역

군 직원들만 일을 안 하고 빈둥대"는 양 대서특필하여 연거푸 독자들을 오도誤導했다. 정치적 압력 때문에 당시 경찰의 과잉수사가 벌어진 탓으로 군청 행정이 마비되어 직원들이 일을 할 수 없었음을 군민 및 군 의회까지도 너무도 잘 알고 있었기에 의식 수준이 있는 사람들은 이 사이비 신문 편집자의 어처구니없는 기사를 보고 허탈한 웃음을 지었을 뿐이다. 나의 판단으로는 '거짓 또는 억지 기사를 마음대로 쓴다고 한들 이 고장에서 누가 감히 토를 달겠느냐?'라고 하는, 기자가 지녀서는 안 될 오만방자함이 그런 엄청난 실수를 저질렀다고 본다. 이 얼마나 지역 발전을 위해서 해로운 존재라는 말인가? 이는 항상 올바른 이성 속에서 살아야 할 기자가 지나친 복수심에 사로잡힐 경우 어떤 결과를 낳는지 잘 보여주는 케이스로 언론학 강의 자료 중 '사이비 기자의 실례'로 좋은 경우에 해당할 것이다.

가령, 이명박 전 대통령이 독도가 우리 땅임을 전 세계에 알리기 위해 현지를 방문했다고 해서 일본 언론이 일제히 대한민국 대통령을 비방하는 기사를 보도했다고 가정해보자. 이럴 경우, 일본 언론을 잘했다고 비호하는 한국 언론이 있다면 아마도 어느 과격파 애국 청년이 그 언론사 건물을 폭파라도 할 수 있지 않을까. 정상적인 한국 언론이라면 대를 위해 소를 희생하는 자세, 즉 이 전 대통령에 대한 그간의 모든 미운 감정을 우선 내려놓고 바로 일본 언론에 항의하는 기사를 보도해야 하는 게 한국 언론의 책무라는 말이다. 이에 비추어볼 때 앞에서 실례를 든 특정 지역신문이 사이비 신문의 본보기가 아니고 무엇이겠는가.

신문이 공익을 해치는 깡패와 다름없는 기사를 써도 언론의 감시·비판 기능을 다하는 것으로 착각하는 일부 독자들은 이번 기회에 그것이 올바른 언론의 자세인지, 아니면 언론이 정신 나간 짓을 하고 있는지를 가릴 수 있는 안목을 길러나가야 할 것이다. 정의를 세우는 데 언제 다중이 가담한 적이 있던가? 비굴한 다중이 눈치를 볼 때 용감한 정의파 인사들 몇몇이 자신을 희생하면서 거사를 성공시켜 전체 사회에 행복을 가져온 경우가 오래도록 반복되어 온 인류의 역사다.

이번을 계기로, 지난날 이 고장의 평화를 망가트려 온 폭력 언론의 흉기에 찔려 마음에 깊은 상처를 입은 적지 않은 사람들이 더는 양산되지 않기를 바라는 마음 간절하다. 아울러 이 글이 이미 상처를 입은 사람들의 아픔을 단 10%만이라도 어루만져줄 수 있기를 진심으로 바란다. 그리고 이 글의 주인공에 해당하는 기자들은 이를 계기로 다시는 펜대를 악용하는 일이 없는 훌륭한 언론인들이 되어 모든 지역 독자들로부터 존경을 받는 때가 오기를 진심으로 바란다.

끝으로 전 세계의 모든 언론사 편집자들이 헌법처럼 받들고 있는 기사 작성에 있어서 준수해야 할 사항 다섯 가지를 편집자의 정도正道가 무엇인지 아직도 모르는 분들을 위해 밝힌다.

1) 사실과 다른 오보False Report는 없는가?

2) 명예훼손죄Libel and Slander는 구성되지 않는가?

3) 뉴스 가치 판단News Value Judgment에 틀림이 없는가?

4) 오타Typo는 없는가?

5) 문법Grammar, 구두점Punctuation Mark, 맞춤법Spelling 그리고 사용한 용어에 오류는 없는가?

08.
비판과 비난과 비방은
어떻게 다른가

한국 TV 방송의 토론 프로그램을 볼 때마다 아쉬운 점은 선진국의 토론 문화에 비해 많이 뒤져 있다는 사실이다. 그 이유는 출연자들이 비판批判, 비난非難, 비방誹謗을 잘 구별하지 못하는데다가 토론 진행 방식마저 서툴기 때문이다.

우선, '비판'이란 무슨 뜻인지 살펴보자. 한자가 말해 주듯 비판의 비批 자는 비평한다는 뜻이고 판判은 바로잡는다는 뜻이다. 즉, 앞서 말한 사람의 언행 가운데 어느 부분의 명확한 오류를 지적하면서 자신의 합리적인 주장과 함께 그에 대한 대안이 무엇인지를 제시하는 경우를 비판이라고 하는 것이다. 듣기보다는 사뭇 건설적이다. 다음으로, '비난'의 비非는 비방한다는 뜻이고, 난難은 힐난한다는 뜻이다. 즉, 상대방의 언행 가운데 잘못을 지적한 다음 대안은 제시하지 않고 오히려 터무니없이 헐뜯는 것을 말한다. 이 경우는 악의가 보인다. 끝으로, '비방'의 비誹는 헐뜯는다는 뜻이고, 방謗 역시 헐뜯는다는 의미다. 즉, 상대방의 언행과는 관계없이 무조건 상대방을 헐뜯고 비웃는 것을 말한다. 한마디로 파괴적이다. 따라서 듣는 이들은 비난성 내지 비방성 발언의 경우 설득력이 없어서 받아들일 수 없는 대신 비판성 발언은 건설적으로 설득력이 충분해서 양심에 비추어 속으로나마 받아들일 수밖에 없는 것이다.

개그맨들이 밑도 끝도 없이 앞서 말한 사람의 말을 끊고 "그건 그렇고" 하면서 뜬금없는 말로 상대방을 헐뜯는 발언을 할 때 좌중은 웃는다. 이는 개그맨이라 좌중을 웃기려는 의도로 그렇게 하는 것이고, 좌중 역시 개그 쇼를 즐기는 중이라 이러한 돌출 행위를 나무라지 않고 그냥 웃어넘긴다. 이런 경우 논리적으로는 분명히 개그맨이 비판이 아닌 비방을 한 것이다.

사회의 정의를 바로 세우려는 목적으로 권선징악勤善懲惡의 자세를 유지해야 하는 게 언론, 사법, 검찰, 경찰 당국이다. 이들에게는 비판적 자세가 필수불가결한 것이다. 그런데 누군가가 비판을 당하면 본인을 비롯한 그의 측근 인물 중에는 "왜 남을 비난(또는 비방)하느냐?"고 반발하는 사람들이 있다. 비판, 비난, 비방의 엄청난 차이점을 모르기 때문이다.

내가 평소 존경해 오던 인물 중에는 모진 협박, 고문 등 온갖 고초를 감수하면서도 군사독재의 악행을 끈질기게 비판하고 고발해서 독재자 측의 미움을 샀던 리영희, 송건호 등 언론인들과 함세웅 신부, 문익환, 고영근 목사 등 우리 민주 역사에 길이 남을 훌륭한 분들이 있다. 이들은 남들처럼 편한 생활을 영위할 수 있음에도 불구하고 거기에 안주하지 않고 사회정의 실현을 위해 못된 독재자를 수없이 비판해 왔다. 또한 이들은 인생의 낙원이 내세에 있지 않고 바로 우리가 살고 있는 현세에서부터 시작된다고 믿어 우리가 몸을 지니고 살고 있는 이곳부터 악을 제거해야 한다고 목청을 높여 왔다.

영적으로 높은 경지에 있는 구루Guru(영적 스승)의 눈에는 선도 악도, 아름다움도 추함도, 있음도 없음도, 삶과 죽음마저도 분별할 필요 없는 일원론一元論의 경지에 서 있어서 이 세상의 정의 같은 것은 다 하찮은 것에 불과할 것이다. 비판을 해도, 혹은 비난이나 비방을 해도 다 유치할 뿐이다. 이렇듯 구루들은 인간사회에서 일어나는 이러한 일을 측은지심惻隱之心으로 바라볼 뿐, 말이 없는 것이다. 그러나 그 경지까지 이르기엔 턱없이 부족한 사람들이 몸을 담고 살아가는 인간사회에서 어디 그게 가능한 소견법消遣法(세월을 보내는 방법)인가?

평소 모범 경찰관(또는 언론인, 검사, 판사 등)인 줄 알았던 자가 도둑을 잡으라고 준 권총을 들고 필요할 때마다 살인강도 짓을 한다면 세상에 이보다 더 큰 악은 없을 것이다. 따라서 정의의 펜대(비판)는 어느 사회악보다도 이 악부터 먼저 고발해야 함은 너무도 당연하다.

비판은 고발정신과 개선 그리고 발전을 낳는다. 앞서가는 나라들의 국민들은 부정, 불법, 비리를 그냥 넘기지 않고 자신이 본 즉시 당국에 고발하는 일을 올바른 시민의 도리라고 믿는다. 다른 사람의 학문적인 우월함을 칭찬하고 부족함을 지적하는 비평(예술 분야에서는 비판을 '비평'이라 한다) 역시 값진 것이다.

비판과 비평을 하기 위해서는 지혜와 용기가 필요하다. 하지만 지혜도 용기도 필요 없는 직설적이고 자연스런 비판 문화가 생활화되어야 한다. 이에 대한 교육이 우리 사회의 발전을 훨씬 앞당길 것이다.

09.
김대중 기자가
'당대 최고의 칼럼니스트' 라고?
– 조선일보의 인터뷰 기사를 보고

일제강점기 때 머리가 좋기로 소문 난 당대의 문장가 육당 최남선과 춘원 이광수 등 수많은 원래의 애국자들이 한때 독립운동에 헌신하다가 변절, '한민족 된 자는 일왕에 절대 충성해야 한다'는 요지의 글들을 통해 우리 젊은 세대를 현혹, 희생시키는 등의 행적으로 몇 해 전 민족문제연구소가 발간한 '친일인명사전'에 대표적인 악질 친일파들로 기록돼 역사의 심판을 받은바 있다.

박정희 쿠데타 이후 '5적' 시 등으로 감옥에 갔던 당시의 대표적인 민주투사요 문장가였던 김지하 시인도 옥고를 치르고 나온 후 하루아침에 변절자로 돌변, '죽음의 굿판을 걷어치워라' 라는 글 등 독재자의 마음에 드는 글을 써 민주화 운동을 하던 선후배 및 동지들에게 큰 실망과 배신감을 안겨줬고 많은 사람들이 우러러보았던 그의 찬란했던 이미지는 하루아침에 쓰레기 같은 지저분한 존재로 추락했다.

이렇게 머리 좋은 사람들 중에 변절자나 궤변을 일삼는 자가 많은 이유는, 강자에 빌붙어서라도, 또 남을 괴롭혀서라도 어떻게 하면 남보다 더 나은 생활과 위치를 향유할 수 있을까에만 치중한 나머지 물질 만능과 명예욕만을 추구하는 인생관 때문일 수도 있고 또는 지식은 해박한데 세상만사를 구분, 식별하는 의식 수준의 미달에서 오는 경우도 있을 것이다.

조선일보의 고문, '김대중 기자의 50년 기자 생활'을 기념하기 위해 얼마 전 조선일보는 그와의 인터뷰 기사를 실었다.

그러나 이 기사에는 그의 '지우고 싶은' 흔적들은 슬쩍 숨긴 채 칭찬 일변도의 글, 또는 그를 변명해 주는 글로 일관, 의식이 올바른 독자들의 혀를 차게 했다. 더구나 김 기자를 "당대 최고의 칼럼니스트"라고 이 기사에서 치켜세우며 "대통령이나 정부가 잘한다는 글을 쓰고 싶지 않았다"느니, "내가 보수를 대변한다는 말이 싫다"는 등, 너스레를 떠는 내용에 가서는 비웃음이 절로 나왔다. 그건 모든 독자나 현직 언론인들이 평가할 내용이지 자기 신문사 고문을 같은 신문사 기자와의 인터뷰를 통해 치켜세움은 누가 봐도 '아전인수'가 아닌가. 특히 김 기자는 월드스트리트저널이 김대중 대통령이 당선된 것에 대해 호감 어린 기사를 썼을 때, 이를 반대로 뒤집어 깎아 내리는 기사를 월스트리트저널이 보도한 것처럼 조작 보도하는 등 국내의 특정 정당을 돕기 위해서는 거짓말 기사도 마구 써 왔던 사이비 기자인데 이런 자를 "당대 최고의 칼럼니스트"로 치켜세운다면 말이 되겠는가.

김대중 기자가 사회부장 때 광주민주항쟁 현장을 취재했다.

"광주시를 서쪽으로 들어가는 폭 40미터의 도로에 화정동이라는 이름의 고개가 있다. 그 고개의 내리막길에 바리케이드가 쳐져 있고 그 동쪽 너머에 '무정부 상태의 광주'가 있다. 쓰러진 전주·각목·벽돌 등으로 쳐진 바리케이드 뒤에는 총을 든 난동자들이 서성거리고 있는 것이 멀리서 보였다."

이 기사가 보도된 지 불과 10여 년이 지나고 민주 정권이 들어서자 군사독재 정권과 조선일보가 '난동자, 폭도'들로 규정했던 당시의 희생자들은 '조국의 민주 역사'에 길이 빛날 '애국 열사'들로 재평가 받았고 그들이 묻힌 망월동 묘지는 '국립묘지'로 성역화 됐다.

하지만 일제 때의 치욕스런 조선일보의 친일 행적부터 6.25 때 인민군이 서울에 입성하자 "미 대사관 해방, 조선민주주의인민공화국 만세"(1950년 6월 28일 호외), 광주민주항쟁 당시의 현지 기사, 이번 인터뷰 기사에 이르기 까지 조선일보는 단 한 번도 이 엄청난 실수들을 국민과 독자들 앞에 사과한 적이 없을 뿐 아니라 거짓 기사는 지금도 계속되고 있을 뿐이다.

1997년 12월, 조선일보가 이회창 당시 한나라당 후보만을 추켜세우는 보도를 계속함을 보고 조선일보 사옥 앞에 야당 당원들이 몰려와 항의 시위를 했을 때 만취 상태의 김대중 기자(당시 주필)가 나타나서 "너네들, 내일 모레면 끝이야. 국민회의, 국민신당 너희는 싹 죽어, 까불지 마. 내일 모레면 없어질 정당이야…"라고, 기자로서는 할 수 없는 오만방자한 말을 쏟아냈다. 그 후 김 기자는 이에 대해 사과 한마디 없었다. 제대로 된 신문이었다면 이 사건 하나만으로도 그는 기자직에서 쫓겨났어야 했다.

2000년, 신문의 날을 맞아 한국기자협회에서 실시한 기자들의 여론조사에서 '현존하는 가장 존경하는 기자'로 선출됐던 리영희 기자(당시 투병 중)는 저널리즘, 대학 강단, 그리고 저술 등 다양한 활동을 통해 한국의 정의감 혹은 양심을 대표했던 분으로, 내가 존경하는 선배 중 한 분이다.

이분이 조선일보 외신부장 시절, 수습기자 김대중을 지도한 적이 있는데 그 내용을 저서 '대화'에서 다음과 같이 밝히고 있다.

"그들(수습기자 6명)은 머리가 좋았던 만큼, 외신부에 들어와서 접하게 되는 세계정세와 인류사적인 변혁과 사건들에 대응해 이해하는 속도가 무척 빨랐어요.

그 세대들을 어려서부터 교육하고 세뇌했던 병적인 반공주의 사상도 나의 시각 교정·의식 수정 노력에 의해서 놀랄 만큼 교정되어 곧 정상적 가치판단을 하게 됐죠. 그랬는데 그 가운데 김대중 군은 사사건건 반공주의만 고집하는 거예요.

베트남 전쟁, 중국 혁명, 제3세계 인민들의 진보적 운동에서 도도한 시대정신의 세례를 받으면서도, 김대중 군만은 어렸을 때부터 받아 온 그 낡고 비이성적인 극우반공주의자라는 의식의 틀을 깨질 못하더라고.

나는 다른 견습(수습)기자들은 잘 가르치고 훈련시키면 우수한 저널리스트가 되겠지만, 김대중 군만은 어렵겠다고 실망했어. 그런데 훌륭한 저널리스트가 될 것으로 믿었던 기자들은 1974년에 일어난 언론자유 수호 투쟁 때 앞장섰다가 다 쫓겨났어.

반대로 도저히 구제하기 힘들겠다고 생각했던 그 김대중 기자만은 그대로 남아서 논설주간이 되고, 주필이 되고, 한국 여론을 쥐고 흔드는 막강한 『조선일보』의 상징적 존재가 되었더군. 이거야 말로 내가 일궈낸 최고의 성과(언론자유 투쟁)인 동시에 최악의 성과(김 기자)였어." 김대중 기자 및 조선일보를 명확하게 파악한 언론계 대선배의 평가다.

특히, 이번 인터뷰 기사에서 눈에 뜨이는 대목은, 김대중 기자는 "거의 모든 정권에 눈엣가시 같은 존재, 때로는 어딘가 딴 곳으로 '치워버리고 싶은' 기자였다"는 호들갑이다. 과연 그런가? 5.16쿠데타 이후, 단 한 번도 조국 민주화를 위해 '바른 말을 한 언론인'의 이미지를 준 적이 없는 기자, 거기에 김대중, 노무현 등 민주 정권 이전의 모든 독재 정권 및 준 독재 정권이라 불리는 이명박근혜 정권과 불화한 적이 전혀 없는 기자, 하물며 국가정보원 대선 개입을 비판하는 글을 단 한 번도 쓴 적이 없는, 기자 아닌 기레기(기자 쓰레기)임을 아는 독자들의 실소를 자아내지 않겠는가.

그렇다, '정권이 치워버리고 싶은 기자' 생활을 하는 언론인이야 말로 '가장 올바른 기자의 표본'임은 기자 세계의 상식이다. 그러나 어떻게 그러한 존경의 대상에 김대중 기자의 이름이 거명될 수 있을까? 그보다는, 김대중 기자야말로 시대에 등을 돌린 그 많은 '기레기'들 중 대표선수로, '왕초 기레기'였다는 게 리영희 선생의 평가에서 확연히 드러나고 있지 않은가. 김대중 기자는 '의인은 죽어서도 외치지만 사이비들은 살아서도 입에 스스로 재갈을 물고 산다'는 진리를 뒤늦게라도 깨달아야 한다.

진실로 '정권이 치워버리고 싶은 기자'였다는 평가를 들어야 할 대상은 바로 리영희, 송건호(한겨레신문 창간 발행인 겸 편집인), 그리고 그분들을 존경하고 따르는 후배 기자들이다. 김대중 기자처럼 아세곡필로 독재 정권의 예우를 받아가면서 호의호식할 줄도 모르고, 오로지 나라와 민족의 앞날을 위해 예리한 정론을 통한 민주 언론 투쟁으로 여러 차례 감옥에 드나들며 고초를 당했던, 그래서 대부분의 양심이 있는 기자들이 우러러보는 선배 기자들이기 때문이다.

기자가 글을 쓸 때 항상 염두에 두어야 하는 철칙은 '과연 이 글이 30년 후에 읽혀도 독자들이 고개를 끄덕일 수 있는 글인가?'를 자문해가면서 글을 써야 한다는 것이다. 수려한 문장력으로 진실을 왜곡하는 거짓 글에서 어찌 진실성을 발견하겠는가.

또 김대중 기자는 김대중 대통령(당시 73세)과 김종필 당시 총리(당시 71세)에게 "나이가 많으니 그 자리에서 물러나야 한다"고 주장했다. 김 기자가 진실로 양심이 있는 기자라면 자신이야말로 이미 7년 전에 조선일보를 떠났어야 앞의 자기 주장이 설득력이 있지 않을까? 그러나 김 기자는 77세가 된 오늘도 그 자리를 뜰 생각을 않으니 그 문제도 본인의 경우에는 해당이 되지 않는가?

4천여 명의 악질 친일파 명단이 실린 '친일인명사전'은 친일파 정권의 물심양면의 방해를 받아 가면서 민족 양심이 올바른 인사들의 끈질긴 노력 끝에 광복 60여 년 만에 어렵게 발간됐다. 그렇다면 이제 어느 날, 많은 국민들이 바라는 '반민주반민족인명사전'이 발행된다면 과연 김대중 기자의 이름은 거기에서 몇 번째의 비중을 차지할까가 몹시 궁금해진다.

시 대 의 어 둠 을 밝 힌 다

제IV부.

조국을 향한 구원의 기도

:

박근혜 대통령이 부정선거와 무관하다고?

아쉬운 박근혜 대통령의 인생철학

북한을 팔아야만 유지되는 자신 없는 정부

미국서 바라본 세월호

박정희의 노리개로 희생된 영화배우 김삼화의 일생

박정희 김삼화 기사와 영상 조회 수 이백오십만을 넘어

천안함 침몰 원인, 이제 진실을 밝혀야 한다

국제법에 어긋나는 '북방한계선'

한국 경제는 미국이 일으켰다

쿠데타 성공으로 18년간 집권한 박정희의 실체

사이비 애국자 초대 대통령 이승만의 실체

중국 대륙에 건재했던 신라, 백제, 고구려

경주인慶州人의 조작 역사와 호남인湖南人의 왕따

수천 청중을 기만했던 한국 최대의 오페라단

가슴 아픈 강진 문화재의 추억

내가 생각하는 이상적인 장례식

01.
박근혜 대통령이
부정선거와 무관하다고?

사이비 애국자 이승만이 저지른 1960년 3·15부정선거 이후 50여 년간 우리나라 역대 정권 중 국정원, 국방부, 군 사이버사령부, 보훈처, 국토부 등 필요한 정부 기관을 총동원해서 총체적인 부정선거를 저지른 정권은 이명박 정부 말고는 없을 것이다.

박정희가 쿠데타로 집권한 이후 독재자들이 치른 선거야 말할 가치도 없는 대상이고, 이명박 정권처럼 상상도 할 수 없는 2천2백만 건의 댓글로 후임 대통령을 선출한 정권은 없었다는 뜻이다.

이명박은 자신이 저질러놓은 4대강 등 수많은 비리와 후보 시절에 많은 국민들이 알아버린 BBK 사기 사건 등으로 청와대를 떠난 후 다시 법의 심판을 받을 것이 두려웠을 것이다. 그래서 자기를 절대로 감옥에 보낼 수 없도록 박근혜 후보를 미는 보험에 들 수밖에 없었을 것이다. 따라서 그가 누이 좋고 매부 좋을 총체적 부정 선거를 생색내기 차원에서라도 당사자인 박 후보에게 사전에 알리지 않았겠냐는 추측은 얼마든지 가능한 것이다.

그럼에도 불구하고 박근혜 대통령은 국정원 대선 공작 문제가 터지자, "나는 관여하지 않았다. 왜 그런 일이 생겼는지 전혀 알지 못한다. 국정원으로부터 어떤 도움도 받지 않았고 선거에 활용한 적도 없다"며 자신의 결백을 주장했다. 그런데 그토록 자신이 결백하다면 한 나라의 대통령으로서 왜 그토록 어마어마한 죄를 지은 전임자를 아직도 구속하지 않고 있느냐는 점이다. 그토록 떳떳하다면 왜 부정선거를 제대로 파헤치려는 채동욱 검찰총장과 윤석열 수사팀장 그리고 해당 지역 경찰의 권은희 수사과장 등을 납득할 수 없는 억지 이유를 붙여 몰아내고 괴롭혔냐는 것이다.

또한 단순한 관권 개입보다 수사 방해가 더욱 커다란 범죄임에도 불구하고 검찰과 경찰을 통해 수사를 방해한 사실은 어떻게 설명할 것인가? 부정선거를 자행했으므로 감옥에 보내야 할 사이버사 요원들에게 오히려 정부가 표창한 어처구니없는 짓은 또 무어라 변명할 것인가? 마땅히 표창 받아야 할 대상은 부정선거를 파헤치려던 채동욱, 윤석열, 권은희 등 정의로운 공직자들이 아닌가?

박 대통령이 집권 후 1년간 이 나라의 대통령으로서 누가 봐도 떳떳하고 공정하게 국가기관을 동원한 부정선거 당사자들을 의법 처리했다면 최근 『한겨레신문』이 박 후보를 지지했던 유권자들을 상대로 시행했던 표적 집단 심층좌담[FGD]의 참여자 8명 중 3명이나 지지를 철회하지는 않았을 것이다. 나머지 중 3명마저도 박 후보 계속 지지가 아닌 유보를 택했다. 결과적으로 박 후보를 지지했던 사람들 중 50%만 계속 지지를 표명한 셈이다.

또한 최근 '리서치뷰'가 휴대전화 가입자 1천 명을 대상으로 정례 조사를 실시한 결과 지난 대선 때 박근혜 후보 투표층 471명 중 39명(8.3%)이 경찰이 국정원 대선 개입 의혹에 대한 수사 결과를 사실대로 밝혔을 경우 문재인 후보를 찍었을 것이라고 답했다. "문재인 후보에게 투표했을 것"이라고 응답한 8.3%를 박근혜 후보 득표율 51.55%에 대입할 경우 4.28%에 해당하는 수치이다. 이 값을 두 후보 득표율에 반영할 경우 박근혜 후보는 '51.55%→47.27%', 문재인 후보는 '48.02%→52.3%'로 나타나 문재인 후보가 5.03%p나 앞서 당선되었을 것이라는 결과가 나왔다. 그 밖에도 언론노조는 "MB정권 때보다 박근혜 정부가 언론 탄압이 더욱 심하다"는 이유로 '언론 정상화'를 요구하며 무기한 농성에 돌입하는 사태에까지 이르렀다.

광복 후 처음으로 김대중·노무현 두 정권 때 10년 동안 표현의 자유를 만끽했던 국민들은 이명박 정부 들어서서 민주주의가 엄청나게 후퇴한 상황을 보고 놀랐다. 그런데 박근혜 정부가 이명박 정권 때보다 더하다는 사실을 깨달았다. 한 마디로 박근혜 정부는 현 정국을 아버지가 다스리던 유신 시절로 되돌려놓고 있는 것이다.

사실은 그동안 이명박 정권에 실망한 수많은 국민들은 후임 박 대통령이 독선과 권위주의를 버리고 국민과 소통하기를 바랐다. 그리하여 민주주의를 갈망하는 비판 세력을 '종북', '용공'으로 억지 매도하지 않고 오히려 귀 기울여 민주주의를 바로 세워주기를 바랐다. 그랬다면 온 국민은 기뻐 열광했을 것이다. 나아가서는 현명한 효녀 대통령 덕분에 독재자 아버지의 악랄한 이미지도 조금이나마 희석될 수는 있었을 것이다.

수많은 국민들이 분노하는 '총체적 부정선거 비호 또는 불인정 자세', '소통 미흡', '공기업 민영화 시도와 8천 5백여 명의 철도 노동자들을 직위 해제한 대대적인 노동 탄압', '공약들의 미이행', '독단적 국정 운영' 등이 납득할 수 있는 수준으로 확실히 바뀌지 않는 한 대부분 국민들은 앞으로 두고두고 박근혜 정부를 불신할 것이며, '대통령직 사퇴'를 요구하는 함성은 더더욱 고조될 것이다.

박근혜 대통령은 '워터게이트 사건'으로 쫓겨난 닉슨 미국 대통령이 불법 도청보다는 수사 방해와 거짓말로 인해 탄핵되었다는 사실을 잊지 말아야 한다. 닉슨의 경우는 이명박의 국가기관을 총동원한 부정선거와는 그 죄질이 비교가 안 된다. 당선 후 1년간 국민을 기만한 국가기관 부정선거의 몸통인 이명박의 구속은커녕 그를 보호하는 자세로 일관해 온 잘못을 바로잡아 당장이라도 구속 조치해야 한다. 그렇게만 한다면 대부분의 국민들은 비로소 "역시 아버지와는 다르다. 우리가 그간 박 대통령을 오해했었군" 하며 박수를 치지 않겠는가?

02.
아쉬운 박근혜 대통령의
인생철학

이 세상이 '인간의 영적 훈련소'라는 사실은 18세기를 거쳐 20세기 중엽에 이르기까지 죽음 뒤에 오는 세상을 연구해 온 수많은 정신의학 박사들과 영적 능력자들의 연구로 이미 밝혀진 지 오래다. 이 말은 우리 인생이 이 세상으로 끝나는 게 아니라 우리가 이 세상에 온 목적(영적 진화)대로 훌륭하게 훈련(교육)을 받은 사람들의 경우, 새로 태어나는 저세상은 육신이 없으니 고통이 없고 평화로우며 아름답고 행복한 삶을 이어가는 반면, 그렇지 못했던 이기적인 사람들은 가엾게도 저세상의 지옥, 고통 속에서 살아가야 한다는 뜻이다. 다시 말하면, 이 세상에 사는 동안 남을 위해 베풀고 살았느냐 아니면 탐욕 때문에 남을 괴롭히고 살았느냐에 따라 본래 왔던 곳, 즉 본향으로 돌아간 후에 펼쳐지는 새로운 삶이 천국 또는 지옥으로 갈리게 된다는 뜻이다. 그러므로 영적 세계에 대해 어느 정도의 예비지식이 있는 사람이라면 누구나 스스로의 탐욕 때문에 남을 괴롭히는 어리석음을 범하여 사후에 지옥으로 떨어지려 하지 않을 것이다. 부끄러운 고백이지만 나 역시 60세에 이르러서야 비로소 이러한 진리를 터득했다.

만일 박정희가 이러한 내세관을 일찍 터득했더라면 자신의 탐욕 때문에 민족을 배신하고 일본군 장교가 되어 독립군을 토벌하는 데 앞장서지는 않았을 것이다. 그러고도 기회주의자답게 다시 국군에 편입하여 남로당 군 총책에, 여순반란사건 주모자의 한 사람으로서 재판에서 자기만 살려고 당 조직을 수사 당국에 넘겨 당원 동지 7백여 명을 처형시키고 4천여 명을 투옥시키지도 않았을 것이다. 게다가 미국을 등에 업고 쿠데타를 일으켜 독재자가 된 후 수많은 애국자들을 빨갱이로 몰아 살해했을 뿐 아니라, 희대의 독재자 히틀러도 하지 못했던 250여 명(이 수는 박정희 집권 말기 3년간에 걸쳐 벌어진 일로 그 전 15년간은 확실한 통계가 없다)의 여인들을 안가로 불러들여 추잡하고 악랄한 수욕을 채우지는 않았을 것이다. 그러나 그는 사후의 세계에 대해 너무도 무지했던 탓으로 이러한 엄청난 만행을 저질렀다.

그의 딸 박근혜 대통령은 어떤가? 온 국민을 속인 총체적 관권부정선거로 당선된 그녀는 자신은 "부정선거와 무관하다"면서도 부정선거를 자행한 악당들을 사법처리하기는커녕 진실을 밝히려던 채동욱 검찰총장을 찍어냈으며, 윤석열 수사팀장 징계, 수사팀 물갈이, 권은희 경정의 승진 누락 등 부정선거의 몸통인 전임 이명박 정권의 비서실장이나 할 수 있는 짓을 서슴지 않았다. 그런가 하면 근 반세기 전 아버지가 진실한 애국자들을 괴롭힐 때 써먹었던 '종북', '빨갱이'의 딱지를 통치의 수단으로 활용하는 등 '북한이 없었다면 이 정권이 존립이나 할 수 있을까?' 하는 의구심이 들 정도의 기행을 계속하고 있다. 그런가 하면 한편으론 야스쿠니신사 참배, 역사 왜곡, 독도에 대한 거짓 주장을 하는 일본을 향해서는 "역사를 잊는 자 미래를 보지 못한다(외교부 성명)"고 꾸짖기도 했었다.

아버지가 군사 쿠데타를 합리화하고 자신의 친일 행각을 변명했던 사실이 아직도 기억에 생생한데, 이제 와서 딸은 교학사의 '거짓말 역사 교과서'를 통해 이를 덮으려는 어처구니없는 짓을 자행하려고 했다. 그러나 결과적으로 여동생 박근령 씨가 이사로 있다는 고등학교 한 군데를 제외하고 이 교과서는 똑똑한 국민들로부터 모두 보이콧을 당했다.

이렇게 99.9% 민의의 행방을 확인했다면 민주 대통령답게 이를 뉘우쳐 바로잡을 생각을 해야 마땅할 것이다. 그럼에도 그녀는 교학사의 가짜 역사 교과서를 선진국에서는 유례없는 국정 교과서로 둔갑시켜 국민들의 뜻과는 정반대로 밀어붙이려 했다. 이러한 준독재적 자세는 일본을 향해 "역사를 잊는 자, 미래를 보지 못한다"고 꾸짖었던 자신의 말을 스스로 되받아야 마땅하다. 이는 또한 그녀 스스로 역사의식이 결여되어 있음을 반증한 것이다. 전 세계 독재자들이 그들의 못된 행적을 수단 방법을 가리지 않고 덮어보려고 애를 썼음에도 불구하고 후대에 결국 밝혀지고 만다는 사실, 바로 그게 역사라는 것이다.

미국 철학자 산타야나^{George Santayana}(1863~1952)는 "과거에서 배우지 못하는 사람은 과거를 되풀이하기 마련이다"라는 말로 과거 역사 이해의 중요성을 역설했다. '역사에서 교훈을 얻는 일'이야말로 아무리 강조해도 지나치지 않다는 뜻이다.

오죽하면 전번 전국기독교평신도회 시국기도회에서 박경양 목사(전국 목회자정의평화실천협의회 공동대표)가 "박근혜 대통령은 아버지 박정희 정권과 일란성 쌍둥이라고 할 만큼 닮아가고 있다. 박 대통령은 불행한 역사에서 아무것도 배우지 못한 듯이 아버지 행적을 뒤따라 하고 있다"고 한탄했겠는가. 또한 대선 공약을 줄줄이 폐기하여 '약속 대통령'이라는 말이 거짓이었음을 입증하고 있는데, 이에 대해 국민이 납득할 만한 변명을 전혀 내놓지 못하고 있다.

세계 최대의 신문 『뉴욕타임스』 2014년 1월 13일자 「정치인과 교과서」라는 제목의 사설을 보면 "일본의 아베 신조 총리와 한국의 박근혜 대통령이 자국의 고교 역사 교과서에 자신들의 정치관을 반영해 다시 쓰도록 밀어붙이고 있다"고 싸잡아 비판하고 있다. 『뉴욕타임스』 등 외신이 일본의 역사 왜곡과 우경화를 비판한 것은 새삼스러운 일이 아니겠지만, 이번에 한국까지 동급으로 취급한 것은 너무도 충격적이다. 이 신문은 이어 "박 대통령은 지난해 여름, '친일은 일제의 강압에 의한 것'이라고 쓴 새 교과서를 승인하도록 교육부에 압력을 가했다. 오늘날 한국의 전문가와 엘리트 관료의 상당수는 친일파의 후손"이라고까지 지적했다.

물론 이 모든 것이 사실이지만 세계 최대 신문으로부터 이런 지적을 받는 것은 심히 부끄러운 일이다. 물론 그런 빌미는 박근혜 대통령 자신이 제공한 것이니 달리 할 말이 있을 수 없다. 아버지가 그 많은 친일 장교 중 유일하게 자신의 손가락을 잘라 혈서로 일본 천황에게 "개나 말이 된 듯 충성을 다하겠다(犬馬之忠誠)"고 맹세한 사실을 박근혜 대통령도 알 것이다. 또 청와대 안에서도 아버지가 일본군 장교복과 일본도를 즐겨 착용하여 내방객들을 놀라게 했던, 뼛속까지 친일파였던 아버지의 행동도 봤을 것이다.

이 밖에도 "주로 노년층의 여성들과 퇴역 한국 군인을 돈을 주고 고용해서 한국 민주노총과 철도노조를 지지하며 벌인 연대시위를 못 하게 막고 겁을 주려 했으며, 프락치를 고용하여 시위대에 위장 투입한 후 국가보안법과 제주 해군기지 건설을 지지하고, 한국 철도 민영화와 싸우는 한국 노동자들을 공격하는 피켓을 들게 했으며, 심지어는 북한을 대표하여 노조를 지지한다는 피켓을 들어 마치 북한이 배후에 있는 것처럼 보이도록 '종북 위장'까지 했다"고 보도한 샌프란시스코의 『독립미디어센터The San Francisco Bay Area Independent Media Center』 등 온 세계의 언론은 부정선거로 당선된 박근혜 대통령 및 그의 비정상적 정책 관련 기사를 내보내고 있으니, 참으로 대한민국을 조국으로 둔 자로서 창피해 못 살 지경이다.

이제라도 박근혜 대통령은 올바른 역사의식을 갖고 교학사 거짓 교과서나 국정교과서로 국민들을 속일 꼼수를 부리지 말아야 한다. 아버지를 비롯한 전 세계 모든 독재자들의 못된 행적이 혼신의 노력에도 불구하고 끝내 후세에 밝혀지고 만다는 사실을 상기해야 한다. 그리고 겸허한 자세로 자신의 발자취를 냉철하게 돌아봐야 할 때다. 이미 지나간 2년은 시행착오의 기간으로 간주한다고 쳐도 앞으로 남은 임기는 고작 3년이다. 지금이라도 무엇이 이기적인 삶이고, 무엇이 베푸는 삶인지를 분명히 구분할 줄 알아야 할 것이다.

박 대통령은 당장 이명박 일당을 부정선거의 원흉으로 잡아 가둬야 한다. 그리고 "비정상화를 정상화"하겠다는 대통령의 결의대로 국가 기강 바로 세우기에 혼신을 다해야 한다. 그렇게만 한다면 온 국민이 박근혜 대통령을 환호할 것이다. 또한 그간 사실 보도로 대통령 자신과 대한민국의 체면을 땅바닥에 떨어뜨렸던 외신들도 박근혜 대통령을 찬양하는 보도로 경쟁할 것이다. 그게 길게 사는 길이요, 자신의 현세를 편안하게 그리고 내세를 행복하게 하는 길임을 이제라도 깨달아야 한다. 비단 이것이 박 대통령 부녀에게만 해당되는 얘기이겠는가?

화엄종의 창시자인 신라의 고승 의상대사義湘大師는 다음과 같은 말을 남겨 후배 스님들을 가르쳤다. "갔다, 갔다 하지만은, 그곳이 바로 본래의 그 자리요, 왔다, 왔다 하지만은 그곳이 바로 떠난 그 자리다." 즉, 시작과 끝이 다르지 않고 '하나'라는 뜻으로 일즉다^{卽多}, 다즉일^{多卽一}이라는 말과 통한다.

이 경지를 이해하는 정치인이라면 맑고 밝은 정치가 이룩되는 것이고 눈에 보이는 것이 전부라 믿는 정치인이라면 흐리고 썩은 정치밖에 할 수 없는 법이다.

03.
북한을 팔아야만
유지되는 자신 없는 정부

　북한을 구경하고 느낀 것을 써서 통일에 기여했다며 대한민국 문화체육관광부는 신은미 씨의 책을 '우수도서'로 선정, 전국 도서관에 배포했다. 통일부 역시 같은 이유로 다큐멘터리 영화까지 찍었다. 최근 정부가 토크콘서트는 종북이라며 신 씨와 황선 씨를 국보법 저촉으로 몰자 내사에 착수했던 경찰마저 신 씨의 책에 "'북한 지상 낙원' 발언 내용이 없다"고 발표했다.

　나 역시 지금껏 양심에서 우러나는 글을 써 온 터라, 전 세계 여행을 즐기면서도 오래전부터 꼭 한 번 구경하고 싶은 우리 동포들의 땅 북한만은 억지 쓰는 사람들에게 '종북'으로 이용당하지 않으려고 조심스럽게 제쳐놓은 사람이다.

　신 씨의 여행기에 호기심이 생겨 혹시 못 들은 새로운 내용이라도 있나 하여 전문을 읽어봤다. 하지만 여행 중 눈에 보이는 내용과 사람들과의 교류 등을 제외하고는 어디 한 군데 북한 당국을 찬양한 구절을 발견하지 못했다. 이는 문체부도 통일부도 경찰도 나처럼 이 책의 내용이 남북통일에 기여한 것일 뿐 '종북'과는 전혀 거리가 멀다는 사실에 동감했다는 말이다. 따라서 신씨는 '종북 분자'가 아니라 남북평화통일에 기여한 '애국자'가 옳다. 그런데도 한국 정부는 미국 국적을 가진 신 씨를 강제 추방했다. 그렇다면 신 씨를 칭찬했던 두 부처의 장관 등 관련 공직자들에게도 상응한 벌을 주었는가? 아니었다. 이건 정부가 또다시 상식 밖의 짓을 했음을 입증한 것이다.

하긴 지금까지 정부가 한 짓을 보면 이번 일이 그렇게 특별한 일도 아니다. 지금껏 정부는 가짜 간첩을 만들어 두었다가 필요할 때 언론에 대대적으로 터트려 정부의 비리나 부정에 총집중하고 있는 국민의 시선을 그쪽으로 돌려 희석시켜 왔기 때문이다. 이처럼 선거에 여당이 유리하도록 북한을 파는 장난을 친 경우가 어디 한두 번이었던가. 그러니 정부의 이 졸렬한 짓이 일어날 때마다 놀랍기보다 또다시 코웃음이 터지곤 하는 것이다. 이번 일도 보면 한국 정부가 어떻게 엮어 봐도 신 씨를 '종북'으로 몰 내용이 없으므로 유죄 처리하기 어렵다는 사실을 인지했음이 분명하다. 그러나 신 씨를 국보법으로 걸어 입건한 마당에 그냥 풀어줄 수는 없었을 터이다. 그래서 정부의 체면이나 세우자며 강제 추방이라는 억지 춘향 노릇을 했음이 역력하다.

이처럼 북한이 없이는 존립할 수 없는 것이 한국 정부이다. 만일 정상적인 정부였다면 오히려 통일부가 신 씨를 통일 홍보대사로 활용하여 전국 순회강연을 하도록 요청할 수도 있었을 것이다. 그리하여 국민들이 그동안 잘못 생각하고 있던 북한 주민들의 실상을 이해시키는 효과도 거둘 수 있었을 것이다. 그렇게 하면 박근혜 대통령이 신년인사회에서 밝힌 "정부는 통일이 이상이나 꿈이 아니라 구체적인 현실로 구현될 수 있도록 실질적인 준비와 실천에 최선을 다해 나가겠다", "통일은 대박"이라는 말 등이 허언이 아님을 입증할 수도 있었다. 그러나 정부는 말로만 '통일'을 외치며 국민을 속일 뿐 사실은 통일에 전혀 무관심한 자세로 일관하고 있다.

오죽했으면 김일성종합대학교를 나온 탈북자 출신 주성하 기자(동아일보 국제부)마저 신 씨에 대한 종북몰이를 '마녀사냥'이라고 했겠는가. 주 기자는 '서울에서 쓰는 평양이야기'라는 개인 블로그를 운영 중, 잇따라 이와 같이 충격을 안겨주는 글을 써서 보수 언론인들의 양심을 찌르고 있다. 주 기자는 지난 11월 "조선일보가 '신은미가 황선과 강남에서 종북 콘서트를 하고 북한을 지상낙원이라고 찬양했다'고 보도하면서 보수층이 분노하고 나섰고, 이 문제가 우리 사회를 당장 무너뜨릴 이슈라도 되는 양 연일 떠들어댔다. 또 신은미가 북한 통전부의 지령을 받고 국내에서 활동한다고 낙인찍지를 않나, 개인사를 캐내지를 않나… 아무튼 이건 너무 심각했다"며 신 씨를 '종북'으로 낙인찍어 문제를 만들어낸 조선일보를 질타하면서 대한민국 사회가 지금 왜 이렇게 이성을 잃었는지 모르겠다며 탄식했다.

또한 주 기자는 "나는 연말에 이슈가 됐던 네 가지 사건을 지켜보며 우리 사회의 건강성에 대해 다시금 생각하게 됐다. 그 네 가지 사건은 신은미 종북 콘서트 사건, 북한을 테러지원국으로 몰고 갈 수 있는 소니 해킹 사건, 통진당 해산 결정, 전작권 포기 등이며, 나는 이 모두를 지켜보면서 찜찜한 생각을 금할 수 없다"고 밝혔다. 그의 글들은 '탈북자' 하면 대북 전단 풍선이나 띄우고 친정부 집회나 하는 사람들 정도로 여겨 온 고정관념을 여지없이 허무는 신선한 충격이 아닐 수 없다.

이러한 동아일보 주 기자의 글은 그가 북한의 엘리트 출신이라는 데서 진보 매체의 기자들의 같은 내용의 글에 비해 호소력이 강하다. 따라서 보수 정권이나 동아일보 내부에서는 환영받지 못할 것임이 자명하다. 따라서 주 기자가 과연 얼마동안 그 자리를 유지할 수 있을까 하는 불안감이 엄습해 오는 게 대한민국 정치사회의 현주소다. 그럼에도 불구하고 현 정부는 그간의 실정을 메우기 위한 노력을 기울이기보다는 오히려 그 반대방향으로만 달리고 있으니 참으로 안타깝기 그지없다.

많은 경제학자들이 주장하고 있듯이 어려움에 처해 있는 한국 경제를 살리는 방법은 무궁무진한 지하자원을 가진 북한과의 경제 협력으로 7천5백만 겨레가 같이 손 맞잡고 나가는 길뿐이다. 물론 거기에는 근거도 없는 추측만으로 소니 영화사 해킹이 북한의 짓이라고 단정함으로써 현재 추진 중인 남북 고위급 회담에 찬물을 끼얹고 있는 미국의 반대가 힘든 걸림돌이 될 것이다. 하지만 미·일·중·러 4개 열강과 대등한 외교를 펼쳐 남북 관계를 개선해 나갔던 김대중· 노무현 정부의 업적을 돌이켜본다면 현 정부 또한 이를 극복하지 못할 이유가 없을 것이다. 정세현 전 통일부 장관이 밝혔듯이 부시 행정부가 북한을 '악의 축'으로 규정하고 군사공격을 하기 직전 김대중 정부가 젖 먹던 힘을 다해 부시를 설득함으로써 이 계획을 끝내 무산시켰던 역사적 사실을 상기할 필요가 있을 것이다.

한국의 차세대 전투기 개발 사업을 중단시킨 후 한물 간 고물 미국 전투기 도입에 압력을 넣어서 35억 달러(약 4조원)를 지출하게 만든 것이 미국이다. 어디 그뿐인가? 차세대방공망 사업, 이지스구축함 사업 등을 통해서 록히드 마틴 등 미국의 방위산업체들만 부자가 되게 만드는 나라가 미국 아닌가. 그러므로 지금은 남북한 간 냉전을 부추겨서 돈벌이에만 열중하는 미국의 속내를 꿰뚫어보고 이에 대한 대책을 세워야 할 때인 것이다.

정부가 이제 지금까지의 미국 추종 자세를 벗어나 미·중·러·일 4강 중 어디에도 치우치지 않고 대등한 외교 노선을 펴는 한편 오히려 북한과는 김대중 노무현 정부 때로 돌아가 통일을 목표로 하는 동족 껴안기 자세로 바뀌어 서로가 경제면에서도 윈윈할 수 있는 방향으로 이끌어 나가야 할 것이다.

04.

미국서 바라본 세월호

- 세월호 침몰 1년을 맞으며…

세월호(6천 톤 급, 인천 제주 간 여객선) 참사 1년이 되도록 그 진상은 오리무중이다.

왜 그럴까?

대부분 꽃다운 나이인 10대 등 3백여 명이 희생당한 이 참사가 정부가 강조하고 있는 '단순교통사고'가 확실하다면 어느 유가족이, 어느 누가 그 진상을 밝히라며 1년이 지난 오늘까지도 울부짖으며 아우성칠 수 있을까? 단순교통사고가 아닌, 타살 혐의가 짙은 사건이니 진짜 사고 원인을 밝혀 달라는 절규인 것이다.

사건 발생 직후부터 팽목항 현장을 지키던 그 많은 유가족, 안타까워 발을 동동 구르던 일반인 수천 명, 하나라도 살려 보겠다고 자진해서 현장에 달려간 구조 전문 자원가들 그리고 그 후 꾸준히 진실을 밝히려고 애를 쓴, '기레기(기자 쓰레기)' 아닌 진짜 언론인 및 다큐 영화감독, 해양 사고 전문가 등이 눈을 부릅뜨고 확인한 내용 덕분에, 세월호 참사는 정부가 국민을 속이고 숨긴 사건으로 밝혀지면서 최근 여론조사에 나타났듯, 64%의 국민이 정부의 세월호에 대한 처사가 옳지 않았다며 정부를 불신하는 자세를 보이지 않았던가.

우선 무엇보다도, 정부가 진정으로 국민 하나라도 살려보겠다는 의지
가 있었다면 선장을 비롯해 배의 맨 밑바닥에 있는 기관실 선원까지 모
두 무사히 탈출시켜 구조하면서 배가 완전히 갈앉는 순간까지의 기나긴
100분간을 승객들에게 한결같이 "그 자리에 꼼짝 말고 가만히 있으라"는
말만을 되풀이할 수 있었을까? 빠르면 5분, 늦어도 20분이면 승객 전원
구조가 가능했다는 게 전문가들의 공통된 의견인데다 승객들 각자가 움
직일 수 있는 상태였기에 퇴출 명령만 내렸다면 모두가 살아나올 수 있었
다는 사실을 누가 부인할 수 있겠는가?

정부가 국민을 기만하려 하지 않았다면, 유가족들이 그토록 눈물로 호
소하는 참사 진실 규명을 끝내 외면하다가 여론이 악화하자 정부는 이제
흉내라도 내서 다시 국민을 속이려는 듯 진실규명 위원회를 조직하는 척
하더니 이 사건의 총책임을 지고 법정에 제일 먼저 서야 할 피의자인 해
양수산부(해수부)가 실질적으로 위원회를 좌지우지하도록 법을 만들어
인사 배치를 할 수는 없었을 것이다. 감출 게 너무도 많다는 것이 아닌
가? 도둑에게 도둑을 잡으라는 말인가?

또 정부는 한술 더 떠서 생존자나 희생자 가족의 대학 '특례 입학'이니,
'특혜' '보상' '의사자'… 등, 세월호 희생자 가족들이 요구한 적이 전혀 없
는 내용들을 마치 정부에 과도한 특권을 요구하고 있는 것처럼 언론 플
레이로 유가족들을 간접 공격했고 그 결과 일시적으로 세월호 유족들에

대한 여론을 악화시키는 데 성공했으니 엄청난 거짓말에, 교활한 술수까지 너무도 나쁜 쪽으로만 유능한 정부가 아닌가.

해경이 이 배의 탑승객 수가 얼마인지 알면서 태부족한 장비만 현장에 보낸 사실, 해군과 미군 헬기, 소방 구조원, 그 많은 민간인 잠수 전문가들의 구조 요청을 그 상황에서 끝내 거부한 믿지 못할 사실, 그 엄청난 상황에서 겨우 100톤 급 해경 123정 한 척과 헬리콥터 3대만이 세월호 주변을 뒷짐 지고 서성거리다 선원들만 구조한 체 세월호가 완전히 갈앉기도 전에 해경 전원이 현장을 철수했음은 123정이 선원 구조만을 목적으로 출동했음을 보여주는 게 아닌가?

정부가 세월호의 옆을 통과하던 두우패밀리 상선 블랙박스를 통해 입수한 레이더와 AIS 기록 중 보다 정확한 레이더 내용은 활용하지 않고 허술한 AIS 기록만을 채택한 사실 하나만으로도 진상을 조사할 생각보다는 사건 원인을 은폐해보겠다는 의심을 받지 않겠는가?
또 민간 전문가들이 이러한 내용의 항적도가 가짜임을 눈치 채자 해수부가 또 다시 엔진을 끈 시점, 사고 지점 등 항적도를 새로 조작했음은 뭔가 감춰야 한다는 정부의 조바심을 보여주는 또 다른 증거가 아닌가?

정부는 감사원이 조사 후, 목포해양경찰서장, 서해지방해양경찰청장을 처벌해야 한다는 건의를 무시하고 오늘까지 당연히 처벌받아 마땅한 공직자 단 한 사람 처벌하지 않고 있으며 해군 중위급에 해당하는 123호 해경 정장에게만 3백여 명이 희생당한 사건의 책임을 물어 7년을 구형하는 척하고 있다. 그러고도 국민보고 정부를 믿어 달라, 안 믿으면 '종북'이라고 우겨야 옳겠는가?

전문가들의 도움으로 유가족들은 정부가 항적도에서 삭제한 39초간의 비밀 즉, 이 배가 병풍도 앞에서 갈앉기 직전, 배가 침몰할 수밖에 없는 급좌회전 후 다시 280도로 4분간이나 계속 급우회전함으로써 병풍도 반대방향으로 갈앉은 사실을 밝혀냈으며 이러한 사실은 당시 가까이 지나던 둘라에이스호 문예식 선장도 4월 28일 미 CNN 방송에 출연해 세월호가 병풍도 반대 방향으로 급선회 후 침몰했음을 증언, "병풍도 정방향으로 침몰했다"며 침몰 원인인 급우회전 사실을 은폐하려던 정부 발표가 거짓이었음을 입증했으니 진실은 끝내 묻힐 수 없는 법이다.

물론 정부가 발표한 항적도에는 이 밖에도 배가 상식 밖의 '지그재그' 운항을 했던 기록이 4개처나 삭제돼 있었지만 다행히 민간인 전문가들과 유가족들의 끈질긴 노력으로 진짜 항적도가 모두 완전 복구되었음은 천만다행한 일이 아닐 수 없다. 몇 차례고 지그재그를 계속해서 배를 넘어트리려는 속셈이 훤히 들여다보이니 이를 모두 삭제할 수밖에 없잖은가?

거기에 정부는 침몰 직전 약 100미터 크기의 물체(잠수함?)가 세월호 밑을 지나 유유히 사라진 사실마저 쉬쉬하고 있지만 유가족들이 그 물체가 세월호 침몰과 관련이 있음을 확신하고 있다.

세월호는 애당초 나이가 많아 얼마 못 가 폐선할 선박이었기에 사고 날

확률이 높은 배였다. 그러나 사고 당시 그 배는 노후한 탓도, 정부가 거짓말로 변명한 '짐을 너무 많이 실은' 탓도 아닌, 다른 이유로 침몰했다는 사실이 속속 입증되고 있지 않은가. 일부러 급선회하지 않았다면 그때 침몰할 수 없었다는 사실, 선장 등 선원들이 빠져나왔듯, 승객들에게 '퇴출 명령'만 내렸더라도 전원이 살아나올 수 있었다는 사실이 중요한 것이다.

유병언이 세월호 선주가 아님은, 최근 언론중재위원회 조정으로 한 언론사에 실린 반론 보도문을 보아도 알 수 있다.

"유병언 전 회장 측에 확인한 결과, 유병언 전 회장은 세월호 선사인 청해진해운의 주식은 물론 청해진해운의 대주주인 천해지, 천해지의 대주주인 아이원아이홀딩스의 주식을 전혀 소유하지 않았으므로 실소유주가 아니며 실질적으로 지배하거나 운영하지 않아 청해진해운의 회장이라 할수 없음이 확인되었습니다. 이에 해당 기사를 바로잡습니다." 모 언론사의 기사 정정 보도인 것이다.

이래도 유병언이 세월호 소유주란 말인가? 이 모두가 국정원의 장난이 아닐까?

국정원이 선주가 아니라면 수많은 선박 중 왜 오직 이 배만 만사를 국정원에 먼저 보고 후, 해경에 보고해 왔는가? 왜 국정원은 이 배의 화장지 구입은 물론 자질구레한 선박 내 수리 문제까지 시시콜콜 간섭해 왔는가? 아직도 국정원은 이에 대한 답변을 못 하고 있다.

국정원의 기획조정실장이 이사장을 맡고 국정원 현직 직원들이 운영하는 투자기관 양우공제회가 선박 사업에 투자했다는 주장, 국정원이 구입한 골프장도 법적 명의변경 없이 몇 년이 되어도 옛 주인 명의를 이용해 왔다는 주장, 그렇다면 세월호도 투자 대상일 수 있을 것이고 투자 후 명의만 타인일 뿐 실제 주인은 국정원으로 보아 무리가 없다는 말이 아닌가.

많은 국민들은 선거 때나, 또는 중요한 사건이 터졌는데 국민의 관심을 거기에서 다른 곳으로 돌려야 할 필요성이 급박할 때마다 미리 만들어 놓은 가짜 간첩을 몇 년 만에 마치 새로운 사실인양 터뜨려 국민의 관심을 그쪽으로 돌려 왔음을 안다. 훗날 대법원이 그 간첩이 무죄라고 선고했을 때 비로소 국민들은 또 정부에 속았음을 깨닫곤 했다.

세월호 침몰 당시 정부 측이 골치 앓던 일이 무엇이었을까? 당연히 국정원 등 총체적인 관권 부정선거 문제, 또 정윤회, 박지만의 세력 다툼 등 굵직한 일들로 국민들의 울분은 하늘을 찔렀고 따라서 청와대는 골치를 싸매고 있을 때가 아닌가.

이 세월호 침몰을 국정원과 연관시켜 생각하는 사람들은 이 배 실소유주가 국정원이라고 믿는데다, 당시 세월호 옆을 지나던 두우패밀리호 블랙박스 기록을 받아낼 수 있는 능력자가 누구겠느냐는 것, 또 언론 플레이를 마음대로 하고 대국민 심리전을 자유자재로 할 수 있는 기관이 어디겠냐는 것, 정체불명의 엉터리 데이터를 공식화시킬 수 있는 능력을 가진 곳, 조작임이 분명한데도 경찰, 검찰의 수사를 전혀 겁내지 않는 곳, 무슨 내용을 발표해도 언론이 믿고 사실 확인 없이 기사화할 수 있는 확실한 곳, 관제 영상 기록 중 중요 부분을 삭제, 누락, 조작할 수 있는 곳 등이 국정원 말고 또 어디에 존재할 수 있겠느냐는 의심 때문이 아닐까?

결론은, 유가족을 비롯한 대부분 국민의 의심은 올바른 민주 정부가 들어설 때까지 절대로 풀릴 수 없다는 것이다. 정부 스스로가 사건 직후 집단 살인 피의자인 선장을 경찰 간부 집에서 재우는 특별대우를 베풀었고, 선장이 당시 누구와 함께 잤는지 밝혀낼 수 있는 당시의 CCTV 2시간 녹화 내용은 삭제됐으며, 특히 집단 살인 피의자로 중범에 속하는 선장의 행방이 이틀간이나 묘연했던 사실, 배가 급경사로 기울고 있어 선내에서는 살려 달라는 학생들의 아우성이 끊임없는데도 승객 구조는커녕 선내 복도에서 담배를 피우며 해경끼리 시시덕거리고 잡담하는 등 누가 봐도 해경이 승객 구조에는 전혀 관심이 없고 오히려 구조를 방해하는 모습이 역력히 보인데다, 배가 완전히 침몰할 때까지 단 한 번도 퇴출 명령을 내린 적이 없는 상황이라면 '제발 그냥 그렇게 죽어 달라'는 정부의 자세 외에 더 다른 추측이 가능할까?

만일 선주가 국정원이라면, 승객 단 한 사람도 안 살리고 죽도록 내버려두면서도 배 맨 밑바닥 기관실 근무자까지 구조된 선원들 전원이 국정원 요원 신분을 가진 자들이라는 추측도 가능하지 않은가?

유가족들은 세월호가 국정원 소유임을 알았기에 1년이 넘도록 계속 침몰 원인을 밝히라고 피토하는 절규를 하고 있는게 아닐까?

이러한 정부의 거짓말, 속임수 등을 헤아려 본다면 정부 측이 수사 및 기소권을 가진 특별법 제정을 적극 반대하는 이유, 진도 VTS 교신 기록이 조작된 것으로 의심받는 이유, 해경이 알파잠수공사의 다이빙벨 실종자 구출 작업 중인 구조요원들의 생명을 위협, 끝내 작업을 중단할 수밖에 없게 만든 이유, 해경이 구조를 위해 누구보다 높이 평가했던 언딘에 국내에는 없다던, 해난 구조에 꼭 필요한 ROV가 있었음에도 끝내 이를 숨기고 단 한 번도 투입하지 않은 이유, 또 언딘에 다이빙벨이 있는데도 없다며 대학생들 실습용 다이빙벨을 빌리는 등의 쇼, 선박의 선령 20년을 30년으로 늘린 이명박 정부에 대한 수사와 선내 불법 증축 관련 수사가 없었던 이유, 정부가 자식을 잃은 유가족들을 벌레 보듯 하는, 인간으로서는 이해할 수 없는 태도, 1년 동안 몸도 마음도 지친데다 슬픔과 분노로 가득 찬 어머니들이 조카 같은 경찰들 앞에서 어머니들 스스로 본인의 옷으로 가리고 인도에서 소변을 보게 하는 패륜적인 행태까지, 그간 "정부의 자세가 전혀 이해가 안 된다"고 했던 국민이 얼마나 어리석었던지 뒤늦게야 깨닫게 되면서 동시에 끝내 구조를 회피하고 방기한 정부의 교활성에 치가 떨리지 않는가?

그러니 단순 교통사고였다면 결코 할 수 없는, 아니, 할 필요도 없는 짓만 해 온 이 죄 많은 정부는 끝까지 숨기고 싶은 내용을 샅샅이 밝혀내는 똑똑한 국민들을 증오하고 '종북좌빨'로 몰 수밖에 다른 방법이 있겠는가.

(2015년 4월 16일)

05.
박정희의 노리개로 희생된
영화배우 김삼화의 일생

    내가 미국의 동포신문 『한겨레저널』에 쓴 '박정희의 승은 입은 2백여 여인들'이라는 칼럼 때문에 국내의 정의파 인사들(박정규, 고창규)이 선거법 위반으로 기소된 일이 있었다. 나는 그들의 도움을 청하는 전화를 받고서야 내가 쓴 칼럼으로 인해 그들이 고통을 받게 되었음을 알고 너무 미안한 나머지 그날 밤잠을 이루지 못했다. 끝내 그들은 대법에서 5백만 원의 유죄판결을 받았다. 언론 표현의 자유가 살아 있는 미국, 일본, 영국, 프랑스, 독일 등 자유민주주의 국가에서는 기소조차 할 수 없는 내용이라 나는 먼 옛날 유신정권 때 박정희가 저지른 민주 언론 탄압이 또 다시 그의 딸에 의해 재현되고 있음을 실감했다.

    박정희의 권력을 이용한 수많은 여성 강간 사건은 언론 보도로 세상이 다 아는 사실인데 피해 여성 한 분의 증언이 너무 상세하다 해서 명예훼손죄로 기소되는 건 말할 나위도 없고, 이 칼럼을 퍼트렸다 해서 검찰 수사를 받는 것도 놀랄 일이다. 미국에서는 문제의 장본인이 공인인 한 고소조차 할 수없는 사건이 아닌가.

    이 사건으로 궁지에 몰린 그들이 내게 도움을 요청한 내용은 피해 여성의 실명을 감춘 문제의 칼럼이 재판 과정에서 자신들에게 불리하게 작용하므로 실명을 밝혀줄 수 없겠느냐는 것이었다. 하지만 나는 피해 여성과의 약속은 물론이고 이미 고인이 된 피해자의 명예에 관련한 일이기에 실명을 공개할 수가 없었다. 다만 영화계 원로들 몇 사람을 찾으면 금방 알 수 있을 것이라는 힌트만 주었다. 얼마 후 언론사의 취재로 확인된 피해자의 실명이 보도되자, 비로소 나는 그들의 변호를 위해 '사실 확인서'를 써주면서 처음으로 실명을 밝히게 되었다. 그럼에도 불구하고 그들은 행정부 수장의 눈치만 보는 대법원에 의해 끝내 유죄판결을 받았으므로, 앞으로 언젠가 참다운 민주 정부가 들어서서 재심을 청구하게 될 경우에 대비해서 문제의 칼럼에 대한 취재 경위를 있는 그대로 상세하게 밝혀두고자 한다. 그것이 얼마 남지 않은 나의 여생(현재 만80세)을 감안할 때, 양심 있는 노 기자가 취해야 할 도리라고 믿기 때문이다.

당시 나는 우연한 기회에 한국의 천재 전통무용가이자 일류 영화배우였던 김삼화 씨(1935~2012)를 만나게 되면서 아무에게도 발설하지 않았던 그의 한 많은 일생을 듣게 된다.

그와의 약속이 아니었다면 벌써 기사화되어 세상에 알려졌어야 할 이 사실을 이제야 밝히게 됨을 참으로 안타깝게 생각한다. 이제 가해자인 박정희 전 대통령이나 그의 공권력에 저항할 길이 없어 허망하게 무너질 수밖에 없었던 수많은 여성 피해자 중의 한 사람인 김삼화 씨도 모두 이 세상 사람이 아니다. 그렇기에 뒤늦게나마 김삼화 씨가 어떻게 자신의 행복하고 호화스럽던 모국의 삶을 마감하고 사고무친한 이역만리 낯선 땅에 와서, 그것도 말도 안 통하는 35년 연상의 유대 노인과 눈물 어린 삶을 보내야 했는지를 그녀가 털어놓은 사실 그대로 밝히자는 것이다.

내가 김삼화 씨를 처음 만나게 된 것은 지금으로부터 35년 전(1980)의 일이다. 당시 미 지방정부 당국은 1980년 4월 10일부터 2주일간을 30여개 민족이 참가하는 '국제페스티벌' 기간으로 정하고, 그중 18일을 '한국의 날'로 선포했다. 이에 동포사회(당시 인구 약 8천)는 훌륭한 모국의 전통문화를 타민족 앞에 선보이기 위해 최선을 다하고 있었다. 마이애미총영사관, 한인회, 언론사, 유학생 모임 등이 일심동체가 되어 태권도, 풍물놀이 등 모든 준비를 착착 진행하고 있었다. 그런데 유독 가장 중요한 우리의 전통무용만 난관에 봉착했다. 이유는 현지 동포사회에서 유일한 천재 전통무용가요, 1960년대에 '논개', '양산도' 등 15편의 영화 주연으로 이름을 날렸던 영화배우 김삼화 씨(당시 나와 동갑인 45세, 서울대 미학과 졸업)가 나이 차가 너무 많은 유대 노인과 결혼한 사실이 부끄러워 미국에 온 후부터 동포사회에 모습을 나타내기를 극도로 꺼렸고 총영사관의 정중한 요청에도 행사 참여에 강한 거부감을 보였기 때문이다. 나 역시 그녀를 직접 만나본 적은 없었지만, 중학교 1학년 때 명동에 있던 국립극장에서 가족들과 함께 이 천재 소녀의 무용 공연을 관람한 적이 있었고, 또 그 후로도 유명한 영화 톱스타로 활약하고 있음을 잘 알고 있었다.

　미국으로 이민 온 후 그녀는 내가 쓴 기사나 칼럼의 애독자로서 전화로나마 가끔 시사 문제를 놓고 대화를 하는 사이였다. 그나마 그녀를 설득할 수 있는 사람은 현지 동포사회에서 대화라도 하고 있는 나뿐이라고 생각한 총영사관과 한인회 모두가 나만 쳐다보았다. 하는 수 없이 나는 일단 부딪쳐 보자는 심산으로 그녀에게 전화를 했다.

　예상대로 강한 거부반응이 왔다. 나는 조심스러운 목소리로 "이번 일은 동포사회에 나서는 게 아니라 모처럼의 기회인 국제페스티벌에서 모국의 전통문화를 타민족 앞에 선보이는 아주 중요하고 드문 행사에 참여하는 대한민국의 문화 사절 역할이다. 그러니 이 고장의 유일한 우리 전통 무용 전문가로서 다시 한 번 생각해봐 달라. 조금이나마 조국을 사랑하는 마음이 아직 남아 있다면 꼭 승낙해 주시리라 믿는다"며 간곡하게 뜻을 전달한 후 전화를 끊었다.

드디어 며칠 후 그녀로부터 전화가 걸려왔다. 전번과는 다른 밝은 목소리로 "김 선생님의 민족 양심을 찌르는 말씀에 자극받아 주저하다가 나가기로 결심했다"고 했다. 그런데 조건이 붙었다. 우선 자기가 출 전통무용인 '화관무'에 쓸 음악이 없다는 것, 또 음악이 있다 해도 마이애미에서 무용 시간에 맞춰 국악을 편집해 줄 사람을 어떻게 찾느냐는 것, 무용할 때 입을 의상도 없어서 오늘 한국 가족에게 전화로 의상을 급히 사 보내라고 부탁했지만 만일 음악을 못 구하거나 편집해 줄 분을 못 찾으면 자신도 어쩔 도리가 없다는 것이었다.

클래식부터 국악, 뽕짝 등 각종 음악을 좋아했던 나는 평소에 많은 국악용 카세트테이프도 보관하고 있던 터라 앞의 두 조건을 해결할 수 있으니 염려 말라고 했다. 그랬더니 "마이애미에 국악 편집을 할 수 있는 분이 있어요?" 하며 놀라는 눈치였다. 그러면서 자신이 원래 전통무용가였으니 며칠간만 연습하면 된다고 했다. 행사 12일을 앞둔 4월 6일, 무용곡 녹음테이프를 편집해주려고 처음으로 그녀의 집을 찾아갔다.

예상대로 그녀는 세월 따라 중년 여성의 모습으로 변해 있었지만 살결이 아주 희고 우아한 외모는 영화에서 보았던 그대로였다. 그녀는 나를 맞으며 "전화 속의 우렁찬 저음을 들을 때는 체구도 비만할 것으로 상상했는데 예상외로 날씬하시군요" 했다. 나는 "그래서 실망하셨어요?" 했더니, "아뇨, 난 날씬한 스타일이 더 좋아요" 했다. 역시 교양이 몸에 밴 숙녀다운 발언이었다.

평소 나는 전화로 대화하면서 그녀가 사물을 꿰뚫어보는 예리한 관찰력의 소유자요, 정열이 넘치며 때로는 독설로 자신의 느낌을 거리낌 없이 표출하는 지성파 예술인이라고 판단해 왔다. 그래서 행사가 끝날 때까지는 매우 조심해야 하겠다는 경계심이 생겼다. 그녀를 만난 목적이 성공적인 '한국의 날' 행사에 있는 만큼 조금이라도 기분을 언짢게 했다가 무용을 거절하거나 한다면 큰 낭패였기 때문이다. 그녀를 설득해서 끌어낸 죄(?)로 전통무용 공연이 있는 18일까지는 무슨 일이 있어도 꾹 참는 수밖에 없었다.

당시 대부분 동포들의 주택과 비교가 안 되리만큼 규모가 큰 그녀의 저택으로 들어서자 집안이 아주 조용했다. 사생활 관련 질문이 금기시되는 미국인지라 조심스레 남편과 아이들은 언제 들어오냐고 물었다. 그제야 남편은 몇 해 전에 노환으로 돌아가셨고 아이들은 저쪽 끝 뒷방에서 놀고 있다고 했다. 그때까지 나는 그녀가 싱글임을 몰랐던 것이다.

커다란 홀이 있는 사무실로 안내된 나는 '화관무' 녹음테이프를 보이며 편집할 장소와 어느 부분을 편집해야 하는지를 물었다. 몇 분간 애를 쓴 끝에 그녀가 바라는 대로 편집을 마친 후 테이프를 넘겼다. 그랬더니 얼굴에 미소를 띠며 "기자 신분으로 국악을 편집하는 분 처음 봤어요. 혹시 국악을 공부했어요? 그렇지 않고서야 어떻게 중모리나 휘모리 등 장단을 알아요? 신기해요" 하며 밝게 웃었다.

그때부터 그녀는 나에게 호감을 느낀 듯 계속해서 나이를 물었고, 1935년생이라고 하자 이번에는 다시 몇 월이냐고 물었을 때 직감적으로 그녀가 나와 동갑이겠구나 싶었다. 그렇지 않다면 생월까지 따질 이유가 없을 터였다. '9월'이라는 나의 대답이 떨어지기가 무섭게 그녀는 방긋 웃으며 "어머, 오빠 되시네. 저는 몇 달 늦어요, 그럼 이제 오빠라 불러도 되죠?" 했다. 그렇게 해서 그녀는 처음 만난 그날부터 나를 오빠라 부르기 시작하면서 10년 지기 이상으로 친밀감을 보였다. 나 역시 총명하고 미모와 지성미가 넘치는 그녀가 싫지 않았다. 게다가 나는 성공적인 '한국의 날' 행사를 위해 날마다 운전을 못 하는 그녀의 운전기사 역할을 맡아 무용 현장의 스테이지 사전 조사, 무용용 화장품 구입 등 모든 일을 도와주면서 날로 사이가 가까워졌다. 그녀는 일을 마치고 돌아가려는 나에게 "차 한 잔 하고 가세요"하며 나를 붙들었다.

그녀는 또 "혼자 연습을 하는 것보다 오빠가 연습 장면을 보고 하나하나 평을 해준다면 얼마 남지 않은 행사를 앞두고 진도가 훨씬 빠를 것 같은데…" 하며 애당초 약속에 없는 요구를 했다. 이렇게 해서 나는 틈나는 대로 무용 평을 해주게 되었다. 연습 때면 브라와 팬티가 은은히 들이비치는 기장이 짧고 엷은 흰색 한산모시 저고리와 치마를 입었다. 원래 무용 연습 때는 그런 복장을 하는 것일까? 그녀의 팔이 올라가고 전신을 360도로 회전할 때마다 풍만한 앞가슴과 겨드랑이, 하체의 흰 살이 벌어진 옷 사이로 요염하게 드러나 나는 숨을 죽이며 그녀의 농익은 아름다움에 마음이 흔들리곤 했다. 그때마다 그녀가 혹시 나를 의도적으로 유혹하고 있는 건 아닐까도 생각했다. 처음 약속한 무용 연습 시간이 1시간인데 이를 훌쩍 넘겨 1시간 반에서 2시간씩 채우는 등 가능하면 나와 함께 있으려고 하는 느낌을 여러 차례 받았는데도 나 또한 전혀 지루함을 못 느끼며 그녀와 같이 있는 분위기에 빠져들었다.

날이 갈수록 애초에 냉정했던 이성은 어디론가 사라지고 이성 간의 감정이 싹트기 시작했다. 나는 그녀가 '오랜 독신 생활로 너무 외로웠기에 만난 지 며칠 안 되는 나 같은 보잘 것 없는 사람에게도 쉽게 호감을 느끼는 게 아닌가?' 생각하면서 '내게는 무엇과도 바꿀 수 없는 가정이 있다'는 현실을 새삼스럽게 의식, 스스로 각인시켰다. 더구나 날카로운 비판 기사로 적이 많은 언론인의 스캔들은 좁은 한인사회에서 스스로 입지를 좁히는 것임을 너무도 잘 알고 있었기에 우리의 감정이 더 발전하는 것을 의식적으로 경계하며 냉정을 유지하려고 애썼다.

　드디어 행사 날인 18일이 왔다. 장내에는 타민족은 물론, 평소 유명한 영화배우로, 같은 고장에 살면서도 볼 수가 없었던 이날의 무희를 보기 위해 많은 동포들이 입추의 여지가 없이 들어섰다. 공연장 스테이지에 화려한 '화관무곡'이 무겁게 흐르기 시작했다. 오색이 창연한 전통 무용복으로 단장한 무희 김삼화의 우아하고 아름다운 모습이 스포트라이트로 환히 드러나자 만장의 박수가 쏟아졌다. 겉으로 드러나는 그녀의 흰 피부는 예쁜 얼굴과 손뿐, 전신이 전통 무용복에 묻혔고 머리에 화려하고 우아한 관을 쓴 무희는 무대가 좁다는 듯 마음껏 누볐다. 드디어 이 무대는 대성공으로 막을 내렸다.

　이날 행사의 성공을 기념하는 동포들만의 자축 만찬 석상에서 이날의 주인공 김삼화 씨의 곁에 앉은 이복형 총영사는 들뜨고 상기된 모습으로 "이번 김삼화 씨의 전통무용 공연 대성공으로 우리 한국의 전통문화는 전 세계 각 민족 앞에 한껏 빛날 수 있었습니다. 대한민국의 천재 무용가 김삼화 씨는 물론이고 이분을 발굴해내서 이번 공연을 성공시키느라 2주 동안 애쓰신 김현철 기자에게도 함께 박수로 감사의 인사를 대신합시다"

라고 인사말을 하자 우레 같은 박수가 터져 나왔다.

그날 밤 우리는 그녀의 집으로 돌아오자마자 너무 기뻐 샴페인을 곁들인 두 사람만의 자축 파티를 열었다. 샴페인을 두어 잔 들이킨 그녀는 "이번 행사에서 춤은 내가 췄지만 대성공을 이룬 것은 오빠의 공이 90% 야. 오빠, 진심으로 고마워. 내가 마음속으로 오빠를 좋아했기에 연습도 최단시간으로 끝낼 수 있었고 오늘 춤도 내 예상보다 훨씬 잘 추었어. 오빠가 없었으면 내 무용은 성공할 수 없었어" 하며 은근한 눈빛으로 바라봤다.

그녀는 이번 행사에서의 대성공을 경험하면서 오랫동안 무관심해 왔던 무용에 다시 의욕을 보이기 시작했다. 그리고 지금까지 움츠려 살아온 모습을 탈피하여 사기가 충천하는 모습으로 거듭났다. 특히 처음 만났을 때에 비해 그녀의 외모는 젊음을 되찾은 듯 생기가 돌고 아름다웠다. 오랫만에 관중 앞에 설 수 있었다는 무용인 특유의 자신감과 긍지 회복이 뒷받침되었겠지. 거기에 너무 오랫동안 이성을 만날 기회가 없던 차에 나를 만나 싹튼 정열도 한 몫 했으리라.

오늘의 성공에 취해 너무 들떠 있던 그녀는 "오빠, 오늘은 좀 늦게 돌아가면 안 돼? 내가 꼭 할 말도 있고…" 하며 속삭이는 목소리로 수줍은 듯 눈을 아래로 깔며 말꼬리를 흐렸다. 정신이 번쩍 든 나는 혹시 받아들일 수 없는 말이 나올까봐 "다음에 하면 안 돼? 너무 늦었어. 진종일 자리를 비웠으니 집에서도 찾을 거야" 하며 도망치듯 후다닥 일어섰다. 시계는 벌써 밤 10시를 넘기고 있었다. 그때 나를 바라보던 그녀의 표정에서 나는 실망을 읽었다.

10여 일 동안을 행사 준비로 매일 그녀의 집을 드나들며, 온 정력을 쏟

왔던 탓인지 긴장이 풀린 데다 그간 기울인 노력의 결정인 무용의 대성공으로 한껏 고조된 기분에 취해 나는 드라이브를 즐겼다. 그러면서 이제 '당분간만 1주일에 한 번 정도 그녀를 만나되 차츰 거리를 두어야겠다'고 스스로 다짐했다. 나를 향한 그녀의 집착이 날이 갈수록 더해 가는 게 두려웠기 때문이다.

그로부터 1주일이 되는 날 그녀에게서 전화가 왔다. 약간 부루퉁한 목소리로 "오빠, 어떻게 그렇게 발길을 끊을 수 있어? 오늘 시간 좀 내면 안 돼? 오빠한테 중요한 말을 할 게 있다고 했잖아? 그리고 오빠가 소개해 준 부동산 업자도 오늘 11시에 오기로 했는데 내가 영어가 통해? 꼭 오늘 좀 들려 줘, 기다릴게"라고 했다. 평소 엄청 강했던 그녀의 자존심을 생각할 때 이러한 예상 밖의 솔직한 표현에 약간 놀랐다. 나는 그녀 집에 도착하자 곧 내 통역으로 부동산 업자 서머스 부부와 집을 파는 계약서를 작성했다.

그리고는 단 둘이서 점심을 하게 되었다. 그녀는 나에게 꼭 하고 싶은 말이 있었는데 행사 때문에 미루어 왔다면서 말을 꺼냈다. 그런데 얼른 듣기에도 수용하기 어려운 말을 했다. 내 가족의 생활비 등 돈은 전혀 걱정 말고 자기와 LA로 가서 전통무용연구소를 창립해주고 내가 매니저를 맡아 달라는 것이다. 나는 속으로 받아들일 수 없는 요구임을 알면서도 그녀가 너무 실망할까봐 즉답을 회피했다. 그리고는 생각할 시간이 필요하니 그 문제는 다음에 얘기하자며 다독였다. 그러면서 왜 하필 나를 매니저로 지목했는지를 물었다. 그랬더니 그녀는 "오빠처럼 국악을 이해하고 음악 테이프를 편집까지 해줄 수 있는 사람을 어디서 찾아? 더구나 말이 통하는 오빠가 옆에 있으면 힘이 생겨서 좋단 말이야. 오빠를 만난 후 나는 천군만마를 얻은 기분이야" 하지 않는가. 나는 그녀의 두 손을 따뜻하게 잡아주면서 "내겐 가정이 있지 않아? 거기에 신문사와 사업처 등이 있는데 그렇게 하루아침에 정리하고 떠날 수 있는 일이 아니야. 또 엘에이에는 국악 전문가들도 많을 테니 매니저 찾기도 쉽겠지. 어쨌건 좀 더 연구해 보자"며 속삭이듯 다독였다. 그러자 그녀 역시 마지못해 고개를 끄덕이면서도 언짢은 표정을 지었다. 사실은 그 후로도 나로서는 엘에이행이 불가능한 일임을 여러 차례 설득했으나, 끝내 그녀가 고집을 꺾지 않아 내가 그녀를 피할 수밖에 없는 처지가 된다.

와인을 반병씩 비운 탓인지 아니면 1주일 만에 나를 보고 기분이 좋아졌는지 그녀는 긴장이 풀린 듯 발그레한 밝은 표정으로 내게 웃음을 지어보였다. 나는 그녀의 두 손을 잡으면서 이때가 적기다 싶어 평소에 궁금해 못 견뎠던 미국 노인과의 결혼 문제를 물었다. "국내 톱 영화배우에 생활까지 넉넉한 일류 전통무용가가 언어도 안 통하는 35년 연상의 미국 노인과 갑자기 결혼한 후 도망치듯 미국으로 온 이유를 말해줄 수 있어?" 하자 갑자기 눈물이 글썽거리더니 천천히 조심스럽게 입을 열었다.

"이건 이 세상 누구에게도 아직 말한 적이 없는데 오빠가 물으니 대답 안 할 수 없네. 근데 한 가지 조건이 있어. 이걸 오빠가 기사화하거나 외부에 발설하면 나는 죽는다는 사실을 꼭 기억해줘! 기사화 안 한다고 약속해, 그럼 말할게." 나는 평소 예상했던 대로 정상적인 결혼이 아님을 직감하고 직업의식이 발동해 호주머니에서 취재수첩을 꺼내 들었다. 그러자 "오빠, 그게 뭐야? 기사 쓸려고 준비해? 그럼 난 더 말 안 하겠어. 내가 오빠를 알면서 오빠의 인간성을 믿게 되었고, 오빠라면 자신의 과거를 상세히 말해 울분을 토로해도 받아주고 위로해주리라 믿었기 때문에 처음으로 과거사를 꺼내려던 것인데… 기사를 쓰겠다면 내가 죽은 후라면 모를까 지금은 안 돼! 오빠는 박정희가 얼마나 무서운 사람인지 모른단 말이야. 생각만 해도 위축되어 불안해지는 무서운 사람, 그가 이제 (1979) 죽었다고 해서 안심할 수 없어. 그 사람 부하들 미국에도 쫙 깔려 있어" 하며 공포에 질린 얼굴로 바라봤다. 나는 자칫하면 그녀가 비밀을 털어놓지 않을 것 같다는 느낌이 들어 수첩을 호주머니에 집어넣으며 일어나 그녀 옆 자리로 옮겼다. 그러자 그녀가 기다렸다는 듯이 나에게 허깅^{Hugging}(안겨옴)을 했다. 이때 나는 너무 냉정하게 굴면 안 되겠다 싶어 그녀를 뿌리치지 않은 체 등을 부드럽게 쓸어주었다. 그리고 은근한 목소리로 "기사 안 쓴다고 약속할게. 나를 믿고 계속 말해봐" 했다. 그러자 그녀는 두 팔을 올려 나의 목을 끌어안았다. 나를 바라보는 그녀의 애틋한 눈길에서 뭔가를 기대하고 있음을 느꼈다. 나는 더는 안 되겠다 싶어서 얼른 그녀의 두 손을 앞으로 옮기며 눈을 부드럽게 응시했다. 그리고 다시 내가 그녀를 부드럽게 안으며 그녀의 목 뒤에서 "기사 안 쓸게, 나를 믿어" 하며 되풀이해 속삭였다. 나를 전적으로 신뢰하던 그녀는 내게 안긴 채 경계심이 풀렸고 눈물을 계속 글썽이며 "오빠, 나 박정희가 죽기보다 싫고 무서워서 미국 노인을 따라 낯선 여기까지 왔어. 미국까지 와서도 박정희에 대한 공포증은 가시질 않아 너무 괴로워, 제발 내 곁에 있어줘. 오빠하고 라면 내 마음이 안정될 것 같아" 했다. 나는 노인과 결혼하게 된 동기 등 박정희와 얽힌 내용을 자세히 들을 욕심에 그녀를 더 꼭 껴안으며 다독였다. 전보다 많이 안정을 찾은 듯 이제 떠는 모습은 사라졌지만 울먹이는 탓인지 말을 띄엄띄엄 너무 느리게 해 답답할 정도였다.

나는 기록을 할 수 없었으므로 중요 부분은 잘못 들은 척, 두어 차례씩 되풀이하도록 되묻곤 했다. 지금도 생생한 기억을 돌이켜 그녀가 이때 털어놓은 말을 그대로 옮기면 다음과 같다.

　그녀가 서울에서 김삼화전통무용연구소를 운영하며 주연급 영화배우로 잘나가던 어느 날이었다. 갑자기 집 초인종이 울려서 나갔더니 검은 지프차가 서있었고 신사복으로 말쑥하게 차려입은 젊은 남자 한 분이 정중히 인사를 하면서 "각하께서 모셔오라는 명령이십니다. 잠깐 다녀오시게 화장하시고 15분 이내로 떠나실 준비를 하세요" 하는 게 아닌가. 순간 눈앞이 캄캄해졌다. 이미 많은 연예인들이 각하의 부름을 받고 다녀왔다는 소식은 들었지만 어린애가 있는 유부녀까지 데려갈 줄은 몰랐던 것이다. 이에 "이제 갓난애의 엄마로서 신혼 유부녀예요. 홀로 있는 연예인들이 많은데 저는 좀 빼 줄 수 없을까요?" 하며 애원했다. 그러자 그는 "잠깐 다녀온다는데 웬 말이 그렇게 많아요?" 하며 처음 공손히 인사를 했던 자세와는 180도 바뀐 위압적인 자세를 취했고, 더 반항했다가는 자신도 또 영화제작 스텝인 남편도 당장 영화계에서 매장될 것을 직감한 나머지 순순히 따라나설 수밖에 없었다.

　도착한 곳은 청와대가 아니라 각하의 연회 장소였다. 각하는 침실에 들자 자신을 안으면서 "나는 부산에서 군수사령관으로 있을 때 네가 주연한 영화들을 보고 너에게 반했다. 그때부터 너를 꼭 만나고 싶었다"고 평소의 느낌을 털어놓았다. 그 후로도 같은 말을 몇 차례 되풀이한 걸로 보아 각하가 옛날부터 자신의 외모에 많은 호감을 가져왔음을 알았다.

　밤새 자신의 운명을 비관하며 한 숨도 못 자고 눈이 퉁퉁 부은 채 새벽에 집에 돌아오니 남편도 뜬 눈으로 밤을 샌 듯 초췌한 얼굴이었다. 눈물을 글썽이며 울고 있는 그녀의 설명을 듣더니 부드럽게 위로해줬다. 그러고는 "옆집에서 검은 차가 당신을 태우고 갔다기에 다른 연예인들처럼 우리에게도 올 것이 왔음을 알았다"며 부인을 부둥켜안고 부부 함께 한없이 울었다.

그런데 다른 여인들처럼 1회용으로 끝날 줄 알았던 생각은 큰 착오였다. 그 후로도 평균 1주일에 한 번씩 검은 차가 계속 찾아왔다. 그리고는 한동안 시간이 흘렀는데 남편이 어느 날 "여보, 놀라지 마. 나 오늘 무시무시한 곳에 끌려갔다 왔어. 최단 시일 내에 당신과 헤어져야 두 사람 모두 심신이 편할 거라는 협박이야. 아무래도 우리 갈라서야 하나봐. 어쩌지?" 하며 울먹였다.

그리고는 어찌된 영문인지 남편은 바로 그 뒷날부터 자취를 감추었다. 방안에서는 다음과 같은 남편이 쓴 쪽지 한 장이 발견됐다. "여보, 나를 데리러 온 사람이 밖에 기다리고 있어. 따라가야 해. 날 찾지 마. 그게 당신도 사는 길이야. 우리 아이를 잘 길러 줘. 먼 훗날 다시 만나. 사랑해 여보." 이게 마지막이었다.

그렇게 우울한 세월이 오래 흐른 어느 날 밤, 각하는 밤일을 마친 후 냉혹한 얼굴로 돌변하더니 "내가 부자 미국인을 소개할 테니 당장 결혼해서 미국으로 가 살아라" 하고 단호하게 명령했다. 무슨 후환이 있을지 두려워 목은 위아래로 흔들었지만 내심은 죽도록 싫고 무서운 각하의 속박에서 이제 해방된다는 기쁨도 있었다.

신랑감을 만난다는 다음 날 청와대 응접실에는 머리가 하얗고 얼굴에 주름이 깊이 진 60이 훨씬 넘어 보이는 노인이 홀로 앉아 있었다. '설마 저 노인은 아니겠지' 하는 순간, 안쪽에서 각하가 들어오며 '인사드려라, 너와 결혼할 분이다'라고 하는 말에 크게 실망했다. 그토록 늙은 노인일

줄이야! 노인은 신붓감이 젊고 예뻤던지 좋아서 벙긋벙긋했다. 그는 유대
계 사업가로서 청와대를 자유자재로 드나드는 돈 많은 미국인이라고 했
다. 각하에 반항할 생각조차 할 수 없는 처지니 하는 수 없이 전 남편과
의 사이에 태어난 아들을 데리고 이 노인을 따라 미국 마이애미로 올 수
밖에 없는 운명이었다.

그런데 그 노인은 아들 둘을 낳은 어느 날 전 재산을 그녀에게 물려준
채 노환으로 사별하고 말았다. 돈은 평생 쓰고 남을 만큼 생겼다. 그러나
자신의 과거가 떳떳치 못하고 창피한 나머지 동포들과의 접촉을 꺼리며
계속 숨어 살았다. 영어도 못 하는 처지에 동포들마저도 담을 쌓고 살았
으니 그 외로움이야 말로 표현할 수 없었다.

이것이 그녀가 지금껏 미국 동포사회와 관계를 끊고 살아올 수밖에 없
었던 이유였다.

나는 그녀로부터 고백을 듣고 난 후 한동안 가슴이 먹먹했다. 그리고는
치솟아 오르는 분노의 감정을 가까스로 추슬렀다. 새삼 돌아보건대, 그녀
는 지금껏 내가 만나본 여성 중 가장 두뇌가 명석하고 의식 수준이 높은
사람이었다. 이렇게 똑똑하고 유능한 예술인이 독재자의 노리개로 희생
당한 뒤 일평생 통한의 삶을 살고 있었던 것이다.

나는 그녀를 위로하기 위해 밤늦도록 오순도순 정다운 이야기를 들려
주면서 와인을 몇 잔씩 나누다가 벽시계를 보니 벌써 11시 반이 지나고
있었다. 그제야 정신이 든 나는 더 앉아 있으면 그 자리를 뜰 수 없을 듯
해서 "어이구, 너무 늦었네" 하며 자리에서 일어나려 하자 그녀는 긴장
을 하며 말없이 내 손을 잡았다. 자리를 뜨기에는 너무 늦은 시간이라 그
녀에게 말 못할 기대감을 심어주었을까? 그 뜻을 안 나는 묵묵히 그녀의

손을 빼며 "또 올게, 오늘은 너무 늦었어" 하며 벌떡 일어났다. 그녀의 표정은 잔뜩 일그러져 눈은 차츰 젖어 왔지만 나로서는 어쩔 도리가 없었다. 이미 밤도 깊은 데다 둘 다 취기가 올라 그녀와 함께 있는 게 두려웠던 것이다. 지금 생각해도 그때 그녀의 지나치게 강한 자존심으로 더 이상 나를 괴롭히는 언행이 없었음은 퍽 다행스런 일이었다.

돌아오는 차 속에서도 "박정희가 무서우니" 날더러 "곁에 있어 달라"던 말, 자꾸 깊어지는 나를 향한 집착 등이 마음에 부담이 되었다. 이날 헤어진 후 나는 그녀를 다시 찾아가지 않았다. 전화가 두 차례 걸려왔지만 그때마다 내가 그녀에게 너무 기울어 가정이 위태로워질 것 같아 다시는 만나지 말아야겠다며 선을 긋자 내가 들을까봐 그랬던지 한동안 울먹이는 소리만 작게 들리며 전화가 끊기곤 했다. 이것이 그녀와 마지막 대화가 된 것이다.

내게 가정이 없었다면 나 역시 좋은 느낌을 지녔던 상대니 분명 그때 그녀의 바람대로 엘에이로 가 그녀의 꿈을 이루어줄 수 있었을 것이며 따라서 그녀의 인생은 새 출발을 할 수 있었을 것이라 생각하니 지금 와서 그녀에게 미안한 느낌마저 든다.

김재규(3년간 중앙정보부장 재직)의 부하 박선호(채홍사 역)의 변호를 맡았던 안동일 변호사가 신동아에 밝힌 "채홍사 한 사람의 수첩에만 박정희에게 불려간 2백 50여 명의 여인 명단이 있었다"는 기사를 본 적이 있다. 이때의 각하의 나이가 60대 초반이었는데도 정력이 이 정도라면 젊은 날은 어느 정도였을까? 박정희 집권 18년이면 3년간의 김재규 재임 기간을 뺀 나머지 15년 동안 끌려간 여성 수는 과연 얼마나 될까? 60이 넘은 나이에도 "한 달에 열 번씩 각하의 작은 연회(여성과 함께하는)가 열린다"는 아방궁 집사의 증언대로라면 최소 1천 5백 명은 넘지 않았을까? 그 많은 여성들 중 김삼화 씨처럼 박정희로 인해 일생이 망가진 여성은 과연 몇이나 될까?

최근 뉴스에 따르면, 경기도 평택 송탄에 거주하던 이모(80) 씨가 1975년 6월 23일 동네 복덕방에서 주민들과 대화하던 중 소문으로 들은 당시 박 대통령의 여배우와의 성적 관계를 언급했다고 대통령 긴급조치 제9호 위반으로 구속 기소됐다고 한다. 이 씨는 징역 8월에 집행유예 2년, 자격정지 1년을 선고받았으나 지난해 재심을 통해 무죄판결을 받은 뒤 국가를 상대로 "2억 원 상당의 손해배상금을 지급하라"며 소송을 냈다.

서울중앙지법 민사13부(재판장 심우용 부장판사)는 최근 이씨와 그의 가족이 낸 손해배상 청구소송(2014가합539695)에서 "국가는 9,760여만 원을 지급하라"며 원고일부승소 판결했다. 재판부는 판결문에서 "긴급조치 제9호는 '유언비어를 날조·유포하거나 사실을 왜곡해 전파하는 행위' 일체를 금하고 이를 위반한 자는 1년 이상의 유기징역에 처하고 있는데 이는 유신체제에 대한 저항을 탄압하기 위한 것"이라며, "목적상의 한계를 벗어나 헌법상 보장된 국민의 자유와 권리를 지나치게 제한해 위헌·무효"라고 설명했다.

미국에서 "공직자에 대한 보도에서 명예훼손죄가 성립하려면 보도 내용상 다소 오류나 과장은 물론 오보마저도 공인이 언론의 고의적인 악의를 입증해야 한다"는 것이 법률적 상식이다. 르윈스키 스캔들로 클린턴이 골치를 앓을 때 어느 신문이 모 여성과도 성관계가 있었다는 오보를 냈는데도 클린턴이 끝내 소송을 하지 못하고 만 것은 바로 공인이 '오보'로 인한 대 언론 소송에서 승소할 수 없음을 너무도 잘 알았기 때문이다. 그

렿다면 내가 쓴 칼럼 '박정희의 승은 입은 2백여 여인들'은 세상이 다 알고 있는 박정희의 여성 행각을 보다 상세하게 밝힌 것일 뿐이기에 이 글을 퍼갔다며 5백만 원씩 유죄판결을 받은 '정의파' 두 분은 정권이 바뀐후 어느 날, "헌법에 보장된 언론 표현의 자유를 제한한 판결이었다"며 무죄가 될 가능성이 클 것이다. 하루 속히 그날이 오기를 고대해본다.

▲ 영화 촬영을 위해 홍콩에 머물던 김삼화

▲ 한국의 날 축제를 맞아 지사실에서 그레이엄^{Bob Graham} 플로리다 주지사와 녹음기를 들고 인터뷰 중인 저자

06.

박정희 김삼화 기사와
영상 조회 수 이백 오십만을 넘어
– 사이비 언론은 '사회의 목탁' 이 아닌 '사회의 쓰레기' 일 뿐

얼마 전, 국내 온라인 언론사로부터 연락이 왔다. 내용은, 2년 전에 내가 국회 언론 탄압 공동대책위원회에서 밝힌 박정희의 성 노리개로 농락당한 여배우 김삼화 씨 취재 증언 비디오와 「박정희의 승은 입은 2백여 여인들」 칼럼의 현재 조회 수가 이백 오십만을 넘어 나에게 감사의 뜻을 전하고 싶다는 것.

이분에 따르면, 다른 언론사들도 같은 기사를 옮겨 실은 데다 독자들도 자신의 블로그에 옮겨 퍼트리고 있어 전국 독자들의 조회 총 수는 얼마가 되는지 집계가 불가능하다고 했다.

나는 한 인터넷 언론사의 조회 수가 이백 오십만을 넘었다는 말에 놀라며 "그 글과 영상이 그토록 관심을 끄는 이유가 짐작은 가지만 귀사에서는 그 이유를 어찌 보느냐"고 물었다. 그분의 대답은 "그 글을 국내의 정의파 청년들이 퍼 날랐는데 '표현의 자유'를 짓밟고 검찰이 그들을 기소해 법정에 세우는 바람에 그 내용이 여러 차례, 많은 온·오프라인 매체에 보도되고 말았다. 자연히 국민들에게 호기심을 자극하는 결과가 되었으니 정부가 서투르게 그런 식으로 오히려 국민들을 충동한 탓이 크다"고 했다.

결국 언론의 자유가 보장된 나라라면 상상도 할 수 없는, 표현의 자유를 탄압하는 반민주 정책 때문에 '감추고 싶은 기사'가 오히려 더 퍼지는 역효과를 낳은 것이다.

그 후 나는 호기심이 일어 그 글이 실린 매체 몇 군데를 서핑하면서 어마어마한 수의 댓글들을 하나하나 읽어봤다. 예상했던 대로 압도적인 수의 독자들은 폭정을 일삼았던 독재자를 나무라는 한편, 일생을 독재자의 희생양이 되어 한을 품고 살다 간 피해자를 동정하는 내용이었다. 나는 이런 당연한 내용은 제목만 읽으며 넘기는 한편, 그보다는 극소수 반대의 의견에 시선을 모았다.

댓글 중, 조직적인 알바들이 필자를 인신공격하는 도배성 '악플' 말고는 내 양심을 건드리는 내용은 찾아볼 수 없었으나 한 가지, '사실이 그렇다 치더라도 반세기가 지난 일을 왜 이제야 폭로하느냐'며 불평을 하는 댓글에 관심이 갔다.

이 댓글을 두 번이나 읽은 이유는, 이분의 주장이, '그러한 사실이 없는데' 내가 거짓말을 한 것처럼 억지를 쓰는 악플과는 달리, 그 오랜 세월이 지난 지금에 와서 그런 글이 무슨 가치가 있어 썼느냐고 주장한 탓이다.

그러나 현 시점에서도 독자들의 양심을 울리는 피해자의 고백이오, 지금까지 단 한 번도 보도된 적이 없는 내용이라면, 발생 시기가 아무리 오래되었어도 보도 가치는 훼손될 수 없다는 것이 언론인들의 상식이다.

당연히 이 사건에 관해 아무것도 모르는 독자들의 '알 권리' 충족 차원에서 기자는 반드시 이 사실을 보도할 의무가 있는 것이다. 기사가 안 되는 내용이라면 그 기사의 조회 수 이백 오십만 건은 어찌 설명할 것이며 또 여러 언론사가 이 기사를 취급할 이유가 있겠는가?

물론 그 많은 피해 여성 중에는 '각하'의 부름을 영광으로 여기는 여성도 상당수 있었으리라. 당대의 유명한 민요 가수 한 분이 각하의 부름을 받고 다녀와서 동료 연예인들에게 크게 자랑을 늘어놓다가 정부 기관에 끌려가 혼이 났다는 소문이 파다했으니 말이다.

그런데 김재규 재판에서 그런 확실한 근거가 처음으로 밝혀졌음에도 그중 누가 어떻게 피해를 입었는지 보다 자세한 내용은 단 한 건도 밝혀진바 없었다. 언론도, 검찰도, 경찰도, 사법부마저도 무조건 복종만을 강요당했던 무서운 독재자의 세상이었으니 무얼 바라겠는가.

그 많은 여성 중, 민요 가수처럼 각하와의 하룻밤을 자랑으로 여기는 여성들이 전부라고 믿는다면 착각이라는 게 천재 전통무용가요, 당대의 1류 영화배우로 명성을 날리던 '김삼화 스토리'「박정희의 승은 입은 2백여 여인들」이라는 칼럼으로, 피맺힌 피해자의 진술 내용이 이 세상에 처음으로 드러난 것이다.

'20세기와 21세기의 양심이오, 정의'라는 극찬 속에 우리와 세대를 같이한 버트런드 러셀과 노엄 촘스키가 틈날 때마다 외치던 말은 '지식인의 임무는 정부의 거짓말을 밝혀내어 국민들에게 알리는 것'이 아니던가. 자신이 지식인이라 생각하는 분들이라면 잠시도 잊어서는 안 될 말일 것이다. 하물며 그러한 계몽성을 사명으로 타고 난 언론인에 있어서는 더 말해 뭘 하랴!

특정 독자(시청자)가 '싫어하는 기사'가 보도되었을 경우라도, 그 기사가 보도된 매체에는 오랜 경력을 지닌 전문 언론인들이 편집 책임자로 앉아 있으면서 일선 기자들이 취재, 교정해 올린 기사를 취사선택해 기사 가치에 따라 몇 단 크기(방송은 몇 꼭지)의 기사로 결정해 보도한다는 사실은 상식이 된지 오래다.

무조건 정부의 비위를 맞추어 사익을 도모하는 아부적인 상업 어용 언론, 기업, 종교 등의 눈치를 보는 별 볼일 없는 언론 등 사이비 언론이 있는가 하면, 감옥에 가더라도 국가와 국민, 정의사회를 위해 꿋꿋이 언론 본연의 길을 가는 참다운 언론 등… 특정 보도 매체의 발행인, 편집인의 의식 수준에 따라 기사 가치는 바뀔 수 있다. 만일 그 매체가 계속 내 취향에 안 맞는 기사로 채워질 경우, 자신(독자, 시청자)의 의식 수준과 취향에 따라서 그 매체를 끊고 내 마음에 드는 매체를 선택하면 되는 것이 민주사회의 일원인 각자의 권리다.

또 특정 기사에 불만이 있을 경우, 능력이 있다면 그 기사가 보도된 매체에 반론을 투고하는 적극성도 발휘할 수 있다. 물론 여기에는 '재반론'을 유도할 확률이 클 것이니 이 점 감안해야 할 것이다. 만일 반론 능력이 없는 경우라면 그냥 그 매체를 멀리하면 되는 것이지, 외부로 불평을 토로한다면 공감 능력을 제대로 지녀 그 글을 환영하는 수많은 독자들을 무시하는 결과를 가져올 뿐 아니라, 민주 시민의 필수 덕목인 '타를 인정할 줄 아는 세련된 자세'와는 거리가 멀어질 뿐이다.

오랜 경력을 지닌 노 대장장이 옆에서 대장간에서 일해본 적도 없는 경솔한 청년이 '그건 이렇게 해야 하는 게 아닌가요?'하고 지껄인다면 그 대장장이는 눈길도 주지 않고 못 들은 척, 장인匠人답게 묵묵히 자기 할 일만 지속해 나가면 되는 것이다. 그러나 언론인은 사실 보도와 해설로 정보를 제공해서 환경을 감시할 뿐 아니라, 사회교육의 기능을 수행해서 계몽하고 문화를 전승, 발전시키는 일이 언론의 가장 중요한 기능(부수적으로 오락과 광고의 기능도 있다)이기에 옛날부터 언론인을 '사회의 목탁木鐸(스승)'이라 불러 온 것이다. 불행히 요즈음은 '기레기(기자 쓰레기)'가 판을 치는 세상이 됐다.

이러한 사이비 언론은 '사회의 목탁'이 아닌 '사회의 쓰레기'일 뿐이니 이 점 착각하지 말아야 한다. 다만, 기자란 기사화된 내용에 대해 상황 판단이 어려운 독자(시청자)를 일깨우는 일까지도 해내야 하기에 대장장이와는 맡은바 임무가 다를 뿐이다.

07.
천안함 침몰 원인,
이제 진실을 밝혀야 한다
– 과학적 근거 없는 정부의 주장, 나라 망신만…

"천안함은 북한제 CHT-02D 어뢰에 의한 폭침"이라는 한국 국방부의 끈질긴 주장이 날이 갈수록 거짓으로 밝혀져 국제 망신거리가 되고 있다.

2015년 3월 6일 서울고법 행정1부(재판장 곽종훈 부장판사)의 'KBS 추적 60분(「의문의 천안함, 논쟁은 끝났나」편) 징계 취소 소송' 항소심 판결문을 보면, 국방부 합동조사단(이하 합조단)이 지금까지 정부가 천안함 침몰 원인으로 주장해 온 백색 '흡착물질'이 어떤 것인지 밝혀내지 못함으로써 합조단 논리의 큰 틀이 무너지고 만 것이다.

'KBS 추적 60분 제작진'은 지난 2010년 11월 천안함 의혹을 제기했다가 방송통신심의위원회로부터 중징계(경고)를 받아 4년여의 불복소송을 벌이며 1심에 이어 최근 항소심에서도 승소했다.

더욱 놀라운 사실은 '천안함 침몰 원인에 대해 사전에 합조단 상층부에서 방향성을 제시'했으며 재판부도 이러한 사실을 확인했다는 점이다.

재판부는 "합동조사단의 흡착물질 분석 책임자였던 이근득 박사가 2010년 11월 12일 'KBS 추적 60분 제작진'과의 통화에서 흡착물질이 폭발재(비결정질 알루미늄 산화물)인지 황산물(또는 침전물–비결정질 알루미늄수산화수화물)인지 확인하지 못한 채 보고서엔 '폭발재'로 단정적인 결론을 냈다"는 것을 인정했다(『미디어오늘』 2015년 3월 7일 보도).

어디 그뿐인가. 당시 천안함 전담 이종헌 전 청와대 행정관의 저서 『스모킹 건(SMOKING GUN)-천안함 전쟁실록』(2015년 3월 10일 출간)을 보면, 사고 당시인 21시 28분~30분 사이에 천안함이 '좌초-파공-침수-침몰 중'임을 포술장→2함대사→합참→주한미군→이명박 대통령의 경로로 보고된 사실, 또 "이즈음 청와대로 전해진 참모 보고 역시 '천안함 좌초, 파공, 침수'였고, 청와대의 위기 대응 역시 이런 판단에 따라 조치되고 있었으며(21시 51분) 합참도 북과의 전투 상황이 없고 외부 공격에 의한 것이 아니라 다른 요인에 의한 '사고'로 본 것"임을 이 전 행정관이 분명히 밝히고 있는데도 갑자기 그 후, 침몰 원인이 '북한 어뢰'로 둔갑했다.

특히 이 전 행전관은 이 책에서 "천안함 의혹 차단에 이명박 청와대가 나서서 총지휘했고 정부 발표를 의심하는 사람들을 종북세력으로 규정하기도 했다"고 밝히고 있다.

또 심승섭 해군작전사령부 작전처장도 2011년 8월 법정에서 "'9시 15분, 좌초'라고 합참에 보고했으며, 어뢰라는 보고는 당일 밤에도 올라오지 않았다"고 증언했다. 2015년 4월 17일 미디어오늘 보도에도 그간 정부가 쉬쉬해 오던 '천안함 바닥에 가로 세로 10센티, 13센티 크기의 푹 안으로 파인 구멍'이 발견돼 '좌초-파공-침수-침몰' 보고 내용이 옳다는 것을 뒷받침했다.

리처드 랜돌트 미 해군소장이 2010년 4월 2일, 일본 사세보 해군기지에서 하퍼스 페리함을 타고 백령도에 오기 전까지 미국 군함들의 현지 사령관 역할을 맡았던 찰스 윌리엄스 미 제15구축함전대장(해군 준장=독수리 훈련에 참가한 미국 구축함들의 전대장) 역시 지난 2010년 4월 3일 언론들과의 인터뷰에서 "천안함 사건이 한국과 미국의 훈련 중 벌어진 일"이라고 밝혔지 '북한 어뢰'라는 단어는 전혀 언급한바 없다.

그 밖에 지금까지 국내외 언론에 보도된 내용 중 중요 부분을 보자. '어뢰가 폭발했다는데 물기둥이 없었다. 사망한 병사들의 시신 어디에도 폭발에 따른 화상이나 부상, 고막 파열 등이 없는 익사체였다. 엄청난 어뢰가 폭발했는데도 함 내 유리창 한 장, 형광등 하나 깨지지 않고 멀쩡했다.

어뢰라면 주변 물고기의 떼죽음이 상식인데 전혀 그런 흔적이 없었다. 또 함선 안의 전선을 감고 있는 껍질(비닐로 된 피복)이 어뢰 폭발에서 일어나는 엄청난 열에도 전혀 열에 녹은 흔적이 없었다. 어뢰 폭발은 화약 냄새가 상식인데 전혀 그런 냄새도 없었다.

정부가 처음에 북한 어뢰의 증거로 단정했던 어뢰에 '북한에서만 쓰는 모나미 볼펜 청색 잉크'로 손으로 쓴 '1번'이라는 글씨는 전문가가 '남한에서도 흔히 쓰는 잉크'로 밝혔고, 북한에서는 '1번'이라 쓰지 않고 '1호'라고 쓴다는 사실이 밝혀지면서 정부의 그 주장은 슬쩍 사라졌다. 더구나 '1번 어뢰'의 설계도마저 후에 바꿔치기했다.

특히 북한의 것이라고 내놓은 어뢰를 인양(2010년 5월 15일)한 김남식 대평호 선장은 2014년 7월 21일 법정에 나와 "(해군이 준)포인트(좌표)를 정해놓고 어뢰를 인양했다"고 밝혔으며 또한 윤종성 합조단 군 측 조사

단장은 2015년 4월 2일 미디어오늘과 인터뷰에서 "합조단 폭발위험분과에 소속된 ADD(국방과학연구원) 연구원들이 어뢰 폭발 시 어느 정도 되면 어뢰 추진체가 후방 30~40m 지점에 떨어질지 시뮬레이션한 결과 어느 정도 위치에 떨어질 것이라는 자료 등을 대평호 어선에 전부 보내줬다"고 증언, 해군 측이 이 어뢰를 특정 바다 속에 미리 비치한 후 대평호가 해군이 알려준 위치에서 어뢰를 인양했음이 드러났다.

또 그 어뢰가 북한제라는 정부 발표와는 달리, 워싱턴디시에서 방송되는 RT-America TV의 유명한 탐사 전문 맷슨^{Wayne Madsen} 기자는 심층 분석 보도에서 그 어뢰는 미군 측에서 준 '당시 발사된 지 3~5년 지난 독일제 어뢰'이며 '독일은 북한에 어뢰를 수출한 사실이 없다'고 보도했다. 이어 맷슨 기자는, 천안함 사건은 북한의 짓이 아닌, 만기가 되어 오는 일본 오키나와 미군기지 사용 기한 연장을 위해 이를 반대하는 일본 국민들의 여론 무마용으로 만들어낸 한·미·일 3국의 조작극이라고 보도했다.

당시는 한미합동군사훈련 기간이었기에 1,000킬로미터 밖에 있는 갈매기도 확인, 사살이 가능하며 수중 적 잠함 탐지 및 사격 거리 역시 10킬로미터나 되는 미 7함대 소속 최신예 9,200t 급 미사일구축함 라센함^{USS Lassen}과 8,300t 급 미사일구축함 커티스 윌버함^{USS Curtis Wilbur}, 한국 이지스함인 세종대왕함 등 3척이나 사고 해역 가까이 항해 중이었는데도 '50톤~150톤' 크기라는 북한 연어급 잠수정이 멀리 '군산 앞바다까지 침투(?)'했다가 돌아오면서 어뢰로 공격하는 것을 탐지하지 못했다면 이를 누가 믿겠는가.

게다가 함장 및 관련 장교들은 '작전 실패'의 책임을 물어 최소 강등 내지 징역형이 정상이고, 그 상부의 국방장관, 합참의장, 해군참모총장, 제2함대장 등 역시 해임 등 엄중한 처벌이 상식인데도 그런 처벌은 전혀 없었을 뿐 아니라, 상당수는 오히려 표창 등 우대를 받았으니 북한의 어뢰가 원인이라는 설명에 설득력이 있겠는가? 침몰 원인이 어뢰가 아니기에 무고한 관련자들을 의법 처리할 수는 없었다는 게 솔직한 양심의 고백이 아닐까?

　더욱 이상한 것은 국제핵협상 방지조약에 의해 그 당시에도 백령도 해역에는 러시아, 중국, 북한의 핵개발을 감시하는 미군의 장치가 있었는데도 미군은 현재까지 이를 하나도 공개하지 않고 있으며 또한 당시 발생 시점에 대한 공중음파 등 주요 자료들 역시 공개하지 않고 있다. 아니 공개할 수가 없을 것이다.
　'폭발원점'이 백령도 서방 2.5km 지역의 수심 47m 지점이라는 합조단 발표와는 달리, 사고현장의 천안함 작전관이었던 박연수 대위는 지난 2012년 법정에서 천안함 사고 지점은 수심 20m라고 밝혔다. 천안함 작전관이 거짓말 하고 있을까? 아니면 합조단이 거짓말을 하고 있을까?
　천안함 우현의 스크루 날개가 모두 앞쪽으로 나란히 휘어져있는 것은 전문가들의 눈에는 좌초 후 강제로 후진하다 발생한 흔적이며 어뢰 피격으로는 나타날 수 없는 현상이라고 확언하고 있다는 등, 상식적으로 보아도 어뢰 폭발이 아니라는 증거는 얼마든지 있는 데 반해 어뢰 피격을 입증할 근거가 전무한데도 한국 정부 측은 아직도 천안함은 '북한 어뢰로 침몰했다'는 주장만을 앵무새처럼 되풀이하면서 '침몰 원인이 어뢰가 아니라'며 과학적 근거를 제시하는 사람들을 '종북'으로 모는 억지를 쓰고 있다.

천안함 희생자들을 이용해서 정부가 이렇게 진실을 찾는 사람들을 '종북좌빨'로 모는 짓은 야비한 정치 수단은 될지 모르지만 조국 통일의 미래를 생각할 때, 남북한 화해와 경제협력에 끼치는 악영향, 순직자에 대한 불경, 그리고 이산가족들에게 막대한 대가를 지불한다는 사실을 간과해서는 안 될 것이다.

2014년 10월에도 천안함 침몰 미국 측 조사단장 에클스 제독이 한국 측 합조단의 최종 보고서 초안 중 국방부가 천안함 침몰 원인의 결정적 원인이라 주장하는 '흡착물' 부분에 대해 "(설득력이 없으니)이 내용은 아주 빼든지 아니면 부록으로 넣어야 한다"고 주장하자 그때까지만 해도 당당했던 합조단 측은 자세를 굽혀 양심상 에클스의 지적을 받아들일 수밖에 없었고 곧 이 부분을 원문에서 부록으로 옮겨 넣었다는 언론 보도는 한국 정부의 처지를 곤욕스럽게 했었다.

한·미 두 정부가 국민을 속인 내용은 또 있다. 이 한미합동군사훈련에서 한국의 잠수함 최무선함(수중배수량 1290t, 길이 55.9m)과 함께 북한 잠수함 역할을 맡았던 것으로 추정되는 이스라엘 돌핀급 잠수함(수중배수량 1900t, 길이 57m, 북한의 주력인 로미오급 잠수함-수중배수량 1830t, 길이 76.6m-과 비슷)이 천안함이 침몰하기 20여 분 전인 3월 26일 밤 9시께 백령도 남쪽 용틀임바위 앞바다에서 좌초돼 침몰, 승무원 45명 전원이 희생됐다. 한·미 당국은 천안함 사건 당시 서해상에 미국이 비밀리에 훈련에 참가시킨 이스라엘 해군이 있었음을 전 세계가 알까 두려워 극비에 부치고 있는 실정이다. 천안함이 이 잠수함에 받혀 침몰했다는 주장(신상철 전 민간인 측 합조단 조사위원)이 나오는 근거다.

또 '대잠훈련'에는 우리 측 잠수함 최무선함 뿐만 아니라 미국 잠수함 콜롬비아함도 참가했음이 미 7함대 사령부 사이트의 3월 23일자 보도에서 확인됐음에도 한국 국방부는 이를 철저히 숨기고 있다.

박영선 민주당 의원이 공개한 자료에 따르면 천안함은 9시 2분께 정상 기동하고 있었고 9시 5분과 9분 사이에 백령도 남서쪽에서 유턴을 했다. 천안함이 이미 9시께 좌초된 이스라엘 잠수함이 가라앉은 줄을 모르고 이를 구조하라는 상부의 지시를 받은 게 아니었을까? 지진파, 해군전술지휘통제시스템(KNTDS; Korea Naval Tactical Data System), 승조원 통신 기록, 천안함의 58명 생존 장병 진술 등 모두 천안함은 9시 22분께 사고로 두 동강 났음을 입증한다. 따라서 9시에 천안함의 폭발로 독수리 훈련이 중단됐다는 주한 미군 대변인의 주장도 사실이 아니다.

한 나라의 국방부가 과학적으로 근거가 없는 주장을 사건 초부터 5년이 되도록 계속하고 있는 터에 그동안 '침몰 원인은 어뢰가 아니'라는 증거가 10여 명의 재미, 국내 양심파 과학자들 및 전문가들의 연구로 속속 드러나는데도 국방부는 체면 때문인지 모르쇠로만 일관하면서, 그 과학자 중 한 분인 유명한 재미 동포 잠수함 전문가(안수명 박사)가 귀국할 때 그의 발언이 두려웠던지 정부는 그의 입국을 거부하기까지 했었다.

문제는 정부의 그 많은 거짓말(그 중 국익을 해칠 우려가 있는 극비 사항은 인정해야 한다)들을 낱낱이 밝혀 국민들을 깨우쳐야 할 임무를 지닌 주류 언론이 '염불보다는 잿밥'에만 마음이 가 사이비 언론으로 전락한 탓에 본연의 임무는 철저히 외면하고 있다는 사실이다.

그러나 그간 양심이 올바른 수많은 전문가 및 과학자들의 '침몰 원인은 어뢰가 아닌 좌초 또는 기뢰'라며 제시한 증거 및 주장을, 언론 본연의 임무에 충실하고 있는 진보 언론 및 대안 언론이 줄기차게 보도해준 덕분에 이제는 대부분의 젊은 층은 물론 SNS(사회관계망서비스)를 알고 있는 노인들마저 정부 발표에 문제가 있음을 깨닫고 있는 실정이며 최근에 실시된 여론조사에서도 국민 절반 가까이가 천안함 정부 발표를 신뢰하지 않는다고 답하고 있다.

결론적으로, 한국 정부가 당시 선거를 앞두고 이 사건을 정치적으로 이용하기 위해 미리 결론을 만들어 놓고 정보를 거기에 꿰맞추려 했기에 전 세계에 대한민국의 신뢰도가 떨어지는 보고서를 만들고 말았다는 의심을 사는 것이다. 또 한국 정부의 두 달밖에 안 걸린, 신중성이 결여된 졸속 발표도 전문가들의 눈에는 정상으로 비치지 않는 대목이다. 전문가들에 따르면 천안함 침몰 원인 조사에 걸릴 기간을 5년으로 보고 있고, 이는 해상 사고 원인 규명이 그렇게 단시일 안에 이루어질 수 없다는 뜻이다.

전 세계에서 유일하게 분단된 상태로 대치하는 남·북한의 비인도적, 비인격적 이미지는 국제적으로 수치스러운 일이다. 이제라도 오히려 과학적 사실을 토대로 북한의 소행이 아님을 정론으로 택한다면 이 사건으로 전 세계 과학자들의 한국 정부를 향한 손가락질 및 불신을 해소하고 신뢰를 더 높이는 계기를 마련할 수 있을 것이다.

또 이런 남북 대치상황에서는 한국이 강대국(무기장사)의 이권에 철저하게 봉사한다는 역사적 진실에 이제라도 눈을 돌려야 할 때라 믿는다. 천안함 사건을 미끼로 대한민국 해군은 미국에서 또다시 3억 달러 상당의 신무기를 들여왔단다.

유엔 안보리 역시 천안함 공격자를 규탄하면서도 가장 중요한 부분인 '북한을 지목하지 않는' 의장단 성명을 발표한 것은 유엔 안보리 인사들도 이명박 정부의 발표에 신빙성을 갖지 못했다는 사실을 말한다.

천안함 사건에 관련된 여러 차례의 재판을 통해서 나타났듯이 정부는 국가 안위와 관련된 중대 사항에 대해 국민을 얼마든지 속일 수 있다는 사실이 여실히 드러나고 만 것이다.

08.
국제법에 어긋나는
'북방한계선'
– NLL 이대로 좋은가?

  북한이 계속 문제를 삼아 시끄럽게 굴고 있는 서해 '북방한계선(NLL;
Northern Limit Line)'은 이미 1975년 키신저 당시 미 국무장관이 "일
방적으로 설정된 것이기에 국제법에 위배된다. 북한의 선박과 항공기가
NLL 이남으로 넘어온 사건을 한국 국방부는 이 해역에 대해 '영해'라는
용어를 씀으로써 문제를 더 악화시키고 있다. 주한 미 대사관과 유엔군
사령부는 이 사건에 관련해 한국의 영해나 배타적 경계수역 내에서 발생
한 것이라는 한국 측 성명을 지지할 수 없다"는 입장을 분명히 했다.

  당시 휴전을 결사반대하고 북진통일을 고집하던 이승만 대통령을 믿지
못해 아이젠하워 미 대통령은 당시 북한보다 우위인 한국 해군이 북침을
못 하도록 클라크 유엔군 사령관에게 NLL을 만들라고 지시, 북한과의
협의 없이 일방적으로 NLL을 설정했었다는 것이다. 이러한 사실은 지난
2006년 7월 5일에 해제된 기밀문서에서 밝혀진 것으로서 최근 미 블룸
버그 통신이 취재했다.

  그러나 그 후 북의 도발이 있을 때마다 한미 양국군은 북한군이 1953
년부터 1990년에 이르는 근 40년간 전혀 불만 없이 준수해 왔으므로

"NLL이 재협상 대상이 아니며 북한군의 NLL 침범 내지 도발 행위는 심각한 정전협정 위반"이라고 주장해 오고 있는 것이다.

그렇더라도 엄밀히 따지자면 미국 고위 관리들이 인정했듯이 NLL은 '완충지대'로 북한 측과 합의한 것이 아니라 주한 미군 사령관이 일방적으로 설정한 '해상봉쇄선'이다. 북의 남침을 막기 위한 것이었다면 '남방한계선'이 옳지 '북방한계선'이란 용어를 썼겠는가?

6·25남침조차 '북침'으로, 또 2010년 11월 23일 연평도 포격도 '남한군의 공격에 대응한 것'이라고 억지를 쓰는 북한이라 상대하기조차 싫은 면이 없지 않지만 현실은 냉혹한 것이다. 평화로운 대한민국에 북이 국지전 형태로라도 계속 귀찮게 굴어 시끄러워지면 외국인 투자자들이 떠날 것은 물론이고 중국과 러시아 등의 막대한 교역량은 대폭 감소될 수밖에 없을 것이다. 결과는 북보다는 남이 보다 큰 손실을 볼 수밖에 없다는 현실을 가볍게 넘겨서는 안 된다.

북한의 서해상 도발이 발생할 때마다 쌍방은 전적으로 자기합리화를 고집해 왔다. 한국의 경우 이제 정부(군사) 당국조차 NLL이 국제법상 문제가 있는 것이기에 '영해 침범'이라고는 주장하지 않는데, 일부 몰지각하고 선동적인 언론인, 평론가, 교수들이 아무런 사실 인식의 근거도 없이 북한 해군 함대의 '한국 영해 침범'이라고 선동해 왔다. 이러한 한국의 일부 언론인의 작태는 지난 냉전 반공주의, 반평화 군사독재 시대의 무책임성과 어용성과 경박성을 조금도 청산하지 못한 반공 선동주의를 그대로 드러내고 있는 것이다. 그리고 그들의 말을 맹목적으로 따르는 대부분의 한국 국민은 60여 년간 거의 조건반사적으로 길들여진 채 "또 북한 공산도당이 저지른 악랄한 휴전협정 위반 행위" 정도로 단정하고 규탄한다.

저번 서해상 해군 충돌의 전체 과정을 통해서도 그러했다. 이러한 국민 정서는 언제나 사건과 사태의 진상 규명을 스스로 거부하는 위험한 고정 관념이 아닐까?

남북한 간의 행위를 놓고 사태의 전모를 철두철미하게 검증해보면 남북한 어느 한쪽은 전적으로 결백하고 다른 쪽은 전적으로 위법자라는 식의 논리는 성립되지 않는다는 것이 전문가들의 견해다. 그동안 서해 북방한계선을 넘어온 북한 해군 함정을 "남한을 공격하기 위한 영해 침범"으로 신중치 못한 한국 언론이 대서특필했다가 그 후 "북한의 어선을 보호할 목적"이었음을 정정 보도한 실례(『한국일보』 특종기사)가 있었다. 또 북한 어선은 말할 것도 없고 우리 어선들도 NLL을 넘어가서 어로 행위를 한 침범 사례도 흔히 있는 사실로 알려져 왔다.

전 세계의 이목이 집중되어 있는 서해 NLL에 전운이 감도는데 '오기' 또는 '기 싸움'으로 결과를 그르치기보다 지난 2007년 10월 2차 남북 정상 회담 때 NLL 해역을 평화의 바다로 만들기 위한 '서해평화협력특별지대'를 논의하다가 이명박 정부가 들어선 이래 중단되어버린 '서해 평화를 위한 노력'을 다시 시작해서, 다시는 NLL 때문에 남북 간 군사적인 문제가 발생하지 않도록 지혜를 모으는 것이 남북한 모두에 득이 되는 일이 아닐까?

소련 수상 고르바초프는 동서베를린의 장벽을 허물기 위해서 동서 양쪽 '젊은이들의 접촉'을 권했고 결국 민간인들이 장벽을 밀어 무너트린 것이 계기가 되어 베를린은 30년 만에 하나가 되지 않았던가! 그러므로 '서해평화협력특별지대'가 마련된다면 남북한 어선이 NLL을 자유롭게 넘나들면서 동포끼리 고운 말이 오가고, 그렇게 해서 통일도 한 발짝씩 다가

서는 계기가 되지 않을까? 신중치 못한 정부의 선택으로 만일 남북한 전쟁이라도 발발한다면 남북한의 군인과 민간인 등 총 2천만에 가까운 사상자를 자초하는 대한민국 역사상 최악의 정권으로 기록된다는 사실을 명심해야 할 것이다.

09.
한국 경제는
미국이 일으켰다

대한민국 국민 대부분이 알기로는 한국군 베트남 파병이 미국 정부의 요구에 정부가 어쩔 수 없이 응했던 결과라고 믿고 있다. 그러나 사실은 거꾸로 박정희 전 대통령이 자발적으로 베트남 한국군 파병을 미국 측에 제안, 미국이 이를 받아들인 결과였다.

박정희와 케네디의 정상회담 회의록에 따르면, 박정희 당시 국가재건최고회의 의장은 1961년 쿠데타 성공 후인 11월 14일 케네디 대통령의 초청으로 미국을 방문한다. 이때 정상회담 석상에서 박 의장은 케네디 대통령에게 "한국은 월남전과 같은 유형의 전쟁에 잘 훈련된 인력을 보유하고 있다. 이들은 정규군에서 훈련받았고 지금은 흩어져 있다. 한국 출발 전 한국군 장성들과 협의한 결과 모두가 파병을 찬성했다. 자유세계의 일원으로 미국의 과중한 부담을 덜어주기 위한 결정이다. 케네디 대통령께서도 이 점 군사고문들과 지속적으로 연구하신 후 결과를 알려주시기 바란다"며 월남전 한국군 파병을 먼저 제의한다. 그때까지만 해도 케네디는 한국군 참전을 생각하지 않고 있었으나 박 의장의 이러한 제의에 예정에도 없던 두 차례의 정상회담을 갖는다.

박 의장의 이러한 제의에는 몇 가지 목적이 있었다. 첫째, 자신의 과거

남로당(한국군책) 관련 경력 때문에 아직도 자신을 의심스런 눈으로 바라보는 미국의 일부 지도자들의 신뢰를 이번 기회에 획득, 튼튼한 정권 기반 및 장기 집권의 기틀을 다진다. 둘째, 쿠데타로 인한 약체 정권의 약점을 이러한 방법으로 미국 정부의 환심을 사서 정상적인 정권으로 업그레이드시킨다. 셋째, 그렇게 해서 절박한 미국의 경제 원조를 이끌어낸다. 결국 박 의장의 베트남 파병 제의는 이를 통해 자신의 입지를 굳힘으로써 장기집권과 경제 발전을 이루기 위한 치밀한 포석이었던 것이다.

곧 이어 케네디 암살로 인해 후계자가 된 존슨 대통령은 미국 내 반전 여론과 국제사회의 지지를 얻지 못하고 있는 시점에서 미군 증파가 어려워지자, 드디어 박 의장의 제의에 따라 한국군 1개 사단 파병을 정식으로 요청한다. 이에 따라 한국군은 최대 5만 명 수준까지 베트남 전선에 투입되어 만 8년 8개월간(1965~73) 연인원 약 32만 명이 베트콩(베트남 공산군)과 전투를 벌이게 된 것이다.

존슨 대통령은 1966년 10월 31일 증원군 파병을 요청하기 위해 한국을 방문한다. 그러나 이미 5만 병력을 파견하고 있는 마당에 북한의 위협이 있을 수 있어 더 이상의 파병은 위험하다는 한국 측 반응을 듣고 떠날 수밖에 없었다. 어쨌건 베트남 전쟁 중 미군보다 훨씬 봉급이 싼 한국군 파병으로 미국은 자그마치 경비를 24억 달러나 절감할 수 있었다.

한편, 베트남전 파병으로 한국은 뼈아픈 전사자(5천여 명)와 전상자(1만 5천여 명), 고엽제 희생자(11만여 명) 등 막대한 피해를 보았다. 하지만 애당초의 목적이었던 국군 현대화를 위한 1억 5천만 달러 차관, 파병군의 모국 송금 2억 달러 등 베트남 특수로 한국은 총 10억 달러를 벌어들이는 달콤한 열매를 얻는다. 그중 국군 현대화 차관 1억 5천만 달러는 오늘날 한국 경제 발전의 초석이 된 경부고속도로 건설에 쓰였다.

한국 경제가 급속도로 성장한 바탕에는 무엇보다도 남한의 공산화를 겁내던 미국 정부가 있었다. 전 세계에서 공산화된 나라들을 분석한 결과 모두가 빈약한 경제가 그 원인이었음을 알게 된 미국은 박정희 정권이 정치 자금 창출을 위해 장난을 치다 파탄을 낸 증권시장과 화폐개혁의 실패로 경제가 극악 상황에 처하자 민중 봉기 등의 위기감을 느껴 미 대외원조처(USOM 및 AID)를 통해 적극적으로 한국 경제 성장을 위해 뛰어든다. 당시 북한이 세계 경제 순위 50위, 남한이 101위였으니 한국 국민들의 봉기는 쉬 짐작할 수 있었으리라.

박정희가 매달렸던 대기업 및 포항제철 위주의 경제정책으로는 절대로 한국 경제가 일어날 수 없다고 판단한 미국은 미국이 제시한 '수출 주도형 경제개발정책' 등 제안을 무조건 반대로만 일관하는 박정희에게 여러 차례 실망을 했다. 그리고 이러한 미국의 제안을 받아들일 때까지 그때그때 경제 원조를 중단하는 채찍질을 했다. 미국이 예상한 대로, 그때마다 답답해진 박정희는 미국의 제안을 수용할 수밖에 없었다. 그리고 미국은 이러한 문제점이 박정희가 경제에 너무 무지하기 때문이라는 사실을 간파하고, 결국 박정희에게 경제학을 가르칠 유능한 경제학자까지 개인 지도 교수로 파견하는 조치를 취해야 했다. 그리하여 박정희는 미국의 제의에 따라 무능한 경제 관련 장관 등 참모들을 경질할 수밖에 없었다. 미국이 제시한 수출 주도형 경제개발 정책을 이행하기 위해서는 보다 유능한 참모들이 필요했기 때문이다. 이렇게 해서 미국이 주도한 한국의 수출 주도형 경제정책은 세계가 깜짝 놀랄 만큼 빠르게 속도를 낸다.

물론 박정희 정권은 이 모두가 대통령의 작품인 것처럼 국민들을 세뇌시키는 데 성공한다. 그러나 한국의 눈부신 경제 발전은 미국의 적극적인 제의로 이뤄진 수출 주도형 개발정책을 기관차로 하여, 베트남 전쟁 희생자(5천여 명의 전사자)들 및 32만 참전용사들, 또 서독에 파견돼 죽도록 고생했던 수많은 광부들과 간호사들의 막대한 액수의 송금 그리고 구로공단(현 디지털단지) 등 전국의 근로자들의 피와 땀으로 이뤄진 총합체가 그 밑거름이 되었다는 사실을 유능한 경제학 교수 등 알 만한 인사들은 다 알고 있는 사실이다.

▲ 1966년 11월 1일 중부전선을 시찰한 존슨 미 대통령의 뒤에 수행 취재 중인 저자

10.
쿠데타 성공으로 18년간
집권한 박정희의 실체

1)　　　　　　　　　'박정희(1917~1979) 전 대통령' 하면, 웬만한 지식층 사람들의 머릿속에는 '조국의 경제를 살린 위대한 영웅', '민주국가를 쿠데타로 전복한 반란군 수괴', ' 권력을 악용해 수많은 정적을 없애고 유부녀를 포함한 수백 명 부녀자들을 농락한 희대의 바람둥이 독재자', '최고 악질 친일파', '골수 공산주의자', 등 완전히 색다른 모습의 얼굴들이 떠올라 혼란스러울 정도다.

박정희 군사독재 정권의 압력과 자사 이익에 눈이 멀어 시녀 노릇을 자임해 왔던 조선·중앙·동아 및 KBS·MBC·YTN 등 수많은 어용 언론, 그리고 일부 어용 인사들의 저서 등이 너무도 오랫동안 '진실을 국민들에게 알릴 언론 본연의 자세'는 팽개치고 군사독재 정권의 요구대로 대부분의 국민들을 '바보'로 세뇌시킨 결과, 이제 너무 많은 사람들이 위 사실 중 맨 첫 부분, 즉 '조국의 경제를 살린 영웅' 이외의 사실은 믿으려 하지 않는 서글픈 세태가 되었다.

그나마 다행한 것은, 몇 해 전 어느 여론조사 기관이 국내의 엘리트 집단이라 할 수 있는 공무원 대상 여론 조사에서 '어느 신문을 가장 신뢰하느냐?'고 물었더니 '한겨레', 그 다음이 '경향', '한국'의 순서였음은 독자가 가장 많다는 '조', '중', '동'이 신뢰 면에서는 하위를 면치 못하고 있음을 보여주고 있다는 사실이다.

나는 '국가기록원', '민족문제연구소', '미군정 정보보고서', '전 미국여기자협회 회장'이요, 한국인으로서는 맨 처음 백악관을 출입한 문명자(1930~2008) 원로 기자의 저서 『내가 본 박정희와 김대중』 등을 참고, 위의 어용 언론만 접하고 있는 대다수 인사들의 올바른 정세 판단에 다소나마 도움이 되길 바라 박 전 대통령의 '진짜 얼굴'을 서툰 솜씨로나마 있는 그대로 그려보려 한다.

1939년 3월 경북 문경보통학교(초등학교) 교사로 있던 박정희(당시 23세, 일본 명은 '다카키 마사오=高木正雄')는 나이가 많아서 일본군 만주 신경군관학교(2년제)에 입학이 어렵게 되자(20세까지만 가능) 손가락을 잘라 '진충보국멸사봉공盡忠保國滅私奉公', 즉 "충성을 다해 일본에 보답하고, 견마(犬馬=개와 말)의 충성을 다할 결심입니다"라며 일왕에게 바치는 충성혈서忠誠血書를 써서 만주신경군관학교로 보내 입학 허가를 받아냈고, 졸업식 때 수석 졸업자 연설에서 "대동아공영권을 성공시키기 위해 목숨을 바쳐 사쿠라처럼 죽겠다"고 강조했는데 일제 하 35년간 그 많은 조선인 출신 일본군 장교 지망생 중 혈서로 일왕에 맹세한 경우는 '다카키 마사오' 교사가 유일무이한 경우다.

만주신경군관학교에서 3등 안으로 졸업한 생도들에게 일본 정규 육사 편입 특전을 줌에 따라 일본 육사 3년생으로 편입했던 '다카키 마사오' 소위는 졸업 후 관동군 23사단 72연대 소대장이 된다. 그때까지도 자신의 이름에 불만이 많던 '다카키 마사오' 소위는 당시 일본 연대장 오카모토(대좌=대령)의 성을 본 따서 '오카모토 미노루'로 또다시 개명한다. 조선인(조센징)이 창씨개명한 냄새가 나는 '다카키 마사오(다카키高木란 성은 고령 박씨에서 따왔고 마사오正雄란 이름은 정희正熙를 변용한 것)'보다는 '오카모토 미노루岡本實'가 창씨개명을 의심받지 않은 진짜 일본 이름이었다. 이렇게라도 해서 한국인의 흔적을 지워보려는 몸부림이었으니 진짜 친일파가 아니면 할 수 없는 일이었다.

만주에 주둔 중 '오카모토 미노루' 소위는 소대장으로 독립군(당시 중공 팔로군 소속) 소탕 작전에 무려 110회나 출전, 혁혁한 공로로 중위로 진급한다. 그 후 악질 친일파 조선인들로만 구성된 '간도토벌대'에 소속돼 중대장으로 더욱 큰 공을 세웠으니 그로 인한 애국지사들의 희생은 상상하고도 남을 것이다. 이때 조센징 중대장이 이끄는 일본군에 사살당한 독립군 전사들은 마지막 숨을 거둘 때 '이 민족반역자!' 하고 절규하지 않았다면 거짓말일 것이다.

오죽했으면 일본 육군사관학교 교장 '나구모 쥬이치南雲忠一' 장군은 "다카키 마사오 생도는 태생은 조선일지 몰라도 천황폐하에 바치는 충성심이라는 점에서는 보통의 일본인보다 훨씬 일본인다운 데가 있다"고 그의 의심할 수 없는 적극 친일 자세를 극찬했겠는가.

조선, 동아, 경향, MBC의 워싱턴 특파원을 역임했던 문명자 기자가 1972년 도쿄에서 어렵게 '다카키 마사오'와 함께 만주신경군관학교에서 생도로 있었던 일본인 장교 출신 두 명을 찾아 인터뷰한 내용을 보면 "… 조센징 다카키 마사오(박정희)는 하루 종일 같이 있어도 말 한마디 없는 음침한 성격이었다. 그런데 '내일 조센징 토벌 나간다'는 명령만 떨어지면 그렇게 말이 없던 자가 갑자기 '요오시(좋다)! 토벌이다!' 하고 우뢰같이 고함을 치곤 했다. 그래서 우리 일본 생도들은 '저거 좀 돈 놈 아냐?' 하고 쑥덕거렸던 기억이 난다…"고 회고했다.

문 기자는 그 후 박정희 당시 대통령의 지시로 KCIA(한국 중앙정보부) 요원들이 도쿄에서 정적 김대중을 납치해 동해 바다에 수장하기 직전 헬리콥터로 급거 출동한 주한 미 정보요원의 제지로 살해 계획이 실패한 사실을 알고부터 철저한 '반 박정희' 노선으로 선회, 백악관에 보고된 자료를 토대로 박 정권의 각종 비리와 인권유린 관련 기사를 낱낱이 폭로, 조국의 민주화를 적극 지원, 국내 언론을 무색하게 했으며 박 정권이 없애버려야 할 '반한 인사 제1호'가 된다.

그 후 문 기자는 박 정권으로부터 '빨갱이(?)'로 몰려 부모 친척의 장례식마저 참석할 수 없었다. 이때 조선일보로 송고된 세상을 깜짝 놀라게 할 굵직굵직한 박 정권의 부정 비리 기사들은 단 한 줄도 보도되지 않았음은 물론, 오히려 그 기사를 미끼로 조선일보 사장은 청와대에서 계속 두둑한 사례를 받는 결과를 초래했기에 문 기자는 배신당한 소속 언론사를 자꾸 바꿀 수밖에 없었던 것이다.

한국인 기자로서는 처음으로 당시의 국제 거물인 중국의 덩샤오핑을 비롯해 북한의 김일성 등과 단독 인터뷰를 했던 문 기자는 박 정권이 자신을 '반한 인사' 또는 '친북 인사'로 낙인찍자 "유신정권 때인 70년대까지는 '반한 인사'로 불렸는데, 80년대 말 남북 고위급(김대중, 김일성) 회담이 본격화된 후 북한 취재에 나서면서 '친북 인사'로 호칭이 바뀌더라. '반한 인사' '친북 인사'란 한국 중앙정보부가 만들어낸 용어로, 전혀 타당하지 않다. 굳이 말하자면 '반反박정희 인사'나 '반反유신 인사'라고 해야 옳을 것이다. '친북'도 그렇다. 남북은 같은 민족이다. 서로가 '친북'도 하고 '친남'도 해야 한다"고 받아쳤던 정의감과 패기로 가득 찬 원로 기자였다.

2)   1963년 12월 17일 박정희 대통령 취임식에 참석한 일본의 자민당 부총재 '오노 반보쿠'는 출발 전 일본 기자들과의 회견에서 다음과 같은 말을 한다.

"…박정희 대통령과는 부자 사이 같은 관계로서 아들의 취임식을 보러 가는 것은 무엇보다도 즐겁다…" 박정희 전 대통령이 '진짜 친일파'임을 대변해 주는 말이다.

박정희 정권과 일본 군국주의 세력의 정신적 유대는 대일 굴욕회담(한일협정)을 성사시킨다. 이를 통해 한국의 일본에 대한 식민지 지배 피해에 대한 거의 모든 권리와 주장을 포기한다. 박정희 당시 대통령은 이때 일본으로부터 식민지 지배 보상 명목(한일경제협력을 위한 지원금)으로 겨우 3억 달러를 받는 것으로 끝낸다.

더구나 이 3억 달러에는 "독도(일본은 '다케시마'라 부른다)가 한국 땅임과 동시에 일본 땅이기도 하다"라는 일본 측의 끈질긴 요구를 받아들이는 조건이 붙어 있었으니 쿠데타를 정당화하기 위해 경제개발이 급선무였던 박 정권으로서는 이 '만고의 역적'이나 할 수 있는 한일협정을 경솔하게 맺음으로써 오늘날 일본이 독도는 자기네 땅이라고 우기는 빌미를 제공하고 만 것이다.

일본이 이를 미끼로 국제재판소에 제소할 경우 과연 독도를 우리가 보존할 수 있을까? 염려스러울 뿐이다.

액수도 '장면 정권'의 8억 달러나 '이승만 정권'의 80억 달러의 주장에 비하면 너무나 헐값이었다. 일본은 이때 받았던 3억 달러로 식민지 지배에 대한 피해 보상은 모두 끝났다고 주장한다.

그 후 생존한 위안부 할머니들이 몇 년간을 시위해도 일본은 한 푼도 내놓지 않고 있다. 이게 모두 친일파 박정희 전 대통령의 작품인 것이다.

일본 패망으로 패잔병의 낭패감을 맛보며 절망에 빠진 것도 잠시였던 '오카모토 미노루(박정희)' 중위는 곧바로 자신의 장기인 변신을 시도한다.

1945년 9월 일본군복을 벗어던지고 민간복으로 갈아입은 뒤 중국 팔로군의 지휘를 받는 제8단과 함께 미윤密雲으로 이동한 후 이곳에서 8단을 탈영해 신현준, 이주일 등과 함께 베이징으로 가서 과거 일본군이나 만주군 출신 조선인들을 중심으로 편성된 광복군 제3지대 주駐평진平津 대

대의 제2중대장을 맡는다.

일본이 패망하자 일본군의 '오카모토' 중위는 이와 같이 광복군 흉내를 낸 것이다. 우리는 여기서 유리한 상황에만 빌붙는 기회주의자의 전형을 볼 수 있지 않은가.

1946년 4월 평진대가 해산한 후 박정희는 5월 초 톈진天津에서 미국 수송선을 타고 부산항으로 귀국한다. 당시 남한은 이승만을 앞세운 미군정이 통치하던 시절로 친일파들이 중용되던 때였다.

일본 육사 출신으로 실전 경험이 있는 박정희 전 일본군 중위는 조선경비사관학교(육사 전신)를 2기로 졸업하고 당시의 관례(일본군 계급에서 한 계급 특진)대로 대한민국 육군 대위로 임관한다.

이밖에도 박정희 전 대통령이 평생 뼛속까지 일본인이었음을 보여주는 대목을 보면 기절초풍할 지경이다.

1991년 12월 14일자 중앙일보는 "'나'는 강창성 전 보안사령관이오. 계엄 선포(1971년 10월 17일 계엄이 선포되었다) 한 달 전쯤인가 박 대통령이 나를 불러요. 집무실에 들어갔더니 박 대통령은 일본군 장교 복장을 하고 있더라고요. 가죽 장화에 점퍼 차림인데 말채찍을 들고 있었어요. 박 대통령은 가끔 이런 복장을 즐기곤 했지요. 만주군 장교 시절이 생각났던 모양입니다. 일본군 중위로 정일권 대위 등과 함께 일본군으로서 말을 타고 달리던 시절로 돌아가는 거죠. 박 대통령이 이런 모습을 할 때면 그분은 항상 기분이 좋은 것 같았어요."

청와대에서도 일본군 장교복을 즐겨 입던 '정신적으로 완전한 일본인'이 18년간이나 대한민국 대통령이었다니 김구 선생 등 순국선열들이 통곡할 노릇이다. 그는 18년 통치 기간 중 자신의 생명을 살려준 정일권, 백선엽 등 만주신경군관학교 출신들을 인재로 등용해 나라를 좀먹고 민족정기를 회복할 수 없도록 망쳐놓은 것이다.

대한민국 육사 중대장이 된 박정희 대위는 당시 70%의 남한 국민이 좌익에 동조함을 알고 남한의 공산당인 '남로당'에 입당한다.

당시의 '미군정 정보보고서'에 따르면 그 후 일 계급 승진한 박정희 소령은 육사 내부에 남로당 세포를 침투시켜 무력 혁명 획책 활동을 벌였고 정보 장교로 육군본부에 근무할 때 친형 박상희(전 구미 동아일보 지국장, 고위 남로당 간부로서 대구 폭동을 주도한 혐의로 경찰에 사살당함) 등의 추천으로 '남로당 국군 총책'이라는 요직을 맡은 후 1948년 10월에 여순(여수 순천) 반란(국군 14연대 일부 병력의 반란) 사건이 터지자 군 특무대(대장 김창룡)에 의해 '여순반란사건 주모자'로 체포돼 무기징역형 언도를 받는다.

그러나 일본군 선배 중 정일권, 백선엽, 원용덕, 이응준, 김용문 등 고급장교들의 적극적인 구명 운동(여순반란사건 담당 재판장이었던 최석 장군 증언)으로 애당초 사형을 받아 마땅함에도 무기형을 받았던 박정희는 또다시 15년으로 감형, 얼마 후 형집행정지를 거쳐 육군 장교로 복귀하게 된다.

'내 목숨 하나 살기 위해' 당시 국군 내 남로당 조직을 샅샅이 뒤지던 특무대에 국군 내의 남로당 조직 체계와 당원 명단을 넘겨줘 당 조직 및 동지들을 배신-궤멸시킨 공로도 크게 작용한 탓이다.

당시 군 수사기관에 체포돼 감옥에 간 국군 남로당원 등 좌익분자는 무려 4천 7백여 명, 그중 7백여 명이 총살형을 당했고 나머지는 징역형에 처해졌으나 막상 '국군 남로당 총책'이요, 여순반란사건 주모자였던 박정희 소령은 일본군 선배들의 각별한 배려와 동지들을 배신한 대가로 다시 군에 복귀하게 되었으니 이 이상 운 좋은 사나이가 있겠는가.

3)   6·25가 발발한 지 5일 만에 역시 군의 실권을 쥐고 있던 선배들의 배려로 전 박정희 소령은 육군본부 문관으로 화려하게 복귀했고 차차 현역 장교로 복귀, 승진을 거듭한 끝에 마침내 5.16군사쿠데타로 민주 정권을 쓰러트림으로써 조국의 민주주의를 3~40년 이상 후퇴시켜버린다.

쿠데타 직후 박정희 소장은 "혁명공약 제1장, 반공을 국시로 하고(반공은 국시가 될 수 없는데도)…"를 발표, "언제 내가 공산주의자였더냐?"며 또 다시 자세를 돌변한다.
반공을 외치는 길만이 자기의 과거를 은폐하고 숨길 수 있는 유일한 방법이었기에 또다시 기회주의자로 변신을 한 것이다.

그 후 18년 장기 독재 기간 중 애국자 조봉암, 독립군 중대장 출신인 사상계 주간 장준하, 정론을 펴던 민족일보 조용수 사장, 서울대 최종길 교수, 박정희 정권이 조작한 인혁당 사건 관련, 8명의 애국청년, 도예종, 서도원, 김용원, 이수병, 우홍선, 송상진, 여정남, 하재완 등 얼마나 많은 정적들을 억지 '빨갱이'로 날조해 사법 살인 또는 의문사로 색칠해 죽였으며 투옥 등으로 고통을 주었던가!

이어 박정희의 양아들로 알려진 전두환, 노태우 등은 그의 바통을 받은 악랄한 후배 독재자들이었으니 '광주 대량 학살 사건' 등의 원죄가 박정희 전 대통령에게 있다고 한다면 과언일까?

위 희생자 중, 박정희 정권 때 정체불명의 몇몇 장정들에 의해 등산 중 의문의 추락사를 당한 전 사상계 주간 장준하 선생(전 독립군으로 박정희의 일본군과 전투했음)은 평소에 한결같이 "우리나라 국민 중 아무나 대통령이 될 수 있다. 다만 독립군을 토벌한 박정희만은 절대로 안 된다"고 주장했다. 민족정기가 올바른 독립군 출신으로 너무도 당연한 발언이었고 결국 이 발언 때문에 의문사를 당한 것이다. 그래서 장준하 선생의 사인을 박 정권의 타살로 보지 않는 사람은 거의 없는 실정이다.

또 박정희 정권 말기인 약 3년간만 따져도, 심복 김재규 중앙정보부장 재직 시 채홍사 한 사람의 수첩에 '궁정동 안가'에 불려가 농락당한 여인들의 명단이 유부녀를 포함해서 2백 50여 명을 넘는다니 18년 장기 집권 기간 매 3일마다(안가 집사의 증언) 본인의 의사와는 관계없이 독재자의 의중에 따라 몸을 바쳐 시중을 든 수는 과연 얼마일지 누가 짐작이나 하겠는가!

　모든 세계의 독재자들이 그래 왔듯이 장기 집권을 국민들이 받아들이도록 환심을 사는 방법은 경제 부흥밖에 없었다.

　민주당 장면 정권이 집권 후 5.16쿠데타가 발발하기 직전까지 9개월 간 열심히 만들어놓은 '경제부흥 5개년계획' 청사진을 그대로 가져와 국민들에게는 감쪽같이 속이고 이를 활용해서 한국 경제를 오늘날 세계 10대 강국으로 성장하도록 초석을 다진 공로로 수많은 국민들이 역대 대통령 중 최고로 받드는 '영웅 박정희'가 된 것이다.

　이것도 실상을 알고 보면 증권파동, 화폐교환 등 서툰 경제 정책 실패 때문에 북한보다 국민경제가 너무 악화된 탓으로 '국민의 또 다른 4.19의 거 내지 남한이 적화할 것'을 두려워했던 미국이, 당시 경제에 너무 무식한 박정희의 반대에 부딪칠 때마다 당근과 채찍 양면 작전으로, 한편으로는 경제학 교수까지 미국에서 파견, 오늘날의 '수출 주도형 경제정책'을 받아들이도록 두고두고 설득한 결과가 오늘날 한국 경제 부흥의 바탕이 된 것이다.

　눈을 국외로 돌려 보면 그 나라 국민의 의식 수준에 따라서는 경제 부흥을 성공시킨 독재자라 하더라도 훗날 반드시 '영웅'으로 추앙받지는 않는다.

　세계 3대 부국의 하나인 독일의 경우를 보면, 독일 경제 부흥의 초석을 다진 사람은 바로 독재자 '히틀러'였다.

　고속도로 신설, 폭스바겐 양산 등으로 수많은 국민들에게 혜택을 주며 오늘의 '부자 독일' 건설을 위한 초석을 다진 것이다.

이러한 사실을 부인하는 독일인들은 없는데도 한국과는 달리 독일인들은 '히틀러'를 '영웅'으로 대접하기는커녕 독일을 전 세계에 치욕스런 나라로 만든, 다시는 태어나서는 안 될 존재로 본다는 것. '자기의 장기 집권을 위해서 세운 업적인데 왜 국민들이 히틀러에게 고마워해야 하냐?'는 것이다.

미국 정부의 강권에 따랐건 아니건 간에 박정희 전 대통령 역시 자신의 장기 집권을 위해 이룩한 업적인데, 한국 국민은 언제나 독일 국민과 같은 수준의 의식 수준이 될 수 있을까, 부러운 대목이다.

현대사의 핵심 인물로 동전의 양면성을 가지고 있는 박정희 전 대통령. 미국이 주도한 경제개발로 못 살던 나라를 이만큼 부흥시킨 공로는 분명히 인정해야 하겠지만, 권력욕에 불타 장기 집권하면서 독재정치로 조국의 민주주의를 40년 이상 후퇴시켜버린 죄과는 비판받아 마땅할 것이다.

경제개발로 나라를 잘 살게 만들었다는 이유 때문에, 애국자들인 수많은 독립군을 토벌했던 극악 친일파요, 여순반란 주모자에 빨갱이의 괴수인 남로당 국군 총책의 죄과 등, 올바른 나라였다면 사형을 당해도 여러 차례 당해야 할 존재다.

악랄하고 잔인무도했던 군사 독재에 희생된 수많은 애국자와 그 가족들 그리고 박정희의 수욕을 채워주기 위해 불려가 몸을 바칠 수밖에 없었던 수많은 여성들, 특히 유부녀들이 그 때문에 가정이 파괴돼 목 놓아 울던 울음소리가 지금도 나의 귀에 들리는 듯하다.

박정희 전 대통령이 '친일인명사전'에 친일파로 등재되자 반대자들이 "나라를 이 정도로 잘살게 한 대통령이 어떻게 친일파냐?"하는 것은 조, 중, 동, KBS, MBC, YTN 등 어용 언론만 보는 사람들의 무지의 소치일 뿐이다. 역사적 인물 평가는 공과 과를 엄격하게 구분해야 하고 또 공정해야 하는 법이다.

11.
사이비 애국자 초대 대통령
이승만의 실체

조국 광복 후 친일파와 그 후손들의 끈질긴 방해로 무려 반세기가 넘도록 편찬이 불가능했던 『친일인명사전』이 조국 광복 60년 만에 양식이 있는 전국의 대학교수 1만여 명과 뜻있는 인사 3만여 명의 재정 지원으로 민족문제연구소(소장 임헌영, 이사장 함세웅)를 통해 이 세상에 드디어 그 모습을 드러냈다. 이러한 역사적인 민족 사업에 정부의 보조금이 전무했다니 현 정부 등 집권자들 대부분이 친일파였음을 말해준다.

민족문제연구소는 왜놈들의 앞잡이로 독립군을 토벌하고 동족의 민족혼을 말살, 동족을 왜놈으로 세뇌시키는 데에 앞장섰던 2만 5천여 명의 친일파들 중 엄선 또 엄선 끝에 최고 악질 친일파만 솎아내어 4천 389명의 명단을 3천여 쪽의 『친일인명사전』에 담아내는 엄청난 민족사업을 마무리 지은 것이다.

민족문제연구소가 눈에 안 보이는 정부의 핍박으로 재정적으로 어려움을 겪는다는 소식을 듣고 나는 바로 이 친일인명사전(값 30만 원)을 구입했다. 그랬더니 고맙다며 '백년전쟁'이라는 동영상을 보내 왔다. 알고 보니 민족문제연구소는 '백년전쟁(비매품)'이라는 이름의 역사 기록 동영상까지 제작하여 양심이 올바른 국민들에게 무료로 선사하고 있었던 것이다.

그런데 왜 '백년전쟁'인가? 이는 조국이 광복을 맞아 독립 국가를 세웠다고는 하나 실제로는 일본의 통치권이 전승국인 미국과 소련 등 외세로 넘어가 한민족이 바라던 우리 민족만의 남북통일 정권은 아직도 요원한 실정이기 때문이다. 조국 독립을 목적으로 한 3.1운동 정신과 그 뜻을 이은 상해임시정부의 전통을 이어받은 한민족 정통 대한민국 통일 정부가 서는 그날까지 계속 우리의 목적을 달성하기 위한 정신적 전쟁은 을사늑약-경술국치로 나라를 잃은 이후 지금까지 백년 이상 계속되고 있다. 그러니 외세 간섭 없는 진정한 의미의 독립은 아직 멀었다는 뜻이다. 현 대한민국은 완전한 우리 민족의 민주 통일 정부로 가는 발판에 불과할 뿐이다.

동영상 '백년전쟁'은 사이비 애국자요, 자기가 출세하기 위해서는 양심도 버리고 폭력도 불사하며 조국의 독립 투쟁을 벌이고 있는 동지를 밀고하는 민족반역자 노릇도 마다 않았을 뿐 아니라 백인 여성들과의 유흥을 위해서는 조국독립을 위해 어렵게 모은 자금도 마음대로 횡령·남용했던 하와이의 갱스터^{Gangster} 이승만의 발자취를 법정 기록과 당시 보도된 신문 기사를 토대로 낱낱이 폭로하고 있다.

이러한 이승만의 발자취를 우리 국민들은 과연 몇 사람이나 제대로 알고 있을까? 이를 안타깝게 여긴 나는 그 내용을 있는 사실 그대로 옮겨 이 동영상을 접하지 못한 동포들에게 그 진상을 알려야겠다는 생각이 들었다. 우리 민족 한 사람이라도 더 알아야 할 민족 반역 도배들의 역겨운 이름들이니 이를 더욱 널리 알리는 일은, 기자가 아니더라도 한민족의 일원으로서 당연한 임무라 믿었기 때문이다.

남한만의 친일파 수를 광복 직후 2만 5천여 명으로 집계한 수로 따진다 해도 남한 국민의 당시 인구 약 2천만에 비하면 친일파보다 이들에게 학대받고 고통 받던 동포 수가 8백배나 더 많다는 점을 감안, 대다수 압도적인 동포들에게 일제강점기 독립투사 및 반민족행위자들의 행적을 살살이 알리는 게 옳지 않겠는가.

이승만(1875~1965)을 분석한 미 중앙정보부의 해제된 기밀문서에 따르면, "이승만은 사적 권력을 추구하는 데 수단 방법을 가리지 않는 인물"이라는 설명이 따르고 있다. 당시 친미파 이승만을 남한의 대통령으로 내세울 때 백악관이 참고해야 할 정보였던 것으로 보인다. 그러나 당시 미국으로서는 자기네가 가장 싫어하는 민족주의에 바탕을 둔 상해임정 요인들에게 정권을 넘길 수는 없었기에 순순히 말을 잘 들어줄 이승만 외에는 다른 길이 없었을 것이다. 반면 임정 주석 김구는 없애려고 했을 것이다. 김구가 집권하면 친미 아닌 친중(후에 장제스 총통의 타이완)이 될 수 있었기 때문이다. 그리하여 미군 CIC(첩보부대) 요원 안두희의 흉탄에 우리 민족의 지도자 백범 김구 주석이 쓰러졌으니 한민족의 일원으로서 어찌 통탄할 일이 아니겠는가.

처음에 하버드에서 석·박사과정에 실패했던 이승만은 프린스턴으로 가서 "석사 과정을 생략하고 2년 내에 바로 박사 학위를 줄 것"을 요구했다. 이에 학교 측은 "한국인으로는 처음으로 프린스턴 출신이 한국 기독교 선교에 앞장서겠다"는 이승만의 주장에 그 제안을 정치적으로 수락한다. 그때만 해도 다른 대학과의 경쟁 때문에 이러한 일이 가능했던 것이다. 이런 점을 보면 이승만의 잔머리 굴리는 재주만은 타의 추종을 불허한다고 하겠다.

한편, 1909년 항일투사 박용만(1881~1928, 철원 출신) 장군은 미국에서는 처음으로 자신의 모교(헤이스팅대 정치학, 군사학 석사) 소재지인 네브라스카 주정부의 허락을 받고 한인 군사학교인 '한인청소년비행학교'를 설립한 애국자로서 3년 후 1기생 13명을 배출한다. 이어 1912년 하와이의 '대한국인국민회' 기관지 『신한국보』 주필로 자리를 옮겨 언론인으로 활동하면서 1914년에는 항일 무장 단체인 '대조선국민군단'을 창립, 사관학교를 설립해 130명의 독립군 간부 양성에 성공하기도 했다. 1913년 박 장군의 초청으로 하와이에 온 이승만은 박 장군의 무장투쟁을 통한 독립운동에 반대하여 사이가 멀어졌고, 자신은 후세 교육을 통해서 독립에 기여한다는 자세를 취했다. 그러나 당시 현지 한인학교를 운영하던 이승만은 자신의 말과는 동떨어진 행동을 계속했다.

1916년 이승만은 하와이에서 발행되는 미국 신문 『호놀룰루 스타 블러틴Honollu Star-Bulletin』 10월 6일자에 기고한 글을 통해 "우리 학교에서는 일본을 비판하라고 가르치지 않는다. 나는 반일 감정을 일으킬 생각이 없다. 일본인들은 나에 대해 오해하지 말기를 바란다"고 주장함으로써 항일 투쟁과는 거리가 먼 사람임을 스스로 폭로한다. 어디 그뿐인가? 그 전에도 이승만은 1912년 11월 18일자 『워싱턴포스트』와의 회견에서 "한일합방 3년도 되기 전에 한국은 낡은 인습의 느림보 나라에서 활발하고 떠들썩한 산업 경제의 한 중심으로 변모했다"며 일본의 식민지 근대화론과 똑같은 발언을 함으로써 일본 정부의 대변인 역할을 했던 것이다. 이러한 이승만의 행동에는 당시 미국과 일본의 사이가 가까우니 친일 발언으로 미국 정부의 환심을 사겠다는 배경이 깔려 있었다. 영어에 무지한 동포들이 미국 신문을 못 읽는다는 약점을 이용한 어처구니없는 행동이었다. 그러나 그의 교활한 친일 민족 반역 행위는 얼마 후 미국과 일본이 전쟁으로 치닫자 180도 자세를 바꿔 철저한 항일 투사로 변신한다. 역시 미국 정부를 의식한 행동이었다. 그러나 순진한 우리 국민들은 이러한 그를 훌륭한 독립투사로 여겼다.

이렇게 해서 그에게는 "사이비 애국자", "하와이의 깡패 왕초", "공금 횡령범", "사기꾼", "플레이보이", "애국자를 밀고한 반역자" 등 더러운 대명사들이 따라 붙게 된다. 그 별명들에 합당한 이승만의 발자취가 확실한 증거자료와 함께 앞으로 전개될 글에 낱낱이 밝혀질 것이다.

이렇게 증거가 명명백백한데도 일부 친일파 후손들은 "허무맹랑한 근거를 조작해서 건국 대통령 이승만 박사를 음해한다"며 순진한 국민들에게 역공세를 펴고 있는 실정이다. 국민들이 그렇게 믿어줘야 자기네 조상의 친일 행적이 희석될 것이고, 또 그렇게 하는 것이 친일파들을 재기용해서 오늘날 잘살게 해준 이승만에 대한 예의요 보은이라 믿기 때문이다.

진실성이란 눈곱만큼도 찾아볼 수 없던 교활한 이승만이 틈만 나면 당시 하와이 거주 동포들 앞에서 우는 소리로 "내가 일본 감옥에서 당한 고문으로 이렇게 손끝이 시리다"며 손가락이 아픈 양 두 손 열 손가락을 구부려 아픈 척 쇼를 했고, 이를 본 순진한 동포들은 함께 가슴 아파했다. 이는 자신이야말로 "존경받을 수 있는 애국자요, 독립운동가"임을 믿게 하려는 얕은 수작이었다. 그러나 이승만은 단 한 번도 일제하에서 감옥에 간 사실이 없었다. 나라를 빼앗긴 후에도 미국 신문을 통해 친일 행동을 하는 이승만에게 상은 못 줄망정 일본 정부가 그를 체포할 아무런 이유가 없었던 것이다. 그가 독립운동과는 거리가 먼 파렴치범으로 잠시 감옥 생활을 했던 것은 고종황제 때인 이조 말의 일이니 이것 한 가지만 봐도 사기성이 농후하다는 것을 알 수 있다.

그리하여 이러한 속임수로 이승만을 조국의 독립 영웅으로 받드는 순진한 지지자들이 날로 늘어났다. 이에 사이비 애국자 이승만은 "맹목적으로 나를 따르라"고 교육, 자기 추종자들을 확보해나갔다. 당시 이승만의 목표는 박용만 장군이 총재로 있던 '대한하와이국민회(이하 국민회)'를 자신이 장악하는 것이었다. '국민회'야말로 애국심의 발로로 전 미주 지역에서 동포들이 한 푼 두 푼 모은 독립 자금을 보내오는 독립운동 단체였고 상해 임시정부의 독립 자금 조달처였던 것이다. 이승만의 목표는 바로 이 자금을 확보하는 것이었다.

이승만은 박용만 장군이 미국에서 일본 공격용 한인 군대를 양성한다고 미국 당국에 고발해서 법정에 세우고 박 장군에게 "국민회와 이 단체 통제권을 내놓으면 고소를 취하하겠다"며 수많은 추종자들을 동원·협박했다. 박 장군이 호락호락하질 않자 추종자들을 앞세워 총까지 쏘아가며 대격돌을 벌였고, 자신을 반대하는 자들은 살해하겠다고 엄포를 놓은 끝에 국민회에서 박 장군을 몰아내는 데 성공했다.

그런데 이승만은 숙원인 국민회를 장악하자 독립자금을 이용하여 부동산 재테크에 착수함으로써 사이비 애국자요, 사이비 기독교인임을 스스로 입증하고 말았다. 하와이 주법원 기록에 따르면 1914년 7월 14일, 전 미주 한인들이 힘겹게 모아준 '한인 여학생 기숙사 건립 기금' $2,400을 마음대로 목적을 변경, 부동산을 구입하고 즉시 그 자리에서 전 부동산 주인인 프레드 베링거에게 저당을 잡힌 후 현금 $1,400을 빌린다. 조건은 1년 후 전액 상환, 연리 8%였다. 그러나 1년 후 빚을 안 갚자 베링

거는 독촉장을 보냈고, 이승만은 이 빚을 국민회가 갚으라며 떠넘겨버렸
다. 국민회 재산인 한인 학교도 단돈 $1에 인수하는 등 같은 짓을 반복하
면서 자신의 사재를 불려나갔으니 고등 사기꾼 뺨치는 수법이 아닐 수 없
다. 부동산 2건을 저당 잡혀 $4,250, 남학생 기숙사 저당으로 $3,500,
그 후에는 국민회의 전 재산을 팔아 목돈을 챙겼다. 이것이 하와이 한인
갱단 보스 이승만의 재테크 비결이었던 것이다. 당시 이승만이 저지른 범
죄는 독립운동을 빙자한 범죄로서 현행법으로 보아도 징역 7년 이하에
해당하는 죄질이 아주 나쁜 범죄였다.

1918년, 이를 보다 못한 안현경 국민회장은 모든 증거를 구비, 이승만
총재 불신임안을 제출함과 동시에 퇴진을 요구하게 된다. 하지만 이승만
이 누구인가? 추종자들을 동원해서 자신의 죄를 입증할 물증을 강탈하
기 위해 폭력까지 동원했다. 그러나 물증을 쥐고 있던 안 회장 측은 물러
서지 않았다. 그러자 이승만은 또다시 국민회 대의원인 유동면, 김한경,
김석륜, 이찬숙 등을 '폭동예비위험인물'로 몰아 미국 경찰에 고발한다.

하와이 『신한민보』 기사(1918년 2월 27일)에 따르면, 이승만이 법원에
나와 재판장에게 "재판장님, 이들은 박용만 패당이며 미국 영토 안에 한
국 군대를 만들었습니다. 이들은 위험한 반일 운동을 하며 일본 군함 '이
즈모'가 호놀룰루에 입항하면 파괴하려는 음모까지 꾸몄습니다. 이것은
미·일 간 중대한 사건을 일으켜 두 나라 간 평화를 방해하려는 짓입니
다. 저들을 의법 조처해 주십시오"라고 호소했다.

결국 민족 반역자 이승만의 고발로 진짜 애국자 박용만 장군은 미국에
서 해외로 추방당했다. 그때부터 미국 내에서의 독립군 양성은 흐지부지
되고 말았으니 한민족이라면 통탄할 일이 아닐 수 없다. 민족양심 같은

것은 아예 찾아 볼 길 없고 돈벌이와 출세에만 눈이 멀었던 이승만의 탐욕은 만주 벌판에서 독립군을 토벌한 일본군 소속 악질 친일파 장교들과 별 차이 없는 민족 반역자로 낙인찍어 마땅할 것이다.

이승만이 한국인이 아닌 프랑스인이었다면 1944년 8월 프랑스가 나치로부터 해방됐을 때 'A급 민족 반역자'로 법정에서 사형을 면할 수 없었을 것이다. 하지만 사기꾼 이승만은 미국의 비호 하에 금의환향, 초대 대통령이 되었으니 이게 불행한 우리나라의 운명이 아니면 무엇이랴.

1919년 3.1운동 이후 상해 임시정부(이하 임정)는 황해도와 경기도 출신 기독교인들(기호파)이 주축을 이루었다. 그러나 이러한 이승만의 반민족행위나 사기 행각을 전혀 모르고 있던 이들은 황해도가 같은 고향인 이승만의 학벌과 기독교인임을 내세워 임정 대통령으로 선출한다. 하와이 한인 갱단 두목이며 사기꾼 이승만이 일약 임정 초대 대통령이 된 것이다.

이런 기회를 노리던 이승만은 즉시 워싱턴디씨에 임정 '구미위원부'를 설치하고 독립운동에 쓴다며 목표액 5백만 달러(현 시가로 약 5천5백억 원)짜리 국채를 발행하면서 하와이 내에서의 돈벌이와는 비교가 안 되는 큰 사업가(?)로 변신한다. 동시에 이미 임정이 독립애국자금을 모으고 있던 것을 즉시 중단하고 앞으로 자금 분배는 자신이 할 테니 지금까지 모은 자금 전액을 내놓으라고 요구한다. 그러자 비기호파 측이 크게 반발, "재정 분배는 재무부 관할이니 각하가 채권 발행을 중단하시오" 하고 반발한다.

이 무렵 임정 요인들은 애국 동포들의 성금으로 국내 비밀 행정 조직인 연통부를 만들어 비밀 조직을 확대하고 임정 예하 만주 독립군을 통

합하는 등 본격적인 독립 전쟁 준비에 착수한다. 미국 캘리포니아에 비행학교를 건립, 왜왕의 머리를 부수겠다는 각오로 공군 창설도 추진한다.

이승만은 기호파를 포섭해 재정권 장악을 추진했고, 이에 따라 재무총장 이시영은 1920년 3월 드디어 구미위원부에 모금 업무 전부를 맡겨 이승만에게 승리를 안김으로써 임정은 내분에 휩싸이게 된다. 임정 각부의 차장들은 집단 사퇴 결의를 하면서 구미위원부 폐지와 이승만의 대통령직 사퇴를 요구한다. 이승만은 이제 거칠 것 없이 미국 전역을 돌아다니며 모금 운동을 벌인다. 그래서인지 역사가 서중석(성균관대), 정병준(이화여대) 교수 등은 이승만이 해외에서 한 모든 언행은 자신의 돈벌이와 관련이 있다고 입을 모으고 있다.

이승만은 46세 때 자신을 따르던 김 노디^{Nodie Kim}(22, 오벌린대 유학생)양을 데리고 여행하는 동안 최고급 호텔과 레스토랑을 이용하며 호화스런 세월을 보낸다. 이런 행각 끝에 1920년 6월 어느 날 미 수사관은 샌프란시스코에서 "여자와 부도덕한 성관계를 위한 동숙 목적으로 주 경계선을 넘는 자는 체포한다"는 주법에 따라 플레이보이 이승만을 체포한다. 당시의 수사 기록에 따르면 이승만을 체포·기소한 이유가 "백인 여성들을 유혹하여 데이트했으며 딸 같은 나이의 노디 양과의 합숙"이었다.

아무리 유력 인사라도 아는 사람이 없는 곳에서 재판을 받게 되면 불리할 수밖에 없음을 안 이승만은 또 잔꾀를 부린다. 사법 당국에 싹싹 빌면서 하와이에서 재판을 받게 해 달라며 통사정을 함으로써 이 위험한 고비를 미꾸라지처럼 빠져나가는 데 성공한다. 현지 재판부가 이승만의 요청을 받아들여 하와이에서 재판을 받게 된 것이다. 때마침 샌프란시스코 동포사회는 전 미국을 돌아다니며 독립자금 모금을 위해 애를 쓰고 있는 줄로 믿고 임정 이승만 대통령 환영회를 준비하고 있었다. 그러나 이승만이 환영회에 참석하고 만의 하나라도 자신의 기소 소식이 하와이 사탕수수밭에서 일하는 동포들에게까지 알려지면 개망신은 물론 모금운동은 실패할 게 분명했다. 이에 이승만은 "이유는 묻지 말라, 환영회에 참석할 수가 없다"고 환영회 준비 인사들에게 일방적으로 통고한다. 1920년 6월 29일 호놀룰루에 온 이승만은 오래 사귀어 온 백인 인사들과 접촉, "이승만은 절대로 그럴 사람이 아니다"라는 증언을 하게 함으로써 또다시 기각 결정을 받아내는 데 성공한다.

1920년 12월 28일, 이승만은 드디어 대통령이 된 지 만 1년 만에 상해 임정 환영식에 참석한다. 식이 끝난 후 이승만이 사기꾼임을 모르던 임정 요인들은 "대통령은 정부에서 근무해야 효율적이다. 만일 안 된다면 권한을 임정 국무회의에 위임해 달라"며 순진한 요구를 한다. 하지만 독립 자금 전부를 좌지우지하던 이승만이 이를 받아들일 리 만무했다. 이승만은 더는 임정 요인들이 딴소리를 못 하게 하고 독립자금을 쓰지 못하게 하기 위해 1921년 초 대통령 연두교서와 '독립운동전략'을 전격 발표한다. 그 내용은 다음과 같다.

1) 우리 형편상 전쟁 준비는 국민에게 맡기는 게 옳다.
2) 국내외 일반 국민은 작업에 종사하면서 여가 시간에 병법을 연마한다.
3) 무기도 각자 구하라.
4) 그러다 좋은 시기가 오면 일제히 일어나서 싸우자.

이런 한심한 내용이 소위 독립운동을 하고 있다는 대통령의 '독립운동

전략'이었다. 바로 이것이 '대한민국 임시정부' 대통령직을 이용해서 오직 자기 개인 돈벌이에만 열중한 사기꾼 이승만의 실체였으니 임정 요원들의 분노가 하늘을 찔렀을 것이 분명하다. 국민들이 정성껏 모아 보낸 독립자금으로 독립군을 양성하고 있는 임정에서 돈자루를 쥔 이승만은 직접적인 독립운동과는 무관한 '외교'를 내세워 모금액 중 겨우 13%만 보내고 87%는 자기 호주머니에 차곡차곡 저축한 것이다.

이승만의 이러한 행동에는 두 가지 목적이 있었다. 첫째는 자기가 이번 기회에 큰돈을 모아야겠다는 것이오, 두 번째는 국민들에게 전쟁 준비를 하라고 하고 무기도 각자 알아서 구입하라고 하면 상해로 직송하는 독립자금이 급감하고 자금이 고갈된 임정은 자기에게 의존할 수밖에 없어서 자신의 위상은 절대적인 것이 되리라는 것이다. 미 중앙정보국이 이승만에 대해 왜 "권력을 잡기 위해서는 수단 방법 안 가리는 인물"이라고 평했는지 알 만하다.

이에 임정 요인 및 독립 운동가들 사이에는 차츰 "이대로는 안 되겠다"는 공감대가 형성되기 시작한다. 임정 요인들은 드디어 이승만의 대통령직 사퇴를 요구하기에 이른다. 그러나 평생을 돈벌이와 권력 잡기에 혼신을 다해 온 그가 이런 요구를 순순히 받아들이겠는가? 결국 "저런 썩은 대가리와는 일할 수 없다"는 주장 등으로 독립운동은 파국을 향한다. 이동휘 총리가 떠나고 김규식, 안창호마저 떠났다. 이렇게 되자 이승만은 재빨리 미국으로 돌아가 버린다. 임정 붕괴 전략이 성공한 것이다.

1924년 결국 임정은 개혁 욕구로 뭉친 여운형, 윤기섭, 최창식 등이 임정 실권을 장악함으로써 이승만의 대권을 정지시키는 데 성공한다. 그러자 사이비 애국자 이승만은 즉시 하와이 갱단 깡패의 모습을 드러낸다. 바로 임정에 가던 '독립자금 완전 차단'이라는 무기였다. 그리하여 임정은 자금이 바닥나 할 수 있는 일이 거의 없었다. 요인들은 잠은 청사에서 자야했고 식사는 동포들의 집을 드나들며 빌어먹는 신세가 됐다.

1926년 12월, "조국이 독립만 된다면 정부 청사의 문지기도 마다하지 않겠다"던 열혈 민족주의자요, 맨주먹으로 왜놈 첩자를 때려잡았던 백범 김구가 주석이 되면서 임정은 허무맹랑하고 비현실적인 말만 뇌까리던 이승만 때와는 확 달라진다.

"미약하더라도 우리가 직접 일본과 싸워야만 1921년 워싱턴에서 열린 군축회의에서 일본의 한국 지배를 동의했던 미국과 영국 이외의 일본의 적대국들이 우리를 주목한다"며 상해 주둔 일본군사령부, 국내의 조선총독부, 만주의 관동청, 도쿄의 일본 천황을 타격 목표로 정하고 이를 결행하기 위해 '한국애국단'을 창설한다.

드디어 1932년 1월 18일, 이봉창은 일본 천황에게 폭탄을 던졌으나 실패한다. 이어 거사 9일 전 김구 주석으로부터 거사 실행 명령을 받은 윤봉길은 1932년 4월 29일 상해 홍구공원에서 열리는 일본군 전승기념식 석상 4미터 앞에까지 나아가 폭탄을 던져 상해 주둔 일군 사령관 시라카와 대장 등 10여 명을 죽이거나 부상을 입히는 엄청난 전과를 올린다. 윤봉길은 거사 직전 "이번 거사로 조국이 독립이 되지 않는다는 사실을 안다. 그러나 나는 한국인의 독립 의지를 전 세계에 알리기 위해 목숨을 바친다"고 비장한 각오를 밝힌바 있다. 이에 하와이의 민족반역자 이승만은 이번에도 주제넘게 김구 주석에게 "어리석은 짓 그만 하쇼, 독립운동에 전혀 도움이 안 되오" 하며 왜놈들이나 할 소리를 내뱉었다.

한편 장제스(장개석) 당시 중국 총통은 윤봉길 의사의 거사를 본 후 "30만 중국군이 하지 못한 일을 한국인 한 사람이 해냈다"며 감격, 막대한 한국독립군 지원금은 물론 임정의 조국 독립운동을 지원하기 시작함으로써 조국의 독립운동에 새 활로를 개척하는 계기를 만든다. "어리석은 짓"이라고 한 이승만의 자세와 중국인 장제스의 자세가 너무나 다르다. 바로 이것이 대한민국 초대 대통령 이승만의 진짜 얼굴이었다.

1941년 8월 8일 일본군의 하와이 침공으로 태평양 전쟁이 발발한다. 일본과 미국이 친할 때는 일본인이나 할 수 있는 짓을 해 온 이승만이 이제 정반대로 처신할 때가 온 것이다. 그동안 일본 쪽에서 "일본이 조선을 식민지로 만들어 조선의 발전에 기여한다"며 '외교천국, 투쟁지옥'을 강조해 온 그가 언제 자신이 친일을 했냐는 듯 어느새 미국 편이 되어 미국 내 동포들에게 "분투하라! 싸워라! 우리가 피를 흘려야 한다!"며 '투쟁천국'을 부르짖으며 화려하게 변신한다. 사기꾼의 처세법이란 바로 이런 것이다. 이승만은 이어 미국의 유력한 인사들과 계속 접촉, 자신이 전쟁 후 조국의 최고 권력자가 되기 위한 물밑 작업을 벌인다.

한편, 임정은 이때 연합국과 대일 전선에서 같이 싸우기 위해 전쟁 참가 계획을 세우고 1943년 광복군을 영국군에 파견한다. 이어 미 전략첩보국^{OSS}의 요청에 따라 일본에는 첩보원을 침투시켜 대일 전투에 간접 참여한다. 처음에 OSS는 사전트 소령$^{Major\ Sargent}$을 이승만에게 보내 협조를 받을 생각이었으나, "이승만이 OSS를 자신의 대외 선전용으로 이용한다"는 정보를 입수, 그와의 관계를 끊고 이범석 장군을 찾아가 광복군의 대일전선 간접 참여를 성공시킨 것이다.

1945년 3월 10일 도쿄 대공습에 이어 1945년 5월 OSS는 임정과 독립군 활용에 정식으로 합의한다. '국내 진공작전'인 이글 프로젝트[Eagle Project] 성공을 위해 노능서, 김준엽, 장준하 등 독립군은 혹독한 군사훈련에 들어간다. 임정의 독립군이 일본군과 한반도에서 전투를 벌인 다음 종전이 온다면 전후 임정의 발언권은 강화될 것이었다.

임정 요인 및 독립군의 염원은 프랑스나 영국 같은 민주국가를 건설하는 일이었다. 개인의 자유 보호, 전기, 철도, 의료 등 공공분야의 국가 관리를 꿈꾸었다. 임정 요인들은 자신들을 '민주국가 건설을 위한 혁명가들'로 믿었다. 자유로운 사회, 평등한 사회, 착취가 없는 사회, 억압이 없는 사회, 즉 '참다운 민주공화국'이었다(이상은 역사학자 이만열 전 국사편찬위원장의 도움말).

이렇듯 임정의 활동이 활발해지자 초조해진 이승만은 당시 '태평양의 황제'라 불리던 맥아더 연합군 사령관을 찾아간다. 그 후 맥아더 장군이 철저한 반공주의자임을 알아낸 이승만은 "자신 역시 철저한 반공주의자"라며 맥아더 장군의 환심을 사기 위해 "친애하는 맥아더 장군님, 저희는 대일 전쟁에 꼭 참여하고 싶었어요. 그러나 나쁜 소련의 반대로 좌절됐어요" 하며 연애편지를 수없이 써 보낸다. 물론 소련은 독립군의 대일전쟁 참여를 반대한 사실이 없었지만 그는 능란한 거짓말로 맥아더 장군에게 아첨하기 위한 편지를 써 보낸 것이다. 여러 차례의 편지를 받고 맥아더 장군은 드디어 이승만에게 "이 박사의 숭고한 정신에 감명을 받았다"고 답장을 보낸다.

1945년 8월 15일, 일본은 원자탄 때문에 예상보다 일찍 항복한다. 이는 독립군과 임정에는 악재로 작용했다. 독립군이 국내에서의 대일전에 제대로 참전을 하기 직전이었으니 한국인들이 당당하게 권리를 주장할 수 없게 된 것이다. 이제 소련과 미국의 앞잡이가 되어 대리전쟁을 치러야 할지도 모르는 상황이 되었다.

이승만은 다시 맥아더 장군에게 "미국 단독으로 한국을 점령해 주세요. 저는 소련이 싫거든요" 라며 연애편지를 썼다. 역시 자신이 맥아더 장군과 같은 반공주의자임을 강조해 환심을 사야 했기 때문이다. 드디어 때가 왔음을 안 이승만은 1945년 10월 13일 '태평양의 황제' 맥아더 장군을 만나기 위해 도쿄로 날아간다.

자신이 일본인이나 된 듯 독립군 양성에 전력을 다하던 애국자 박용만 장군을 미국 정부에 고발하여 박 장군을 해외로 추방하고 독립군 양성을 좌절시킨 민족반역자, 하와이 동포들이 사탕수수밭에서 중노동으로 어렵사리 벌어 모은 돈으로 보내온 독립자금을 백인 여성들과 딸 또래의 유학생 김노디 양 등과 미국 전역을 여행하며 유흥비로 탕진하다 체포된 바람둥이, 하와이 민족학교 부동산을 개인 돈벌이에 횡령·착복한 사기 협잡꾼, 임정의 독립운동을 철저히 방해하고 자신은 국적이 일본임을 자필로 기록하며 반민족행위로 돈벌이에만 온 힘을 다했던 친일파 장사꾼, 자기 편할 대로 그때그때 남을 속인 거짓말쟁이 이승만이 대한민국 초대 대통령이 되는 계기를 만든 우리 민족의 슬픈 날이었다.

12.

중국 대륙에 건재했던
신라, 백제, 고구려

몇 해 전 고등과학원 박창범(미 프린스턴대 천체물리학 박사) 교수와 세종대 라대일 교수가 '일식 관측 분석'에 근거하여 "우리 조상인 신라(양쯔강 중류), 백제(베이징, 발해만 주변), 고구려(현 러시아의 바이칼호 주변) 등 삼국이 중국 대륙에 있었다"고 주장한 사실에 대해 많은 우리 한국인들은 설마 했었다. 그중 고구려는 그렇다 치고 백제와 신라가 우리가 배워 온 대로 한반도 남부에만 있지를 않고 고구려와 함께 현재의 중국 대륙에도 있었다는 새 학설은 우리가 전혀 배우지도 듣지도 못했던 내용인지라 일단 의심할 수밖에 없었던 것이다.

일식 관측 분석이란 예를 들어 서울에서는 관측이 가능한 완전일식현상이 멀리 떨어진 곳에서는 부분일식으로만 관측이 되거나, 아예 일식현상이 나타나지 않는 과학적 사실을 이용하여 일식을 관측했던 장소가 어디였는지를 밝혀내는 방법이라고 한다.

이렇게 과학적인 방법으로 3국의 옛 위치를 추적했다면 사대주의자들을 제외한 많은 사람들은 이 학설을 신뢰할 수 있을 것이다. 박·라 두 교수의 발표 이후 천체학자들은 일체 반론 제기를 하지 않았다. 그런데 사학자들만 그동안 일제 황국식민사관에 따른 역사 교육을 토대로 이를 부인하는 인상을 주어 신뢰성이 떨어질 수밖에 없었다. 이러한 반박에 대해 두 교수는 과학자로서 '상대할 가치가 없다'는 듯 묵묵부답으로 일관하고 있다. 반대론자들이 제대로 반박을 하려면 이들 두 교수가 취한 똑같은 방법이나 또 다른 과학적인 방법으로 반박 자료를 마련해야 설득력이 있을 것이다. 너무 많이 왜곡된 우리 역사 내용을 들고 나온다면 그 사실을 알고 있는 사람치고 믿을 사람이 많지 않을 것이기 때문이다.

위에 말한 3국의 위치는 일식을 관측했던 장소로서 당시 그 나라의 수도일 가능성이 클 뿐만 아니라, 수도를 중심으로 3국의 영토가 넓게 퍼져 있었다고 보는 것이다. 두 교수가 일식 관측 분석으로 밝혀낸 논문 「삼국시대 천문현상 기록의 독자 관측사실 검증」은 『한국과학사학』 제16권 제2호에 실려 있다.

청나라 때부터 오늘날 중국의 동북공정에 이르는 여러 차례의 조선사 변조, 일본의 조선 침략을 합리화하기 위한 조선사편수회의 일제 식민사관에 따르는 조선사 변조, 거기에 조선의 전국 각 가정을 샅샅이 뒤져 가져간 25만 권이라는 막대한 역사 서적의 강탈(그 서적 중 5만 권 이상이 일본에 있으나 거의가 일반인 관람 불가다), 조선의 세조 임금 등 조선시대에 민가에서의 역사 서적 보관 금지령(어기는 자 처형)에 따른 정사 발굴의 어려움 등 우리의 역사는 너무 많이 변조·왜곡될 수밖에 없었다. 그리하여 오늘날 가짜 역사가 큰소리치는 세상이 되고 말았으니 이러한 사실을 알면 우리가 배운 역사는 거의 대부분 왜곡된 것이라 해도 과언은 아닐 것이다.

잘못된 역사를 원래의 바른 역사로 돌려놓으려면 역사학자들부터 재교육을 해야 하는 것이 급선무다. 그런데 불행히도 광복 직후 서울대는 친일파 이병도(이완용의 증손자)가, 고려대는 친일파 현석호가 각각 일본 식민사관을 받들면서 후배들을 양성했다. 그리하여 그 나무에서 파생된 수많은 제자들이 친일파 스승의 가르침을 옳은 것으로 받아들임으로써 작금의 우리 역사학계는 일제 때와 다름없는 왜곡된 역사 교육을 실시하고 있는 실정이다.

오죽했으면 일본이 2차 세계대전에서 패망했을 무렵 일본 정부 고관들이 "그간 황국식민사관에 따른 조선 역사 교육으로 인해 앞으로 100년간은 조선인들의 제대로 된 역사 발굴은 어림도 없으므로 조금도 염려할 것 없다"고 큰소리쳤겠는가. 그 결과 일본 식민사관에 충실한 교수들에 밀려 강상원(『고조선어=범어 어원주석대사전』 저자) 박사, 채희석 선생 등 우리의 올바른 역사를 가르쳐야 할 민족 사학자들은 제대로 된 교단에 설 기회는커녕 오히려 '사이비' 학자로 냉대를 당하고 있는 슬픈 현실이다.

박·라 두 교수의 주장이 옳다는 듯, 중국의 지성과 정치가로 알려진 저우언라이周恩來(1898~1976) 전 수상은 중국 동북 지역의 역사는 조선인에게 귀속된다는 사실을 강조했다고 전한다. 슈량지徐亮之, 린휘샹林惠祥 같은 양심 있는 중국 사학자들도 중국 역사의 상고사는 한민족의 역사임을 밝혔었다. 어디 그뿐인가. 일제의 대륙 침략에 따라 충칭重慶으로 후퇴한 장제스蔣介石(1887~1975) 중국 총통은 함께 피난 온 '상해임시정부'의 김구 주석 일행 위로만찬 때 자기 고향이 '옛 백제' 땅이었다는 사실을 밝히면서 우의를 다졌다고 한다.

백제가 중국 땅에 존재했다는 사실을 전혀 몰랐던 김구 주석은 훗날 당시를 회고하면서 충격과 함께 자괴심을 갖지 않을 수 없었다고 했다.

장제스의 고향이 양쯔강揚子江 남쪽 제장(절강)성浙江省이므로 옛 백제의 영
토가 양쯔강 이남 지역에 이를 만큼 방대했다는 이야기다. 현 중국 대륙
을 남북으로 갈라 대강 한가운데를 중심으로 동쪽 땅 남부 양쯔강 중류
지역에 신라, 북동으로 올라가 베이징 주변과 상하이 남쪽의 제장성 등
에 백제, 저 북쪽으로 올라가 현 러시아의 바이칼호 주변에 고구려가 각
각 방대한 나라들을 이루고 있었던 것이다. 그러나 김구 주석이 듣고 배
웠던 당시의 역사책에도, 오늘날의 우리나라 역사 교과서 어디에도 이러
한 기록은 찾아볼 수 없으니 통탄할 일이 아닌가.

우리네 역사에 무지해 중국인들에게 수모를 당한 분은 김구 선생뿐이
아니다. 우리나라 초대 문교부 장관 안호상(1902~1999) 박사가 재직 시
중국의 저명한 작가요 평론가였던 린유탕林語堂(1895~1974)을 만났을 때,
"중국이 한자를 만들어 놓아 우리나라에까지 문제가 많다"고 하자, 린유
탕은 "그게 무슨 말이죠? 한자는 당신네 동이족東夷族이 만든 건데 그것도
모른다"며 핀잔을 들었다고 한다. 린유탕이 더 이상 말은 안 했겠지만 속
으로는 "한국 정부의 다른 부처도 아니고 문교부 장관이라는 자가 저 정
도로 무식하니 참으로 한심하다"고 하지 않았을까?

또 한글재단 이사장 한갑수(1914~2004) 박사가 젊은 시절 미 공군지
휘참모대학에서 공부할 때 같은 학교에서 공부하던 중국(대만)의 역사학
자 슈량지가 찾아와 "귀 한국 민족은 우리 중국 민족보다 역사가 길고
더 훌륭한 위대한 민족인데, 우리 중국인이 한민족의 역사를 기록한 포
박자抱朴子(신선방약神仙方藥과 불로장수의 비법을 서술한 도교서적)를 감추
고 중국 역사를 조작하는 큰 잘못을 저질렀으므로 나 슈량지가 중국을
대신해서 사죄하는 의미로 절을 올리겠으니 받아 달라"며 큰 절을 했으

니 속으로 얼마나 황당했겠는가.

원래 우리 한민족을 가리키는 동이東夷의 뜻은 '동쪽의 오랑캐'가 아니라 이夷자를 보면 알 수 있듯이 동쪽에 사는 큰 활을 쏘는 사람들, 또는 만상萬象을 꿰뚫어 보는 도인道人이라는 뜻이다. 그런데 옥스퍼드 대사전에는 '동이'를 TUNG-I(뚱이)라고 쓰고, 그 뜻을 '걸출, 저명, 탁월한 민족(Eminent, Prominent, Excellent Tribe)'이라 풀이하고 있다는 것. 다시 말해서 '동이'란 말의 뜻은 '세계에서 가장 뛰어난 민족'이라는 뜻이다. 중국인들이 자기네 이외의 민족을 모두 '오랑캐夷'라며 얕잡아보듯 우리 '동이' 역시 '동쪽 오랑캐'라 말하고 있을 뿐, 중국의 고대사를 아는 지식층일수록 '동이족' 즉 한민족을 경외의 눈으로 보고 있는 것이다.

슈량지가 그 후에 쓴 저서에서 밝힌 내용을 보고 우리 조상 동이족이 얼마나 위대했는지를 다시금 확인해보자.

"회색 질그릇의 문화는 동이족 문화다." "배, 노, 활, 화살은 모두 동이족이 창시했다." "중국의 역법曆法은 동이에서 창시된 것이다." "동이의 음악 교육은 중국 역사 이전부터 있었다." "황제족은 부족연맹시대에 동이로 스며들었다." "오제五帝(다섯 제왕) 중의 전욱顓頊은 동이에서 출생했다." "오제 중의 우순虞舜은 맥족(예濊, 우리말 '새'·맥貊, 우리말 '밝'·한韓, 우리말 '환桓'으로 구성됨) 및 동이 도자기의 개량자이다(사마천의 『사기』, 오제본기에 따르면 황제黃帝, 전욱顓頊, 제곡帝嚳, 요堯, 순舜 등 임금을 5제라 칭한다)." "순舜임금은 제풍諸馮에서 출생, 명조明朝에서 돌아가시니 동이 사람이다." "은나라, 주나라 이전 시대부터 동이는 그 활동 면이 실제로 오늘의 산둥(산동) 동서 전부를 포괄했고 허베이(하북)성, 부어하이(발해)연

269

안, 허난(하남)성 동남, 장쑤(강소)성 서북, 안휘성 중북, 허베이(하북)성 동쪽 모퉁이, 랴오뚱(요동)반도, 한반도 등 광대한 구역임을 알 수 있다" 등등.

위의 슈량지의 지적에 따르면 요임금, 순임금 등 중국 오제는 말할 것 도 없고 공자, 맹자, 묵자, 기자, 미자, 비간, 백이, 숙제, 강태공, 조조 등 우리가 들어본 수많은 중국의 성인군자들이 사실은 모두가 우리의 동이 족이었다는 것이다. 또 기자조선은 그동안 우리가 잘못 알았듯이 대동강 이 아니라 발해 연안에 둥지를 틀었다는 사실은 신라의 고도라는 경주, 백제의 고도라는 부여, 고려의 개성 등 모두가 일시적인 수도일 수는 있 지만 옛날 궁전이나 그 나라의 도읍이었음을 보여주는 근거가 거의 없다 는 사실과 비슷하다.

삼국 고대사 연구를 해보면 대륙 백제는 한반도 남서부는 물론 중국 대륙의 북부, 동부, 남부, 일본, 홍콩, 타이완, 마카오, 하이난도, 캄보디 아, 말레이시아, 싱가포르, 자카르타, 필리핀까지를 관할·통솔하기 위해 자그마치 22개의 담로^{擔魯}(왕족을 파견, 다스렸던 백제의 지방행정구역으 로 현재의 식민지 총독부 같은 지역정부체제)를 지배했던 7백년 대 해양 제국이었음을 알게 된다. 일본의 경우는 도쿄, 오사카, 큐슈 등 세 곳에 백제의 담로(일본어로 다무로)가 있었다.

노벨문학상(1913년) 수상자인 인도의 시성(詩聖) 타고르^{Rabindranath} ^{Tagore}(1861~1941)도 동이족의 이러한 위대함을 알고 있었는지 3.1운동의 실패로 슬픔에 싸여 있던 우리 민족이 영국의 혹정에 짓눌려 울고 있던 인도의 처지와 너무 닮아 '시'「동방^{東方}의 등불」(1929, 번역 주요한)로 우

리 한민족을 위로했다. 우리 스스로가 동이의 역사를 모른다면 이 시가
우리들 가슴에 와 닿겠는가?

일찍이 아시아의 황금시기에

빛나던 등불의 하나인 코리아

그 등불 다시 한 번 켜지는 날에

너는 동방의 밝은 빛이 되리라

마음에 두려움이 없고

머리는 높이 쳐들린 곳

지식은 자유롭고

좁다란 담벽으로 세계가 조각조각 갈라지지 않은 곳

진실의 깊은 속에서 말씀이 솟아나는 곳

끊임없는 노력이 완성을 향해 팔을 벌리는 곳

지성의 맑은 흐름이 굳어진 습관의 모래벌판에 길 잃지 않은 곳

무한히 퍼져 나가는 생각과 행동으로 우리들의 마음이 인도되는 곳

그러한 자유의 천당(천국)으로

나의 마음의 조국 코리아여 깨어나소서.

13.
경주인^{慶州人}의 조작 역사와
호남인^{湖南人}의 왕따
– 「훈요십조」 제8조 '호남 기피'에 얽힌 비밀

김대중 전 대통령이 당선된 후 처음으로 장군 승진자들의 계급장을 달아줄 때의 일이다. 대령에서 진급하여 새내기 장군이 된 준장 한 사람이 김 전 대통령의 축하 악수를 받으며 감격에 겨워 펑펑 눈물을 쏟았다. 이에 그 연유를 알고 있던 김 전 대통령은 장군의 어깨를 지긋이 감싸며 "오랫동안 죽어지내느라 고생 많았소" 하며 위로의 말을 던졌다. 이 말을 들은 장군은 더욱 격한 눈물을 쏟았다. 그의 동기생들은 모두 별 넷 또는 세 개를 단 지 오래인데, 오직 '호남 출신'이라는 이유만으로 자기 혼자 대령으로 늙어 온 장본인이었던 것이다. 이러한 지방색 집단 왕따의 행태가 지금도 대한민국의 곳곳에서 상식처럼 벌어지고 있다. 참으로 서글픈 망국적 현상이라고 아니할 수 없다.

나는 신복룡 교수(충북 출신)의 저서 『한국사 새로 보기』 중 이와 관련된 대목을 읽었다. 그리고서 이 글만은 호남인들은 물론 동서 분열로 멍든 대한민국의 현실을 안타깝게 여기는 모든 한국인이 함께 읽어야 할 글이라고 생각했다. 남북이 분단된 현실도 서러운데 작금의 우리 민족은 5.16쿠데타 이후 일부 몰지각한 정치꾼들의 지방색 악용을 통한 정적 죽이기 등으로 사분오열되어 있는 안타까운 현실이 지속되고 있다. 고향을 떠나 호남인들이 타향살이하는 중 받은 냉대와 멸시의 눈, 집단적 왕따로 받은 엄청난 불이익과 서러움을 어찌 말로 다 표현하겠는가?

신 교수는 이것이 바로 '훈요십조 제8조' 때문이라며 그 허구성을 철저히 파헤치고 있다. 이러한 고질적인 민족 간 불협화음을 하루 속히 바로잡기 위해서 조국을 사랑하는 한인 동포들은 이 글을 각종 SNS를 통해 전 국민 누구나 볼 수 있도록 알려야 한다. 그리하여 다시는 우리의 잘못된 거짓 역사로 인해 야기된 지방색으로 겨레 간 불협화음이 일어나지 않도록 노력하는 것이 민족 단결에 이바지하는 애국적인 행동일 것이다.

신복룡 교수가 많은 후학들로부터 존경받는 이유는 자신은 호남인이 아니면서 지방색을 의도적으로 악용해 온 비호남 인사들의 눈총을 전혀 의식하지 않은 채 오로지 바른 역사 세우기만을 위해 꿋꿋하게 사학자의 길을 걸어가고 있는 양심파 학자이기 때문이다. 그 수많은 역사학자 가운데 이러한 잘못된 역사를 바로잡겠다고 나서는 학자들이 과연 몇이나 될까를 생각해볼 때 학자로서 그의 위상은 더욱 두드러진다.

다음은 신복룡 교수의 양해를 얻어 관련 글 전문을 그대로 옮긴 것이다.

… 흔히 알려진 바와 같이 고려 태조 왕건은 서기 943년, 눈을 감기 직전에 가까운 신하였던 박술희朴述熙를 불러 '훈요십조'를 전하면서 그 8조에서 "내가 죽은 후 차현車峴(차령산맥) 이남과 금강 아래의 사람들에게 벼슬을 주지 말라"는 유언을 했다고 한다(『고려사』 태조 26년 4월조條). 차별의 이유는 호남이 배산역수背山逆水(임금이 있는 반대쪽으로 산과 물이

달린다)의 땅이기 때문이라는 것이었다.

왕건이 남긴 이 유언은 제도적 차별도 정당화했지만, 무엇보다도 심각한 것은 사회적 차원에서 호남인들에 대한 편견을 유발했다는 점이다. 풍토적으로 볼 때 백제의 유산을 받아 이지적이고 학문을 좋아하며 정감적情感的인 호남인들은 이로 인해 깊은 내상內傷(상처)을 입었다.

그런데 왕건의 '훈요십조'와 여기에서 시작하여 풍수지리설로 굳어진 이 '배산역수'의 논리는 짚고 넘어가야 할 몇 가지 의혹이 숨어 있다. 여러 문헌으로 미루어볼 때 왕건이 정말로 '훈요'를 남겼는지, 그것이 꼭 10조였는지, 그리고 그 8조에 '호남기피'의 조항이 들어 있었는지에 대한 의문이 그것이다.

'훈요십조'가 의심을 받는 논거는 다음과 같다.

첫째로, 현재 전해지고 있는 『고려사』 태조 편에 '훈요십조'가 기재된 경위에 대한 의혹이다. 문헌에 의하면 일찍이 『고려사』 태조편의 사초史草(사관이 기록한 실록)가 편찬되어 있었지만 현종顯宗(고려 8대 왕, 1010~1011) 시대에 거란군 40만 명이 쳐들어왔을 때 사초가 모두 불타고 없어졌다. 그래서 태조가 죽은 지 80년이 지나서 『고려사』 「태조 편」의 사초를 다시 편찬했다. 이때 최재안崔齋安이라는 인물이 최항崔沆의 집에 간직해 두었던 문서를 가지고 와서 왕건의 유서라고 하며 실록에 끼워 넣었다(『고려사』 열전, 최승로崔承老, 재안조齋安條). 최항은 경주 황룡사의 중창重刱(고쳐짓기)을 주장하고 이를 수행한 인물로서 신라의 후예였다. 최재안은 고려 초기의 중신이었던 최승로의 손자이자 경주 출신으로서 신라에서 고위 벼슬을 지낸 최은함崔殷含의 아들이다. 이미 불타고 없어졌던 '훈요십조'가 80년의 세월이 지난 다음에 복원되었고, 이를 주도한 사람들이 신라 구신舊臣의 후손이라는 점에서 그 진위眞僞가 의심스럽다. 왕실의 그토록 중요한 문서가 사가私家(개인 집)에 보관되었을 리 만무하기 때문이다.

둘째로, 왕건이 그러한 유언을 남길 만큼 백제인들을 미워했다는 것이 역사적으로 입증되지 않는다는 점이다. 고려사를 살펴볼 때, 왕건이 이 '훈요' 8조대로 호남인들을 관직에서 배제했다고 볼 수 있는 근거는 없다. 왕건이 후백제 세력을 토벌하기 위해 17년이라는 짧지 않은 세월을 보내며 고초를 겪은 것은 사실이지만, 그로 인해서 백제를 미워했다는 논리는 성립되지 않는다. 왕건이 견훤甄萱과의 원한 관계로 인하여 호남을 미워했을 개연성도 있다고는 하지만, 실제 정황을 보면 그에게 큰 상처를 준 것은 청주 일대의 호족(지방 유지) 저항 세력이었지 지금의 호남 세력은 아니었다. 오히려 호남인 중에는 당시에 중앙 정부에 입신한 사람들이 많이 있었다. 예컨대 왕건이 평소 사표로 삼았던 도선국사道詵國師와 살아서는 상주국上柱國(국가유공자에게 주는 명예직)이요, 죽어서는 태사太師(왕자, 부마 등에 주는 최고위 정일품 관직)가 된 최지몽崔知夢 등은 영암 출신이었다. 또 왕건의 비요, 2대 왕 혜종惠宗의 모후인 장화왕후莊和王后 오 씨는 나주인이었으며, 왕건과 말년을 함께 산 동산원부인東山院夫人과 문성왕후文成王后는 승주 태생 순천 박 씨로 견훤의 외손녀들이었으며, 고려의 창업 과정에서 왕건을 대신해 죽은 개국공신 신숭겸申崇謙은 곡성 사람이었다. 더구나 '훈요십조'를 받았다는 박술희는 후백제의 당진 사람이었는데, "호남 사람을 피하라"는 말을 굳이 백제 사람을 불러 전했을

리가 없는 것이다.

셋째로, 고려 왕실이 그토록 호남을 기피했다면 거란의 침입 당시에 현종이 굳이 호남으로 피신했다는 사실이 납득되지 않는다. 즉, 『고려사』(현종 2년 정월 기해조^{己亥條})에 의하면 거란의 침입 당시 현종이 전주에 7일 동안 머물렀다고 기록되어 있는데, 왕건의 '훈요십조'가 사실이고 또 후손에 대한 '훈요십조'의 영향력이 그토록 강력했다면 왕은 '훈요십조'에 따라 영남이나 강원도로 피난했어야 옳았지 호남으로 피난하지는 않았을 것이다.

넷째로, '훈요십조'와 호남 기피의 원인으로 지적되고 있는 풍수지리설의 견지에서 볼 때 금강이나 차령산맥이 개경^{開京}(지금의 개성)에 대하여 배산역수가 아니라는 점이다. 개경에 대한 배산역수를 굳이 따지자면 오히려 신라의 젖줄이오 생활 터전인 낙동강과 태백산맥이 배산역수이다. 호남의 젖줄인 금강과 차령산맥은 경주(신라)에 대해 배산역수이지 개경에 대해 배산역수라는 것은 기하학적으로도 타당하지 않다.

결국, 호남을 배산역수로 보는 것은 고려인의 시각이 아니라 신라(경주)인의 시각이었다. 금강의 역수론에 대해서 이익^{李瀷}(조선 후기 실학자)은 좀 더 색다른 주장을 하고 있다. 그의 주장에 의하면, 금강은 반궁수^{反弓水}, 즉 강의 모습이 마치 개경을 향해 활을 겨냥하고 있는 듯한 형국이기 때문에 흉지라는 것이다. 그러나 이것은 옳지 않은 논증이다. 왜냐하면 개경에 대한 반궁수를 따지자면 턱 밑에 있는 한강이 먼저이지 6백 리나 멀리 떨어진 금강을 거론해서는 안 되기 때문이다.

'훈요십조'의 호남 기피를 합리화한 배산역수론을 가장 구체적으로 적시한 저술은 이중환^{李重煥}의 『택리지』였다. 그는 8도의 풍물과 인심을 기록하면서 유독 전라도에 대해서만 악의적이었다. 그의 주장에 따르면, 호남은 반역과 요사妖邪와 미신과 재앙의 땅이었다.

그런데 참으로 희한한 일은 이중환이 8도지를 쓰면서 천하를 모두 돌아보았지만 유독 호남 땅은 밟아보지 않았다는 점이다. 여행이라면 원악遠惡(멀고 험한)한 오지도 아니오, 인심 좋고 구경거리 많은 호남을 빼놓을 수 없는 것이며, 설령 여행이 아니라 하더라도 그의 외갓집이 나주(나주 오씨)였기 때문에 정리情理로 보더라도 한 번쯤은 가보았음직한데 그는 끝내 호남에 발을 들여놓지도 않고 그런 무책임한 글을 썼다.

이중환이 호남 땅에 발도 들여놓지 않은 이유는, 그가 병조정랑兵曹正郎 (현재의 육군 대위=정5품)으로 있으면서 목호룡睦虎龍 사건(1725)에 연루되어 1년에 네 번씩이나 악형을 당한 후 유배되는데 이것이 광산(광주 지역) 김 씨 김일경金一鏡의 고변告變(고발)에 의한 것이어서 그의 가슴에 평생 한으로 남았기 때문이었다. 그는 그 후 유배에서 풀려나 20여 년을 유리걸식遊離乞食(떠돌며 걸식)한 다음에 『택리지』를 썼으니, 거기에 담긴 호남 인식이 결코 호의적일 리가 없었다.

요컨대, 한국 현대사에 아린 상처를 남긴 '훈요십조의 호남 기피'는 오랜 역사성을 가진 집단 따돌림이었다. 호남 푸대접의 책임을 박정희 전 대통령에게 뒤집어씌우기로 한다면 그 이전에 이미 호남 출신의 학생이나 신혼부부들이 타지에서 하숙집이나 전셋집을 얻기 어려웠던 이유를 설명할 수 없다. 그들의 객지 생활에는 응어리(원한)가 맺혀 있었다. "이 땅에 호남이 없었다면 이 나라도 없었다若無湖南 是無國家"던 이순신의 말도 호남인들을 위로해주지 못했다.

그리고 자신들의 한을 풀어줄 선지자를 기다리던 차에 김대중이라는 인물이 나타났고 '차별이 없다'는 뜻을 품고 있는 무등산^{無等山}은 1980년 5월에 그 천 년의 한을 토해냈다.

＊ 추기 ＊

이 글이 나간 후로 격려 전화와 함께 많은 욕설 전화를 받았다. 비난 전화는 한결같이 "너, 전라도 놈이냐?"는 것이었다. 나는 경상도(신라)나 전라도(백제)와는 아무 아리고 쓰릴 것이 없는 충청북도 괴산 출신이다. 끝.

필자 신복룡: 건국대 대학원장 및 미 조지타운대 객원교수, 한국정치외교사학회 회장 역임. 저서 『한국사 새로 보기』, 『한국현대정치사상사』 등 33권.

14.

수천 청중을 기만했던
한국 최대의 오페라단

40여 년 전인 1968년, 대한민국 최초의 모 오페라단 창단 기념으로 오페라 「라트라비아타」가 서울 세종로에 있는 국립극장에서 공연된 적이 있다. 일반 청중 수천 명은 당시 51세의 오페라단 김 아무개(소프라노) 단장이 프리마돈나 '비올레타' 역을 맡아 화려한 모습으로 노래 부를 때 넋을 잃은 채 '저 나이에 어쩌면 저렇게 고음을 자유자재로 처리할까' 하고 감탄해 마지않았다.

음악을 좋아하던 나도 이번 공연을 놓치지 않겠다고 벼르고 있는데 아리아 「아, 그대였던가!」 중 최고음은 나이 탓으로 올라가지 않아 높은 소리 부분은 김 단장(당시 모 여대 성악과장)이 입만 뻥긋 노래하는 척하고, 실제로는 수제자가 커튼 뒤에 숨어서 노래한다는 믿지 못할 정보가 들어왔다. 청중을 기만하는 이 사건이 사실이라면 엄청난 뉴스거리가 아닐 수 없어 나는 평소 잘 아는 성악가 J(이 오페라 바리톤 부분 담당 가수)를 잠깐 술집으로 초청, 사건 내막을 다 알고 있는 듯이 유도 질문을 던졌다. "스승과 제자가 얼마나 연습을 했기에 그토록 청중들이 감쪽같이 넘어가지?" 하자, J는 눈이 휘둥그레지면서 "아니 그걸 어떻게 알지?" 하고 깜짝 놀랐다. J는 내가 이미 내용을 다 아는 것으로 알고 체념하듯 묻는 질문에 또박또박 대답을 하면서 "사실 예술인으로서는 있을 수 없는 일이지… 김 단장이 노망했어" 하고 울분을 토했다.

김 단장의 수제자로 확인된, 나와는 생면부지의 당시 명문 여대 성악과 졸업반 학생 이 아무개(현재 국내 원로급 성악가, 여대 교수) 양에게 전화로 "장래가 촉망되는 이 양이 어떻게 그런 짓을 할 수 있느냐?"고 묻자, 이 양은 나의 전화가 올 것을 미리 스승에게서 들어 알고 있었던 듯 조금도 당황하는 빛이 없이 "스승이 부탁하는 걸 제자 입장에서 뿌리칠 수가 없었어요. 3개월간 입을 맞추는 연습 끝에 일반 청중이 알아차릴 수 없을 만큼 완벽한 입맞춤을 이룰 수 있었죠" 하고 고백했다. 미모가 출중한 것으로 알려진 이 양은 이어 "정의감이 넘치는 기자를 모처럼 발견해서 호감이 가요. 저녁 식사 한 번 대접해야겠는데 오늘 저녁 시간이 어떠세요?" 하고 은근히 유혹했다. 당시 나의 느낌은 일면식도 없는 남성에게, 그것도 첫 전화에서 이렇게 대담하게 나온다는 것은 스승의 부탁(미인계)이 아니고는 불가능하다고 생각, "고맙군요. 근데 취재 중엔 안 돼요. 취재가 완전히 끝난 후에 한 번 만나죠."하며 냉정히 피했다.

며칠 전부터 자신의 '청중 기만 사건'을 취재하고 있다는 정보를 들은 김 단장은 수단 방법 가리지 않고 비서를 통해 나에게 세 차례나 접근, 내 선친이 자신을 얼마나 귀여워해주셨는데 그 아들이 나를 이렇게 할 수 있느냐고 섭섭해 했다. 또 그 후에는 엄청난 액수의 물질 공세(현 시가로 6억 원 정도) 등 유혹 작전을 폈으나 끝내 뜻을 이루지 못하자, "이제 밤길에 신변을 조심하세요" 하는 협박까지도 서슴지 않았다. 이 때문에 그다음 날부터 사복 경찰이 밤낮으로 나를 뒤따르기 시작했다. 하긴 당시 나의 출입처가 내무부(현 행자부 및 경찰청)이었으니 만일 내 신변에 사고가 생기면 경찰로서는 고민거리가 될 것이었다.

나와의 끈질긴 타협에 실패한 김 단장은 바로 기사가 터지기 직전, 당시의 서울 시내 10대 종합 일간지와 3대 TV방송사 사장들을 차례로 만나 미모의 소프라노 가수가 무대에서 하듯 눈물로 호소, 언론사 사장들을 완전히 항복(?)시키는 데 성공한다. 이 결과로 1주일간 취재하느라 소비한 나의 시간과 정력은 수포로 돌아가고 말았다. 기자 세계의 횡적 연계가 무섭다는 사실까지 알고 모든 언론사를 쳐들어가 자신의 뜻을 이룬 김 단장이야말로 순수한 성악가가 아닌 정치적 수완까지 겸비한 여걸이었다.

나의 소속 언론사 사장은 거액의 물질 공세에도 넘어가지 않고 신변 협박까지 받으면서 기사 작성을 완료한 사실을 뒤늦게 알고 너무 미안했던지 나에게 한국 언론사상 유례없는 '특종상 시상식'을 베풀었다. 그는 다음 주 월요일 출근 시간에 맞춰 회사 사원 전원 약 3백 명을 회사 건물 옥상에 집합시키고 총무국장을 통해 내가 '물질의 유혹을 끝내 물리치고 신변 위험까지 감수하면서' 취재를 끝낸 사실이 적힌 특종상장을 낭독하게 했다. 보도 불발 기사의 특종상이라니, 세상에 그런 것도 있었던가? 아마 전 세계 언론계에서 처음이자 마지막일 특종상 시상식이었을 것이다. 당시 기자들의 특종상은 담당 부장이 퇴근할 때 "어이, 여기 특종상금이야" 하면서 소액이 든 봉투를 해당 기자에게 던져주는 게 상례였기에 같은 부 소속 기자들이나 알았지 다른 부 소속 기자들도 모르는 게 상례였다.

김 단장이 각 언론사 입막음에 성공한 줄도 모르고 어느 유력 일간지에 넘긴 해당 기사가 불발로 끝나자 나는 하는 수 없이 다음 날 어느 경제 신문의 후배 기자에게 이를 넘겨 이 사건을 머리기사로 보도하는 데 성공했다. '설마 경제지까지야…' 하고 방심했던 김 단장은 당장 이 신문사 사장을 찾아가 "당신이 뭔데 10대 일간지와 3대 방송사가 다 봐준 기사를 터트려?" 하고 호통(?)을 친 사실이 사장 비서에 의해 밝혀졌다. '동에서 뺨 맞고 서에서 눈 흘긴다'고 했던가? 화가 난 이 경제 신문 사장은 엉뚱하게도 특종상을 주어야 할 후배 기자에게 분풀이를 해서 자신이 당한 모욕을 되돌려 주었다. 청와대에서 낙하산을 타고 내려온 비언론인 출신사장의 한계였다.

15.

가슴 아픈 강진
문화재의 추억

내가 사는 미국 플로리다^{Florida}주에 90년의 역사를 지닌 데이비^{Davie}라는 인구 약 10만 명의 평화로운 전원도시가 있다. 시 당국은 최근 50년 이상 된 건물이 밀집한 옛 시가지(2km×4km)의 한 마을 전체를 건물주의 의사와는 상관없이 문화재로 보존하려 하고 있다. 그러기 위해 '문화재 원형 보존법'을 제정하는가 하면 오랜 세월이 흐르면서 없어진 고풍스런 가로등이며 기타 옛 시가의 원형을 살리기 위해 막대한 예산을 쓰고 있다. 그러자면 증축이나 개축 등이 불가능하게 되는 불편이 따르는데도 이곳 시민들은 미국 시민답게 자신의 거주지가 문화재라는 사실에 자긍심을 지니고 살아간다. 연방정부나 주정부가 모르고 있는 내용이라도 미국의 지자체는 관내 문화재의 관리, 보존, 기록 등의 책임이 있기에 역사성과 재질의 가치성, 시대성 그리고 희귀성을 고려해 해당 문화재가 사라지기 전에 후세에 남겨줘야 할 중요 자료들을 '문화재'로 지정해 보존하는 일을 중요한 책무로 삼고 있다.

내가 10여 년 전 고향 강진에 들렀을 때 큰 충격을 받은 일이 있다. 전국 어디 내놓아도 문화재로서 손색이 없는 강진읍 서문안의 '김 비장네 고택(향설당 김숭희 화백의 생가)'과 길 건너 약간 북쪽에 있던 김형식 선생(작고, 향설당의 작은 할아버지)의 고택 등 강진의 대표적인 한옥 두 채가 흔적도 없이 사라져버린 사실을 두 눈으로 확인했기 때문이다. 처음엔 이 건물들이 불에 타 소실된 것으로 생각했다. 화재가 아니고서는 지자체가 함부로 없앨 수 없는 '중요민속자료(국가지정문화재)급' 문화재였기 때문이다.

100여 년 전 전라관찰사(현 전남북을 총괄했던 권력이 막강한 벼슬)의 직속 막료(비장)였던 향설당의 증조부 되는 분이 장남인 방식과 셋째 아들인 형식의 집 등 두 채를 지을 목적으로 우리나라의 건축 자재 중 가장 견고하다는 백두산의 적송을 베어 뗏목으로 압록강, 서해를 거쳐 목포까지 가져왔다. 또 목재의 견고성을 높이기 위해 다시 3년간을 목포 바닷물 속에 담가두었다가 당시 경복궁 건물 관리 책임자인 국내 최고의 대목(김춘엽, 허균)을 초빙해서 지은 범상치 않은 건물들이었다.

'문화의 척도는 국민의 척도'라 했다. 향설당 생가의 경우, 강진군의 철거 방침이 알려지자 2002년부터 그 이듬해까지 지역 언론을 비롯한 의식이 올바른 강진 인사들이 군 당국에 여러 차례 이 건물의 중요성을 역설하며 꼭 보존해 주도록 간청했다고 한다. 그렇다면 강진 군민들의 문화적 척도는 결코 얕잡아 볼 수준이 아님이 입증된 셈이다. 그런데 왜 당시의 윤 모 강진 군수는 역사에 오명으로 남을 이런 짓을 저질렀을까? 나의 질문에 어느 군청 공직자도 합당한 이유를 제시하지 못했다. 그냥 '소방도로'를 만드는데 그 두 집을 헐어야 했다는 정도였다. 문화재가 무엇인지 아는 사람이라면 고개가 갸우뚱해질 수밖에 없었다.

애당초 기획된 소방 도로의 청사진이 옳았다고 가정하더라도 도로가 그 집의 한가운데를 지나가는 것도 아니고 앞쪽 한 귀퉁이만 헐면 되는 것이었다. 또 중요 문화재임을 인식했다면 처음부터 군청에서 소방 도로를 기획할 때 여기에서 떨어져 1~3미터 밖으로 신설했어야 옳다. 그것이 전 세계 어느 도시나 채택하고 있는 통례요 상식인 것이다.

강진읍 김 비장네는 자리를 잡은 이후 100여 년간 20명 가까운 후손들이 일본 유학파였을 만큼 명문가였다. 그런데 6·25전쟁을 전후하여 김 씨 일가가 대부분 멀리 미국, 캐나다 등 외국으로, 가까이는 광주, 서울 등지로 이주하면서 김 씨 집안은 현재 10가구가 채 안 될 정도로 위축됐다.

그 뒤를 이어 윤영수, 윤동환 등 강진 군수로 선출된 해남윤씨 수십 가구가 강진읍에 뿌리를 내리면서부터 옛날 김 씨 집안을 대신하게 되었다.

위의 두 군수가 김 씨 집안의 상징이었던 두 고택이 강진의 대표적인 문화재로서의 가치가 있다고 인정할 만한 수준의 인식이 있었더라면 일부러 그 집들을 없애가면서까지 그쪽으로 소방 도로를 내는 어리석음은 범하지 않았을 것이다. 그러나 불행히 두 윤 씨는 두 고택이 '강진의 보물'이라는 인식보다는 우선 김 씨 집안의 흔적을 지우는 데 골몰한 게 아니었을까?

그 결과는 두고두고 강진 군민들에게 원망을 살 무지한 짓을 저지르고 만 것이다.

이 문화재를 보존하기 위해 강진 사람도 아닌 인사들이 나섰다. 한국의 '탈'과 골동품에 일가견이 있는 당시 김정옥 문예진흥원장(현 얼굴박물관장)은 두 차례나 전남도청과 강진군에 이 건물의 가치를 설명하면서 반드시 보존돼야 한다고 간곡히 권고했다.

또 전남대와 조선대 건축학과 교수들도 건축물의 구조나 목재를 다루는 기술의 완성도에 있어서 전남에서는 아주 드문 문화재라는 이유로 해마다 건축학과 학생들을 견학시킬 정도였다.

이보다 10여 년 앞서 역시 소방 도로 신설을 이유로 철거당한 전 김형식 선생의 고택은 그 가치를 높이 산 어느 재력가가 자기 고향(경기 양주)에 이를 모방한 똑같은 건물을 지어 오늘날 관광객들의 관심을 끌고 있다.

또 향설당 화백의 고택은 김정옥 전 문예진흥원장이 너무도 사랑했던 나머지 남양주에 '얼굴박물관'을 열면서 내실로 쓰기 위해(사랑채는 재정이 부족해서 포기) 100여 년 묵은 강진의 재료를 그대로 사용해서 안채만 옮겨놓았다고 한다.

이처럼 고택의 문화재적 가치를 제대로 아는 사람들이 남의 동네에 있는 건물조차 옮겨가거나 그대로 모방한 한옥을 짓는 판에 두 강진 군수는 어쩌자고 관내의 가장 중요하고 훌륭한 문화재들을 보존하기는커녕 철거라는 무지막지한 만행을 저지르고 말았는지 강진 출신의 한 사람으로서 애석한 마음 금할 길이 없다.

몇 해 전 나는 세계문화유산으로 등재된 안동 하회마을과 경주 양동에 다녀올 기회가 있었다. 그곳이 그렇게 유명한 이유는 '김 비장네' 건축물같이 최고 수준의 한옥(경산서당 등)들이 즐비하게 널려 있기 때문이다. 하지만 문화재의 가치는 그 수가 많다거나 규모로만 평가되는 것이 아니다.

그러면 당시 강진군 문화재 담당 공직자들이 강진 유지들의 높은 문화재 보존 의식을 무시하고 무지한 군수의 지시를 거역하지 못한 이유는 무엇이었을까?

미국의 경우, 젊은이가 관청의 직원으로 한 번 채용되면 대부분 한 부서에서 은퇴할 때까지 수십 년씩 자리를 옮기지 않고 근무한다. 그래서 그 분야에서는 아무도 무시할 수 없는 권위자로 성장한다. 지자체장도 그 부문에 해박한 지식을 지닌 전문가 부하 직원의 의견을 따를 수밖에 없는 것이다.

그러나 우리나라의 경우, 대부분의 직원을 1~2년마다 다른 부서로 순환근무시킴으로써 어느 부서에도 전문가로 자라날 기회가 없는 것이다. 이러니 각 부서마다 매년 재발하는 똑같은 실수를 반복할 수밖에 없다.

거기에다 위 두 윤 군수는 문화재에 너무 무지했다. 문화재의 가치를 안다고 하더라도 그 고장의 미래를 내다보는 긴 안목이 없어 유형, 무형의 탐욕에만 눈이 어두웠다. 그래서 관련 문화재 담당 직원이나 군민들이 아무리 반대해도 문화재 보존은 공염불에 불과했던 것이다.

만약 김 비장네 두 고택 철거가 미국에서 일어났다면 어땠을까? 아마 해당 지자체장 및 관련 공직자들은 '문화재 손괴죄'로 감옥 생활을 면치 못했을 것이다. 그 고장의 문화적 품격을 높이고 보존해야 할 공직자들이 반대로 문화재를 마음대로 철거하고 손괴해서 그 역사적 가치를 훼손한 행위이기 때문이다.

지금으로부터 70여 년 전, 그 아름답던 고택을 드나들던 어린 소년이 여생이 얼마 남지 않은 노인이 되어 고향을 찾았으나 군 당국의 무지한 처사로 이제 옛 자취마저 찾을 길 없어 씁쓸한 마음 그지없다. 그럼에도 불구하고 나는 홀로 서서 김 비장네 집 두 채가 옛 그대로 있는 꿈을 꾸었다.

이어 강진군민의 강렬한 문화재 보존 의지와 문화재에 일가견이 있는 강진군수가 강진읍 서문안의 '김 비장네 집' 두 건물을 중심으로 옛 서문안 마을 전체를 '문화재'로 지정하는 꿈이었다. 그 꿈에는 두 채의 '김 비장네' 가옥을 포함한 '서문안 현구시인 생가'와 '탑골 영랑생가'에 이르는 문화재 벨트^{Belt}가 형성되고 길가에 화려한 꽃밭을 가꾸어 호남에서도 드문, 자동차가 없는 훌륭한 관광명소가 펼쳐져 전국에서 몰려드는 수많은 관광객들이 몰려와 떠날 줄을 모르더라.

16.
내가 생각하는
이상적인 장례식

내가 이번 생애를 사는 동안 참석한 장례식의 수는 수십 회가 넘을 것이다. 원래 장례식이란 망자가 숨을 거둔 지 최소 3일 또는 그 이상의 시일이 지난 뒤에 치러진다. 그런데 조문을 가서 엄숙하고 경건한 자세로 망자 앞에 설 때마다 내가 느끼는 것은, 망자의 시신은 몸 안에서부터 부패한 지 며칠이 지났다는 생각과, 생명이 있는 모든 존재가 그렇듯 주검을 보는 순간 그 자리를 피하고 싶은 충동 등으로 아무리 평소 가까웠던 사람의 시신이라 해도 가까이 다가서기가 아주 역겨워지더라는 게 솔직한 고백이다.

또 누워 있는 이 망자는, 내가 침통한 마음으로 앞에 와 있는 걸 알기나 할까? 조문객이 슬피 흐느끼는 소리가 들리기나 할까? 하는 생각도 뒤따랐다.

그때마다 다짐했던 것은, 내가 이 세상을 떠날 때는 누구(조문객)에게도 이토록 불편한 느낌을 주지 말자는 것, 그보다는 아직 내가 건강할 때 내 장례식만은 사후가 아니라 내 주관으로 미리 치르자는 것이었다. 그래서 따스한 내 손으로 이번 생애에 인연 맺은 상대방의 손을 직접 잡아보고, 조촐한 식사를 함께 나누며 얘기를 주고받고, 정감 넘치는 작별 인사도 하는 것이 이 세상을 하직하는 마당에 보다 뜻 깊은 일이라 생각하곤 했다.

물론 내가 언제 떠나는지를 미리 알아야 바로 떠나기 직전에 이번 생애에 인연을 맺었던 분들과 마지막 식사라도 할 수 있을 것 아니냐? 하는 의문이 생기나, 결국 그날을 알 길이 없기에 우리가 늘 해 오듯 자신의 칠순, 팔순, 구순 생일잔치를 할 때 제1부는 생일 축하 파티, 2부는 마지막 이번 생애에서의 송별 파티(장례식)를 열면 좋겠다는 생각이다. 그렇게 한다면 내가 어느 날 육신을 완전히 떠날 때는, 이미 마지막 파티(장례식)를 치렀으니, 유가족들은 밖에 알릴 필요 없이 조용히 시신을 화장한 후 적당한 곳에 처리하면 되는 것이다.

하긴 원래 장례식이란 망자를 위한 것이 아니라 유가족을 비롯해서 망자와 평소 친분이 있던 분들을 위한 것이니 자식들이 내 뜻을 이해하지 못해서 남이 하는 대로 또 장례식을 치르겠다고 고집한들 망자가 되어 있는 나로서 별 다른 방법이 있겠는가.

어쨌건, 우리 인간 사회의 경우, 다들 그리 해 오듯이, 유가족이 망자의 사망 소식을 여러 사람들에게 알려서 그 비싼 비용을 들여 장례식을 치르며 조위금을 받아 챙기고 조화도 받고 3일에서 5일 등 번거로운 장례의식 절차를 거치는 격식이 내 평소의 성미에도 전혀 맞지를 않았다.

20세기 중엽 이후, 이안 스티븐슨^{Ian Stevenson}(저서:『전생을 기억하는 아이들』, 송산), 짐 터커^{Jim B. Tucker}(저서:『Life Before Life=삶 이전의 삶』), 레이먼드 무디^{Raymond Moody}(저서:『다시 산다는 것』, 행간) 등의 반세기를 훌쩍 넘는 영적 세계의 연구 실적과 수많은 정신의학 박사들의 임상실험

저서를 보면, 인간의 죽음이란 우리가 평소 영혼(신, 구 기독교) 또는 영가(불교)라고 하는, 인간의 의식인 나 자신이 진화를 위해서 혹독한 훈련장인 이 세상에서 미리 결정된 훈련 기간 동안 머물다 자신이 이번 생애에서 해야 할 역할(교육)을 마치고 처음에 왔던 본향으로 떠나는, 마치 이번 '지구학교'의 과정을 마치고 졸업식을 치르는 것과 같은 것이다.

육체 즉, 몸(가짜 나)이란, 시간과 공간의 속박을 피할 수 없는 이 세상에서 '지구학교' 생활을 위해 우리의 각자 의식(진짜 나)이 이동할 수 있도록 이번 생애의 새 부모님을 통해서 부여받은 것이 아닌가.

애당초 절대자(신, 하느님, 하나님, 알라 등…)로부터 부여받은 이번 생애에서의 나의 역할이 끝나면, 이제 더 이동 수단이 필요 없는, 시간과 공간을 초월한 우리의 본 고향으로 떠나기에, 그간 자가용으로 활용했던 육체를 벗어던지고 다시 전번 생애가 끝났을 때처럼 이제 더는 고통 없는 극히 아름답고 평화스런 저 세상으로 옮겨가, 지상에서는 맛볼 수 없는 한없는 평화와 행복을 다시 누린다는 사실까지 과학자들은 밝히고 있다.

특히, 최근 이분들의 연구 결과에 따르면, 우리 인생은 몸을 떠나서 평균 15~16개월 후면 다시 이 세상에 태어나 새 이름을 갖고 새 부모, 형제, 친척 친지들과 인연 따라 살다가 때가 되면 다시 떠나는 등 계속 끝도 없이 순환하는 존재다. 그렇다면 유교의 가르침에 따라, 우리 민족이 받들던 4대 조상까지의 제사는 무의미한 것이 아닌가.

우리 모두 그동안 수천만 번 이 세상을 다녀갔음에도 기억을 못 할 뿐이라면, 이제 우리 인생은 이번 생애의 죽음에서 오는 공포심에서 해방되어 보다 밝은 삶을 살아가도 될 것이다.

이러한 사실을 알았을 때 '인생이 몸을 떠나면 영원히 끝나는 것'이며, '그게 마지막'이라고 생각해 사랑하는 부모님 등의 죽음에 절망하고 가슴이 찢어졌던 내 자신의 지난날이 부끄러웠다. 아들딸이 태어났을 때 마음 속 깊이 기뻐했듯, 이분들의 죽음 또한 이제 그 어려운 고통을 다 벗고 사랑과 평화의 극치인 본향에 재출생하게 됨을 마음속으로부터 축하해드렸어야 옳았던 것이다.

물론 윤회를 부인하는 종교인, 기독교 신, 구교 신자들은 "성경에도 없는 윤회라니!" 하고 펄쩍 뛰겠지만, 초대 기독교 역사를 공부해보면, 서기 325년 로마의 강자 콘스탄티누스 황제의 지시로, 성서 속에 수십 차례 반복됐던 '윤회'라는 단어를 당시의 교황청 추기경 3백여 명을 동원해서 하나도 남김없이 없애는 등, 지금까지 20회나 성서가 편집돼 왔다는 역사적 사실을 알게 된다. 성서에 아직도 윤회의 흔적이 남아 있음은 "뿌리는 대로 거두리로다" 등(말라기 4:5~6/마태복음 11:13~15, 구약의 선지자 엘리야는 신약의 세례 요한으로 환생, 욥기3:11~19, 전도서 1:4. 9~11 등) 일곱 군데의 성경 구절에서도 확인할 수 있지 않은가.

우리가 모두 알다시피, 우주 만물과 함께 우리 인생의 끝없이 오고가는 생성과 소멸, 상실과 회복의 영원불변하는 순환 고리는, 현재-미래-과거-현재-미래-과거로, 무한대로 지속되는 우주의 법칙이다. 지금은 엄동설한일지라도 반드시 오고야 말 봄은 결코 '슬픈 봄'이 아닌, 희망찬 "찬란한 슬픔의 봄"(모란이 피기까지는)이라며 시인 영랑도 노래했다.

문득 2천4백 년여 전 중국의 무위자연^{無爲自然}의 도인이요, 사상가인 장자莊子가 생각난다. 장자가 상처를 했다는 소식을 듣고, 막역한 친구가 황급히 조문을 위해 장자를 찾아갔더니 울고 있어야 할 장자는 대야를 악기 삼아 두들기며 큰소리로 노래를 부르고 있었다.

이를 본 친구가 기가 차서 "아니, 부인이 별세를 했는데 이게 무슨 짓인가?" 하고 꾸짖자, 장자는 흔연스레 "사람이 죽는 게 처음이라면 난들 어찌 슬프지 않겠는가? 그러나 본래 삶이란 없는 것, 그 모양도 기도 없는 것이다. 기는 만물이 엉켜서 생기는 것이고, 그 기가 변해서 모양이 되고, 이것이 변해서 생이 되고, 생 또한 변해서 이것이 죽음이 되는 것이다. 이와 같이 내 마누라도 춘하추동의 세월 따라 영원히 지나가는 나그네가 된 것이다" 라고 했다. 즉, 자연의 순리를 따라간 사람에게 슬피 울어 무얼 하겠냐는 뜻이다.

영능력자요, 이슬람 신비주의 수피즘의 8백여 년 전 지도자인 잘랄루드딘 루미는 수많은 자신의 지난 삶을 회고하며 "윤회할 때마다 자신의 인생이 조금씩 향상되어 왔지 결코 후퇴한 적이 없었음"을 노래하고 있어, 인생은 결코 우리를 실망시키지 않는 것임을 알게 된다. 계속 업그레이드되며, 영원히 건재하는 인생이라니, 우리 모두 어떤 고통에 부딪치더라도 좌절할 필요 없는 얼마나 멋있고 숭고한 인생을 살아가고 있는가!